Restaurants & Cafés Führer

Seoul | Korea

von wirklichen Einheimischen

Was essen, wohin gehen, und wie man reserviert

Mit **QR-Code** für ein unkompliziertes Essenserlebnis

Koreanisch | Chinesisch | Japanisch | Thailändisch | Vietnamesisch | Amerikanisch | Italienisch Mexikanisch | Französisch | Indisch | Spanisch | Mediterran | Nahost

FANDOM MEDIA

Copyright © 2024 by **FANDOM MEDIA**

Alle Rechte vorbehalten. Kein Teil dieser Publikation darf ohne vorherige schriftliche Genehmigung des Herausgebers in irgendeiner Form oder mit irgendwelchen Mitteln, einschließlich Fotokopien, Aufzeichnungen oder anderen elektronischen oder mechanischen Methoden, vervielfältigt, verbreitet oder übertragen werden, mit Ausnahme von kurzen Zitaten in kritischen Rezensionen und bestimmten anderen nichtkommerziellen Verwendungen, die nach dem Urheberrecht zulässig sind.

Für Genehmigungsanfragen kontaktieren Sie uns bitte unter:

marketing@newampersand.com

ISBN 979-11-93438-18-3

Reiseführer für Seouls verschiedene Bezirke

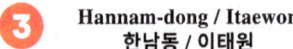

① Apgujeong / Cheongdam / Garosu-gil
압구정 / 청담 / 가로수길

Apgujeong und Cheongdam zählen zu den vornehmen Stadtvierteln, die für ihr stilvolles Ambiente, ihre edlen Boutiquen und ihre lebhafte Gastro-Szene bekannt sind. Hier findet der Besucher eine Fülle von noblen Restaurants, die Gourmetgerichte anbieten, schicke Cafés, die sich auf handgefertigte Kaffeevariationen spezialisiert haben, und raffinierte Dessert-Boutiquen, die dekadente Leckereien anbieten. Ob gemütliche Bistros, trendige Restaurants, Gourmet-Bäckereien oder Dessert-Cafés - in Garosu-gil gibt es ein vielfältiges Angebot an gastronomischen Möglichkeiten.

③ Hannam-dong / Itaewon
한남동 / 이태원

Hannam-dong ist für seine gehobenen Restaurants, schicken Cafés und Spezialitäten-Lokale bekannt, die ein anspruchsvolles Publikum ansprechen, das auf der Suche nach raffiniertem Geschmack und stilvoller Atmosphäre ist. Itaewon, ein dynamisches multikulturelles Viertel, zeichnet sich durch eine breite Palette an internationalen Gerichten aus, von authentischen türkischen Kebabs bis hin zu verlockenden mexikanischen Tacos, die die facettenreiche internationale Gemeinschaft und kosmopolitische Atmosphäre widerspiegeln.

② Seocho / Seorae Village
서초 / 서래마을

Seocho, das entlang des Han-Flusses und weiter südlich liegt, ist mit seinen malerischen Aussichten und der entspannten Atmosphäre ideal für Aktivitäten im Freien. Hier können Besucher verschiedene Restaurants besuchen, von Cafés am Flussufer bis hin zu Restaurants, die koreanisches Barbecue und traditionelle Kochkünste anbieten. In unmittelbarer Nähe gelegene Attraktionen wie das Express-Busterminal und das Shinsegae-Kaufhaus bieten einen Einblick in das pulsierende Leben und die Einkaufsszene Seouls. Das als französisches Viertel von Seoul bekannte Seorae Village zeichnet sich durch europäisch inspirierte Straßen und ein charmantes Ambiente aus. Dieses Viertel ist ein wahres Paradies für Feinschmecker, denn hier laden französische Bäckereien, Bistros und Cafés zu Gebäck, Crêpes und Kaffee ein.

④ Myeong-dong
명동

Im Herzen von Seoul gelegen, ist Myeongdong ein pulsierendes und geschäftiges Viertel, das für seine Einkaufs- und Unterhaltungsmöglichkeiten sowie sein köstliches gastronomisches Angebot berühmt ist. Dieses quirlige Viertel zieht Einheimische und Touristen gleichermaßen mit seiner lebhaften und vielfältigen kulinarischen Szene an, die von traditionellen koreanischen Street-Food-Ständen bis zu trendigen Cafés reicht, die Instagram-würdige Desserts und Getränke sowie internationale Küche anbieten.

Jongno / Gwanghwamun / Insa-dong
종로 / 광화문 / 인사동

Gemeinsam bilden diese Bezirke das pulsierende Herz von Seoul, das voller Geschichte, Kultur und kulinarischer Genüsse steckt. Hier findet man historische Wahrzeichen wie den Gyeongbokgung-Palast und traditionelle Märkte, die einen Einblick in das reichhaltige Erbe Seouls bieten. Die geschäftigen Straßen von Insa-dong locken mit traditionellen Teehäusern, Kunsthandwerksläden und Galerien, in denen sowohl koreanisches als auch internationales Kunsthandwerk ausgestellt wird. Die verwinkelten Gassen sind berühmt für ihre verborgenen Schätze, darunter malerische Lokale, schicke Cafés und Untergrund-Bars.

Samcheong-dong
삼청동

Bekannt für seine Mischung aus traditioneller koreanischer Architektur und moderner Raffinesse, bietet dieses historische Viertel Kunstgalerien, Antiquitätengeschäfte und gemütliche Cafés. Das gastronomische Angebot ist breit gefächert und reicht von authentischer koreanischer Küche, die in Hanok (traditionellen koreanischen Häusern) serviert wird, bis hin zu trendigen Cafés. In den traditionellen Restaurants, die in malerischen Hanok untergebracht sind, kann man authentische koreanische Gerichte genießen oder bei einem gemütlichen Spaziergang traditionelle koreanische Snacks probieren.

Seongsu-dong
성수동

Einst ein Industriegebiet, hat es sich in ein trendiges Viertel verwandelt, das Künstler, Designer und Feinschmecker gleichermaßen anzieht. Hier können Besucher sich auf ein kulinarisches Abenteuer begeben, handwerklich gefertigte Cafés, trendige Lokale und Fusionsrestaurants erkunden und experimentelle Pop-up-Stores bekannter Marken besuchen. Im nahegelegenen Seoul Forest kann man dem städtischen Trubel entfliehen. Mit seinem üppigen Grün, den ruhigen Wanderwegen und den Erholungseinrichtungen ist er ein erfrischender Rückzugsort.

Hongdae
홍대

Hongdae, die Kurzform für Hongik University Area, gilt als ein lebhaftes Stadtviertel, das für seine jugendliche Energie, sein künstlerisches Ambiente und sein vielfältiges kulinarisches Angebot geschätzt wird. Als Rückzugsort für junge Künstler, Musiker und Designer pulsiert Hongdae mit einer dynamischen Straßenkultur und beherbergt eine Vielzahl von Cafés, Restaurants und Esslokalen sowie gemütliche Bistros, die internationale Küche servieren.

Yeouido
여의도

Yeouido gilt als geschäftiges Viertel, das für seine markante Skyline, sein dynamisches Ambiente und sein vielfältiges kulinarisches Angebot beliebt ist. Entlang des malerischen Han-Flusses gelegen, lädt er Einheimische und Touristen gleichermaßen zu atemberaubenden Ausblicken und ausgiebigen Freizeitaktivitäten ein und überzeugt mit einer breiten Palette an gastronomischen Angeboten von originellen Cafés über schicke Bistros bis hin zu gehobenen Lokalen.

Jamsil
잠실

Mit dem ikonischen Lotte Tower und dem weitläufigen Lotte World-Komplex, zu dem unter anderem der größte Indoor-Vergnügungspark der Welt gehört, ist Jamsil ein quirliges Zentrum für Einheimische und Touristen gleichermaßen. Dazu trägt auch der Seokchon-See bei, der malerische Ausblicke und eine ruhige Umgebung bietet. Besucher können ein vielfältiges gastronomisches Angebot genießen, das von lauschigen Cafés bis hin zu noblen Restaurants reicht und somit Jamsil zu einem kulinarischen Paradies macht.

Restaurants & Cafés nach Region

1 Apgujeong / Cheongdam / Garosu-gil
압구정 / 청담 / 가로수길

Scanne für interaktive
Liste auf Naver Map!

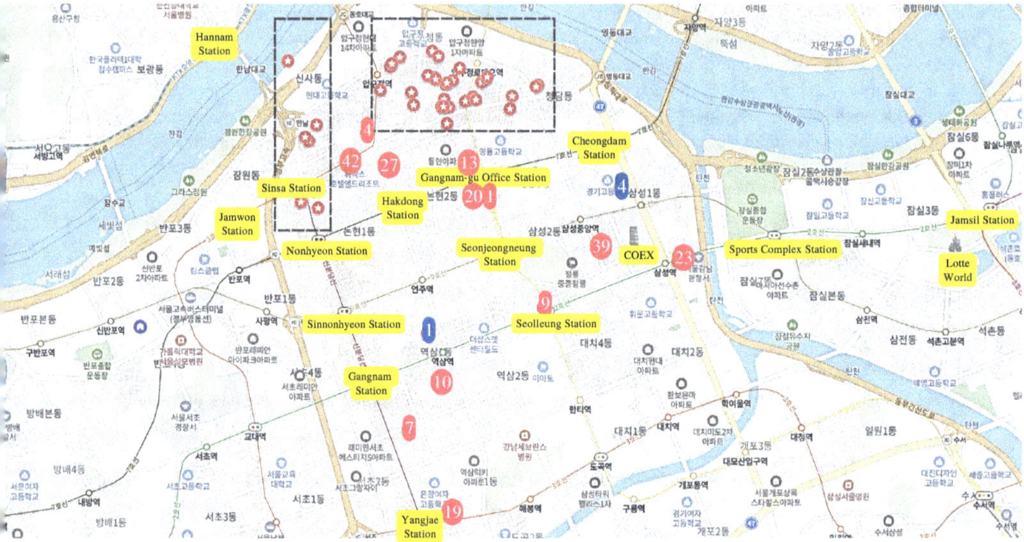

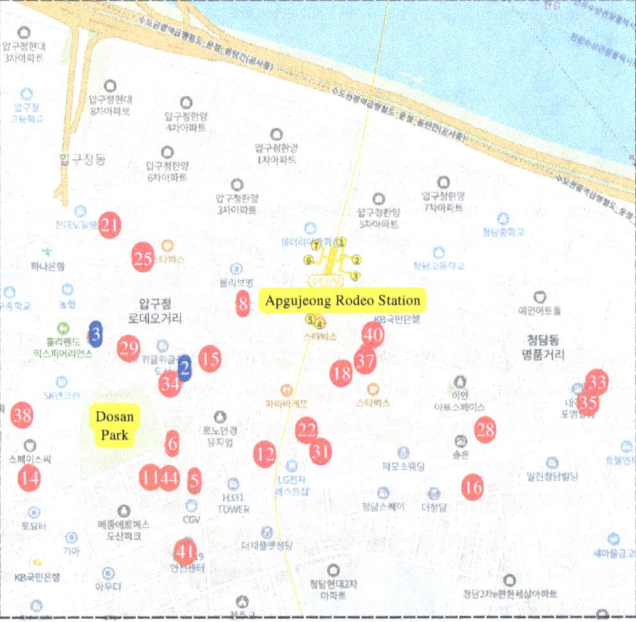

Bildquelle: NAVER Map (https://map.navaer.com/)

1 | Bong Mil Ga (Gangnam-gu Office Station) 봉밀가 강남구청역 | Naengmyeon - kalte Nudeln - Pyeongyang **P. 56**
3 | Boseulboseul (Hauptfiliale Apgujeong) 보슬보슬 압구정본점 | Kimbap **P. 89**
4 | Buvette 부베트 | Französisch **P. 125**
5 | Centre Cheongdam 센트레 청담 | Westliches Essen **P. 135**
6 | Clap Pizza Cheongdam 클랩피자 청담 | Pizza - Amerikanische Art **P. 114**
7 | Dae Ryeo Do 대려도 | Chinesisch - Allgemein **P. 94**
8 | Dak Euro Ga (Hauptfiliale Apgujeong) 닭으로가 압구정 본점 | Dak Galbi - Gebratenes mariniertes Huhn **P. 52**

9	Dong Hwa Go Ok (Filiale Seolleung) 동화고옥 선릉점	Hanjeongsik - Koreanische Table d'hôte **P. 77**
10	Dotgogi 506 돝고기506	Samgyeopsal - gegrillter Schweinebauch **P. 55**
11	Evett 에빗	Zeitgenössische koreanische Küche **P. 83**
12	Forest Cheongdam 포레스트 청담	Italienisch **P. 115**
13	Gebang Sikdang 게방식당	Gejang - Marinierte rohe Krabben **P. 64**
14	Geumsu Bok-guk (Filiale Apgujeong) 금수복국 압구정점	Bok-guk - Kugelfischsuppe **P. 43**
15	Gudeul 구들	Zeitgenössische koreanische Küche **P. 84**
16	Homuran (Cheongdam) 호무랑 (청담)	Ramen / Soba / Sushi **P. 99**
17	Illyang Huoguo 인량훠궈	Chinesisch - Huogo / Malatang **P. 98**
18	Jeongsikdang 정식당	Zeitgenössische koreanische Küche **P. 84**
19	Jeremy Burger 제레미버거	Burger **P. 111**
20	Jin Jeonbok Samgyetang (Hauptfiliale) 진전복삼계탕 본점	Samgyetang - Ginseng-Hühnersuppe **P. 36**
21	JS Garden (Apjugeng Branch) JS 가든 압구정점	Chinesisch - Allgemein **P. 95**
22	Kantipur 칸티푸르	Indisch **P. 129**
23	Kappo Akii (Samseong Branch) 갓포아키 삼성점	Sushi / Sashimi / Donburi **P. 101**
24	Kkanbu Chicken (Apgujeong Station Branch) 깐부치킨 압구정역점	Koreanisches Brathähnchen **P. 71**
25	Little Saigon (Apgujeong Station) 리틀사이공 압구정점	Vietnamesisch **P. 107**
26	Menchuru (Sinsa Branch) 멘츠루 신사점	Ramen / Soba **P. 99**
27	Mia Saigon 미아사이공	Vietnamesisch **P. 107**
28	Mong Jung Heon (Cheongdam Branch) 몽중헌 청담점	Chinesisch - Dimsum **P. 94**
29	Mukjeon 묵전	Jeon - Koreanischer Pfannkuchen **P. 73**
30	Mutan (Hauptfiliale Apjugeong) 무탄 압구정본점	Chinesisch - Allgemein **P. 95**
31	Namsan Teo (Hauptfiliale Cheongdam) 남산터 청담본점	Budaejjigae - „Armee-Eintopf" **P. 43**
32	ON 오엔	Westliches Essen **P. 135**
33	Pairing Room 페어링룸	Italienisch **P. 115**
34	Passionne 파씨오네	Französisch **P. 125**
35	People The Terrace 피플더테라스	Westliches Essen **P. 136**
36	Pro Ganjang Gejang (Hauptfiliale Sinsa) 프로간장게장 신사본점	Gejang - Marinierte rohe Krabben **P. 64**
37	Queen's Park (Cheongdam Branch) 퀸즈파크 청담점	Westliches Essen **P. 136**
38	Samwon Garden 삼원가든	Koreanisches BBQ **P. 50**
39	Seobaekja Ganjang Gejang 서백자간장게장	Gejang - Marinierte rohe Krabben **P. 65**
40	Sun The Bud 썬더버드	Westliches Essen **P. 137**
41	Sushi Koji 스시코우지	Sushi / Sashimi / Donburi **P. 102**
42	Teukbyeolhan Obok Susan 특별한오복수산	Sushi / Sashimi / Donburi **P. 102**
43	Traga 트라가	Spanisch **P. 131**
44	Volpino 볼피노	Italienisch **P. 116**
1	Cafe413 Project 카페413 프로젝트	Cafe & Dessert **P. 143**
2	Conte de Tulear 꽁티드툴레아	Cafe & Dessert **P. 143**
3	Dalmatian 달마시안	Cafe & Dessert **P. 144**
4	Yeon Hoe Dawon 연회다원	Traditionelle koreanische Teehäuser **P. 159**

Bibimbap - Gemischte Reisschüssel | **Samgyetang** - Ginseng-Hühnersuppe | **Bok-guk** - Kugelfischsuppe **Budaejjigae** - „Armee-Eintopf" **Dak Galbi** - Gebratenes mariniertes Huhn | **Gejang** - Marinierte rohe Krabben | **Hanjeongsik** - Koreanische Table d'hôte **Jeon** - Koreanischer Pfannkuchen | **Juk** - Porridge | **Kalguksu** - Messer geschnittene Nudeln | **Kimbap** - koreanische Seetang-Reisrolle **Miyeokguk** - Seetang-Suppe | **Naengmyeon** - kalte Nudeln | **Samgyeopsal** - gegrillter Schweinebauch | **Jeyuk Bokkeum** - pikant gebratenes Schweinefleisch **Seolleong-tang** / **Gom-tang** - Rindfleisch(knochen)suppe | **Sundubu Jjigae** - weicher Tofu-Eintopf

② Seocho / Seorae Village
서초 / 서래마을

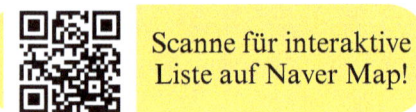

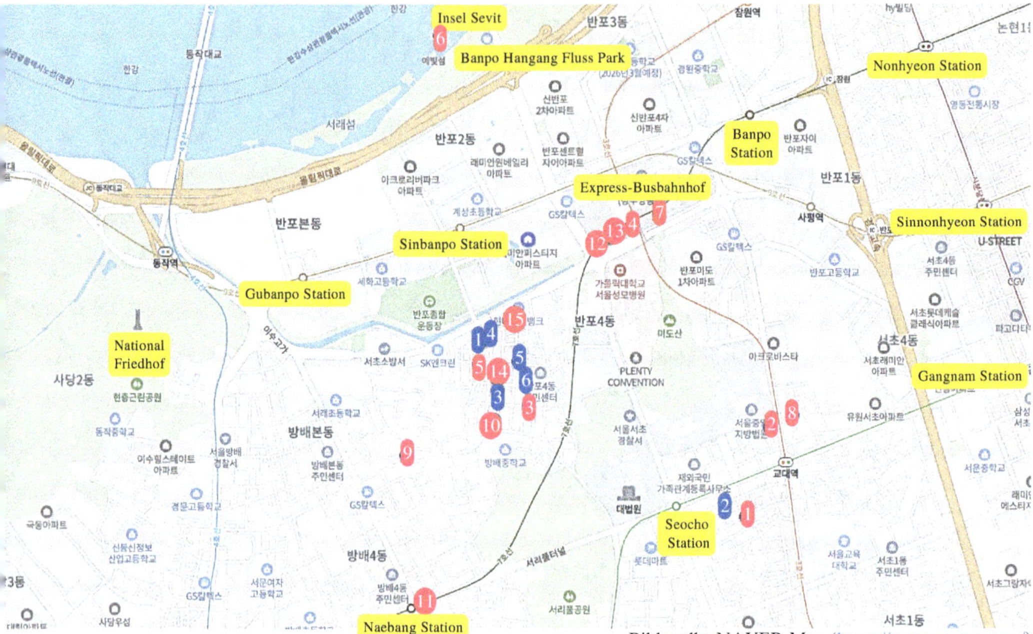

Bildquelle: NAVER Map (https://map.navaer.com/)

1. Sam Dae Samgye Jang In 3대삼계장인 | Samgyetang - Ginseng-Hühnersuppe **P. 36**
2. Baksikgot 박식곳 | Bibimbap - Gemischte Reisschüssel **P. 30**
3. Brooklyn The Burger Joint 브루클린 더 버거조인트 | Burger **P. 111**
4. Cha'R (Famille Station) 차알 파미에스테이션점 | Amerikanisch-chinesische **P. 93**
5. Cocina España 꼬시나 에스파냐 | Spanisch **P. 131**
6. Isola Restaurant 이솔라 레스토랑 | Italienisch **P. 116**
7. Modern Nullang (Filiale Central City) 모던눌랑 센트럴시티점 | Chinesisch - Allgemein **P. 96**
8. Pujuok 푸주옥 | Seolleong-tang / Gom-tang **P. 45**
9. Seocho Myeon Ok (Hauptfiliale) 서초면옥 본점 | Naengmyeon - kalte Nudeln - Hamheung **P. 56**
10. Seorae Miyeok 서래미역 | Miyeok-guk - Seetang-Suppe **P. 44**
11. Slim Bibimbap (Hauptfiliale Bangbae) 슬림비빔밥 방배본점 | Bibimbap - Gemischte Reisschüssel **P. 30**
12. Sugar Skull (Filiale Central City) 슈가스컬 센트럴시티점 | Mexikanisch - Tex-Mex **P. 123**
13. Villa de Spicy (Filiale Famille Station) 빌라드스파이시 파미에스테이션점 | Tteokbokki **P. 89**
14. Woo Cham Pan (Hauptfiliale Seorae) 우참판 서래본점 | Koreanisches BBQ **P. 50**
15. Yoon 윤 | Französisch **P. 126**

1. Cafe de Lyon (Hauptfiliale Seorae) 카페드리옹 서래본점 | Cafe & Dessert **P. 144**
2. Cafe Eero 카페 이로 | Cafe & Dessert **P. 145**
3. Le Pain Asser 르빵아쎄르 | Cafe & Dessert **P. 145**
4. MAILLET | Cafe & Dessert **P. 146**
5. Munsell Coffee 먼셀커피 | Cafe & Dessert **P. 146**
6. Tea Plant 티플랜트 | Cafe & Dessert **P. 147**

❸ Hannam-dong / Itaewon
한남동 / 이태원

 Scanne für interaktive Liste auf Naver Map!

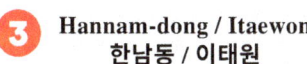

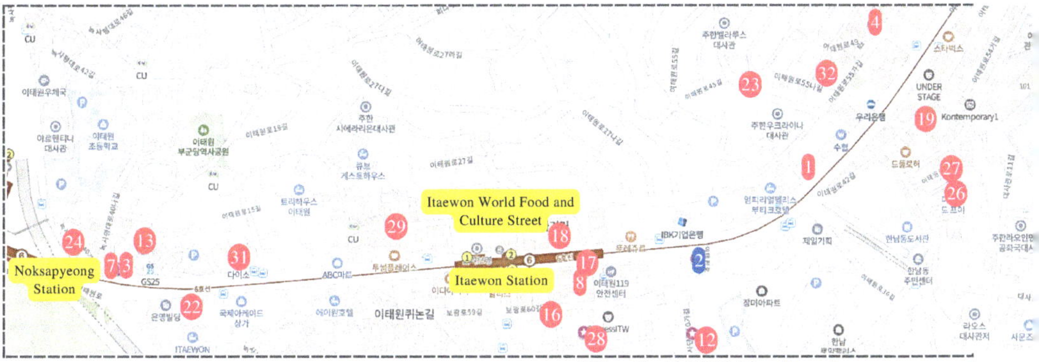

Bildquelle: NAVER Map (https://map.navaer.com/)

1	Arabesque 아라베스크	Mediterran & Nahost P. 133
2	Baecnyun Tojong Samgyetang (Gukbang Garden) 백년토종삼계탕 국방가든	Samgyetang - Ginseng-Hühnersuppe P. 37
3	Buddha's Belly 부다스벨리	Thailändisch P. 105
4	Buzza Pizza 부자피자	Pizza - italienische Art P. 119
5	Cho Seung Dal 초승달	Sushi / Sashimi / Donburi P. 82
6	CommeMoa 꼼모아	Französisch P. 126
7	Coreanos Kitchen 코레아노스키친	Mexikanisch - Tex-Mex P. 124
8	Dubai Restaurant 두바이레스토랑	Mediterran & Nahost P. 133
9	H5NG	Amerikanisch-chinesische P. 93
10	Haebangchon Dak 해방촌닭	Koreanisches Brathähnchen P. 71
11	Han Ppuri Juk (Hauptfiliale Ichon) 한뿌리죽 이촌본점	Juk - Porridge P. 68
12	Hannam Myeon Ok 한남면옥	Naengmyeon - kalte Nudeln - Hamheung P. 57
13	Il Chiasso 일키아소	Italienisch P. 117
14	Jacoby Burger 자코비버거	Burger P. 112
15	Jangjinyeong Ganjang Gejang 장진녕 간장게장	Gejang - Marinierte rohe Krabben P. 65
16	Jeonji Jeonneung 전지전능	Jeon - Koreanischer Pfannkuchen P. 74

17	Kervan Restaurant 케르반 레스토랑	Mediterran & Nahost **P. 134**
18	Kkuing 꾸잉	Vietnamesisch **P. 108**
19	La Cruda 라 크루다	Mexikanisch - Original **P. 122**
20	La Cucina 라 쿠치나	Italienisch **P. 117**
21	Mok Myeok Sanbang (Filiale Namsan Tower) 목벽산방 남산타워점	Bibimbap - Gemischte Reisschüssel **P. 31**
22	Motor City (Filiale Itaewon) 모터시티 이태원점	Pizza - Amerikanische Art **P. 114**
23	Oasis Hannam 오아시스 한남	Westliches Essen **P. 137**
24	Petra 페트라	Mediterran & Nahost **P. 134**
25	Saladaeng Embassy 살라댕앰버시	Thailändisch **P. 105**
26	Seo 쎄오	Französisch **P. 127**
27	Sowana 소와나	Koreanisches BBQ **P. 51**
28	Taji Palace 타지팰리스	Indisch **P. 129**
29	Tapas Bar 타파스바	Spanisch **P. 132**
30	The 100(Baek) Terrace 더백테라스	Burger **P. 112**
31	Vatos (Itaewon Branch) 바토스 이태원점	Mexikanisch - Original **P. 122**
32	DOTZ	Westliches Essen **P. 138**
1	Bo Market (Filiale Gyeongridan) 보마켓 경리단점	Cafe & Dessert **P. 147**
2	Kervan Bakery & Cafe 케르반베이커리&카페	Cafe & Dessert **P. 148**
3	Passion 5 패션 5	Cafe & Dessert **P. 148**
4	Rain Report 레인리포트	Cafe & Dessert **P. 149**
5	uphill namsan	Cafe & Dessert **P. 149**

4 Myeong-dong 명동

Scanne für interaktive Liste auf Naver Map!

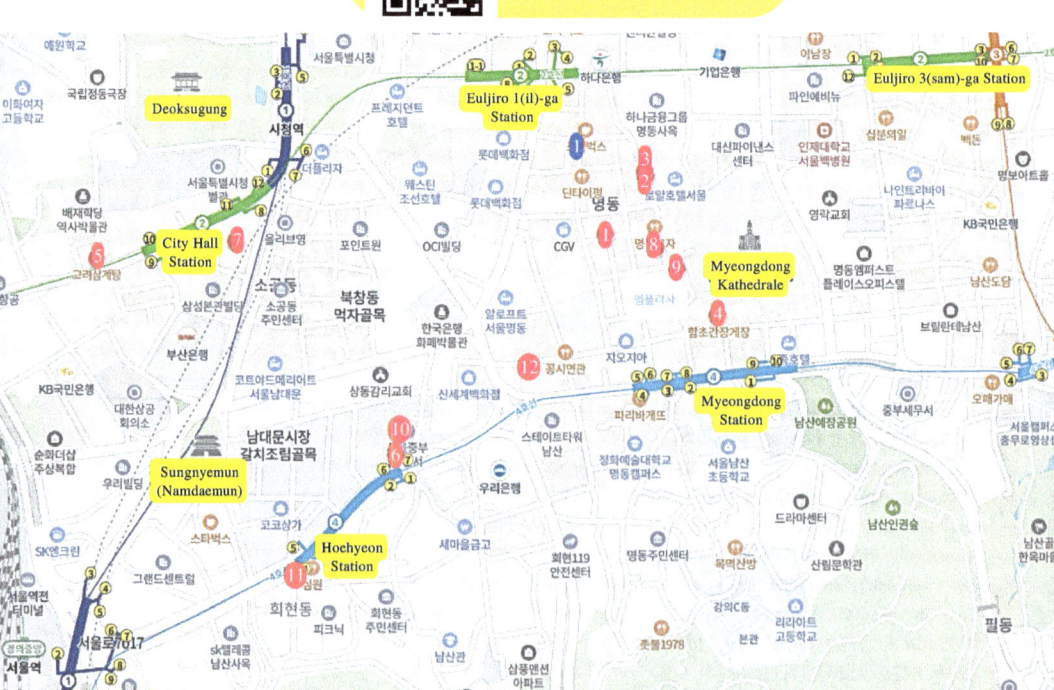

Bildquelle: NAVER Map (https://map.navaer.com/)

1	Baekje Samgyetang 백제삼계탕	Samgyetang - Ginseng-Hühnersuppe P. 37
2	Bonjuk&Bibimbap Cafe (Myeongdong 2. Filiale) 본죽&비빔밥cafe 명동 2호점	Bibimbap - Gemischte Reisschüssel / Juk - Porridge P. 31
3	Hadonggwan 하동관	Seolleong-tang / Gom-tang P. 45
4	Hamcho Ganjang Gejang 함초간장게장	Gejang - Marinierte rohe Krabben P. 66
5	Korea Samgyetang 고려삼계탕	Samgyetang - Ginseng-Hühnersuppe P. 38
6	L'Amant Secret 라망시크레	Französisch P. 127
7	Manjok Ohyang Jokbal 만족오향족발	Jokbal - Schweinefüßchen P. 54
8	Myeongdong Chungmu Kimbap 명동충무김밥	Kimbap P. 90
9	Myeongdong Hamheung Myeon Ok (Hauptfiliale) 명동함흥면옥 본점	Naengmyeon - kalte Nudeln - Hamheung P. 57
10	Palais de Chine 팔레드신	Chinesisch - Allgemein P. 96
11	Tong Tong Kimbap (Hoehyeon Branch) 통통김밥 회현점	Kimbap P. 90
12	Wang Bi Jip (Myeongdong Central Branch) 왕비집 명동중앙점	Koreanisches BBQ P. 51
1	Seolbing (Myeongdong Branch) 설빙 명동점	Koreanisches Cafe & Dessert P. 163

5 Jongno / Gwanghwamun / Insa-dong 종로 / 광화문 / 인사동

Scanne für interaktive Liste auf Naver Map!

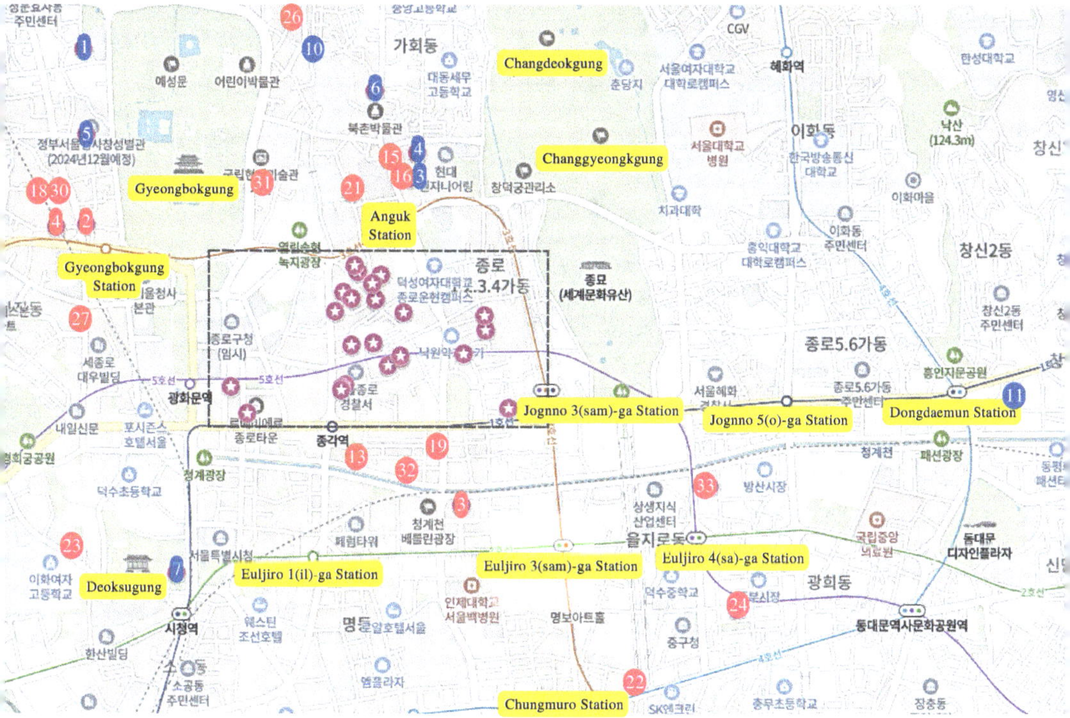

Bildquelle: NAVER Map (https://map.navaer.com/)

1	Balwoo Gongyang 발우공양	Hanjeongsik - Koreanische Table d'hôte P. 77
2	Bonjuk&Bibimbap Cafe (Filiale Gyeongbokgung Station) 본죽&비빔밥cafe 경복궁역점	Bibimbap - Gemischte Reisschüssel / Juk - Porridge P. 32
3	Chai797 (Filiale Euljiro) 차이797 을지로점	Chinesisch - Allgemein P. 97
4	Chebudong Janchi Jip 체부동잔치집	Jeon - Koreanischer Pfannkuchen P. 74
5	Chwiyabeol Guksi 취야벌 국시	Kalguksu - Messer geschnittene Nudeln P. 60
6	El Carnitas (Filiale Ikseon) 엘까르니따스 익선점	Mexikanisch - Original P. 123
7	Gam Chon 감촌	Sundubu Jjigae - weicher Tofu-Eintopf P. 47
8	Hanaro Hoegwan 하나로회관	Hanjeongsik - Koreanische Table d'hôte P. 78
9	Imun Seolleongtang 이문설렁탕	Seolleong-tang / Gom-tang P. 46

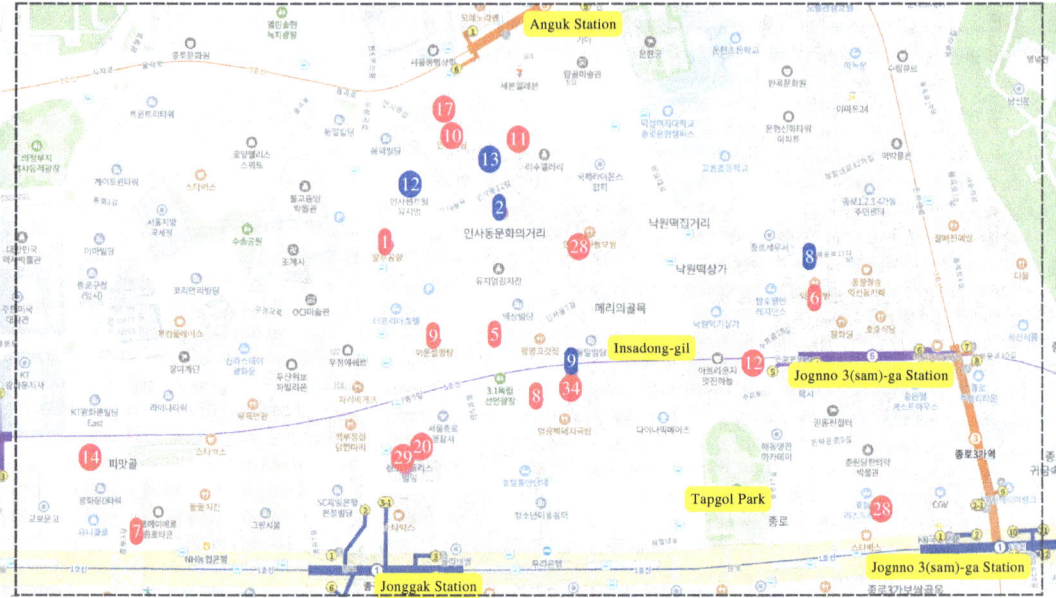

Bildquelle: NAVER Map (https://map.navaer.com/)

10	Insadodam 인사도담	Bibimbap - Gemischte Reisschüssel **P. 32**
11	Insadong Chon 인사동 촌	Hanjeongsik - Koreanische Table d'hôte **P. 78**
12	Jang Su Samgyetang 장수삼계탕	Samgyetang - Ginseng-Hühnersuppe **P. 39**
13	Jongno Samgyetang 종로삼계탕	Samgyetang - Ginseng-Hühnersuppe **P. 39**
14	Juyu Byeoljang (Filiale D Tower) 주유별장 D타워점	Zeitgenössische koreanische Küche **P. 85**
15	Keun Giwa Jip 큰기와집	Gejang - Marinierte rohe Krabben **P. 66**
16	Kkang Tong Mandu 깡통만두	Kalguksu - Messer geschnittene Nudeln **P. 61**
17	Kkot Bap E Pida 꽃밥에피다	Zeitgenössische koreanische Küche **P. 85**
18	Maji 마지	Hanjeongsik - Koreanische Table d'hôte **P. 79**
19	Mala Jung Dok 마라중독	Chinesisch - Huogo / Malatang **P. 98**
20	Michael By Haevichi 마이클바이해비치	Italienisch **P. 118**
21	Nyahang in Anguk 냐항in안국	Vietnamesisch - Bahn Mi **P. 108**
22	Obaltan (Filiale Chungmuro) 오발탄 충무로점	Gopchang - Gegrillte Eingeweide **P. 53**
23	Odd House 오드하우스	Westliches Essen **P. 138**
24	Ojangdong Hamheung Naengmyeon 오장동 함흥냉면	Naengmyeon - kalte Nudeln **P. 58**
25	Palpandong Kkoma Gimbap & Toast 팔판동꼬마김밥 앤 토스트	Kimbap **P. 91**
26	Sabal 사발	Bibimbap - Gemischte Reisschüssel **P. 33**
27	San Chon 산촌	Hanjeongsik - Koreanische Table d'hôte **P. 79**
28	Simin Sikdang (Hauptfiliale) 시민식당 본점	Samgyeopsal - gegrillter Schweinebauch **P. 55**
29	Soowoon 수운	Hanjeongsik - Koreanische Table d'hôte **P. 80**
30	To Sok Chon Samgyetang 토속촌 삼계탕	Samgyetang - Ginseng-Hühnersuppe **P. 38**
31	The Hanok Which Smith Likes 스미스가좋아하는한옥	Italienisch **P. 118**
32	Jin Joong Uyuk Myeongwan Gwanghwamun 진중 우육면관 광화문	Chinesisch - Allgemein **P. 97**
33	Woo Lae Oak 우래옥	Naengmyeon - kalte Nudeln - Pyeongyang **P. 58**
34	Yangban Daek 양반댁	Hanjeongsik - Koreanische Table d'hôte **P. 80**

1	Archivist 아키비스트	Cafe & Dessert **P. 150**
2	Ddong Cafe 또옹카페	Cafe & Dessert **P. 152**
3	Dotori Garden 도토리가든	Cafe & Dessert **P. 150**
4	Hollow 할로우	Cafe & Dessert **P. 151**
5	onground 온그라운드	Cafe & Dessert **P. 151**
6	Osulloc Tea House (Filiale Bukchon) 오설록티하우스 북촌점	Traditionelle koreanische Teehäuser **P. 162**

7	Sarang 사랑	Traditionelle koreanische Teehäuser P. 161
8	Tteul An 뜰안	Traditionelle koreanische Teehäuser P. 162
9	Areumdaun Cha Bakmulgwan 아름다운 차 박물관	Traditionelle koreanische Teehäuser P. 159
10	Cha Masineun Tteul 차 마시는 뜰	Traditionelle koreanische Teehäuser P. 160
11	Cha Cha Tea Club 차차티클럽	Traditionelle koreanische Teehäuser P. 160
12	Damccot (Filiale Annyeong Insadong) 담장옆에국화꽃 안녕인사동점	Traditionelle koreanische Teehäuser P. 164
13	Hanok Chat Jip 한옥찻집	Traditionelle koreanische Teehäuser P. 161

 **Samcheong-dong 삼청동**

 Scanne für interaktive Liste auf Naver Map!

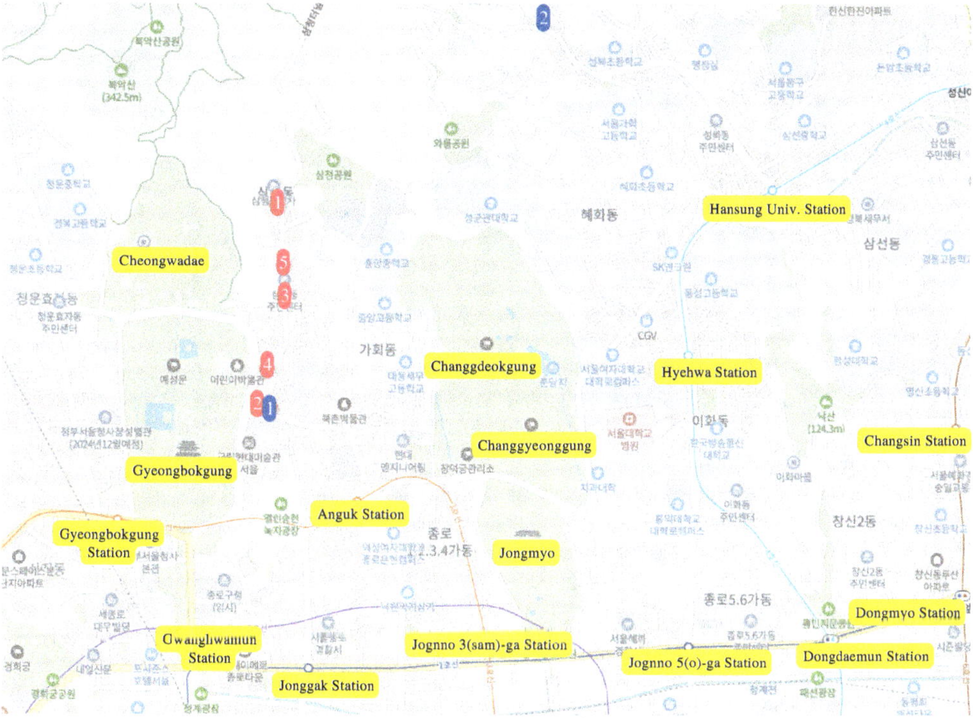

Bildquelle: NAVER Map (https://map.navaer.com/)

1	Bukchon Makguksu 북촌막국수	Kalguksu - Messer geschnittene Nudeln P. 61
2	Hwang Saeng Ga Kalguksu 황생가칼국수	Kalguksu - Messer geschnittene Nudeln P. 62
3	Kkul Bapsang 꿀밥상	Hanjeongsik - Koreanische Table d'hôte P. 81
4	Siraegi Dameum 시래기담은	Bibimbap - Gemischte Reisschüssel P. 33
5	So Seon Jae 소선재	Hanjeongsik - Koreanische Table d'hôte P. 81

| 1 | Geoul Hanok Mirror Room 거울한옥 미러룸 | Koreanische Cafe & Dessert P. 164 |
| 2 | Suyeon Sangbang 수연상방 | Traditionelle koreanische Teehäuser P. 163 |

Seongsu-dong 성수동

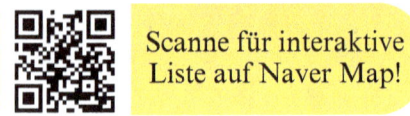

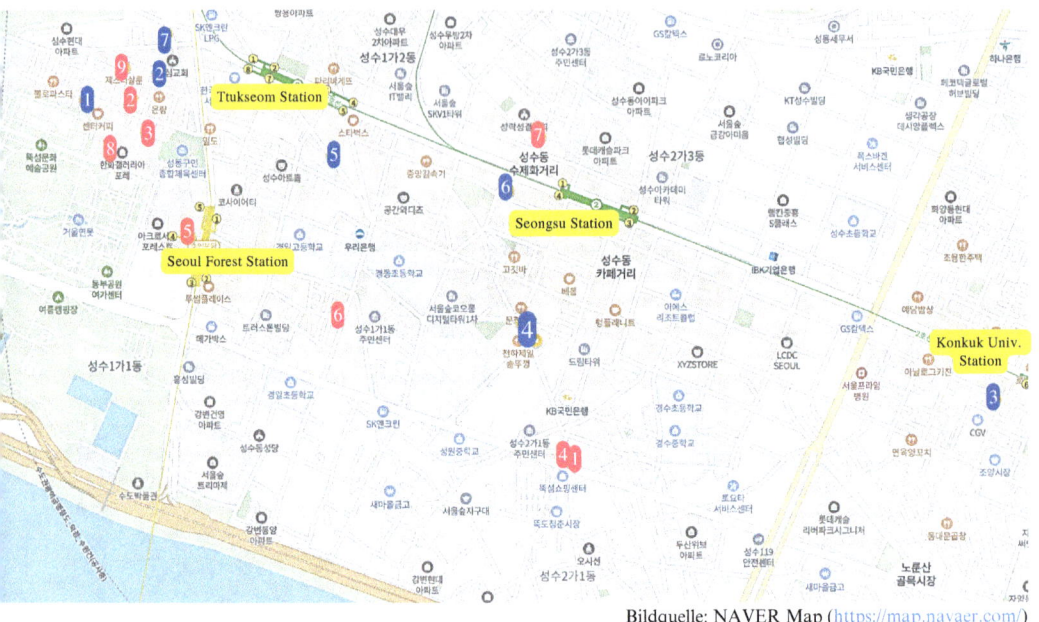

Bildquelle: NAVER Map (https://map.navaer.com/)

1	Chil Seong Ot Dak 칠성옻닭	Samgyetang - Ginseng-Hühnersuppe **P. 40**
2	Daban 다반	Zeitgenössische koreanische Küche **P. 86**
3	Halmeoniui Recipe 할머니의 레시피	Bibimbap - Gemischte Reisschüssel **P. 34**
4	Maha Chai (Hauptfiliale Seongsu) 마차하이 성수본점	Thailändisch **P. 106**
5	Maison Pipeground 메종 파이프그라운드	Westliches Essen **P. 139**
6	Rongmen 롱멘	Ramen / Soba **P. 100**
7	Seongsu Jokba 성수족발	Jokbal - Schweinefüßchen **P. 54**
8	Seouloin (Filiale Seoul Forest) 서울로인 서울숲점	Zeitgenössische koreanische Küche **P. 86**
9	Zesty Saloon Seongsu 제스티살룬 성수	Burger **P. 113**
1	Around Day 어라운드데이	Cafe & Dessert **P. 152**
2	Bontemps (Filiale Seoul Forest) 봉땅 서울숲점	Cafe & Dessert **P. 153**
3	Meerkat Jokjang 미어캣족장	Animal Lounge & Cafe **P. 141**
4	Nudake Seongsu 누데이크 성수	Cafe & Dessert **P. 153**
5	Pumpkin Pet House 펌킨 펫하우스	Animal Lounge & Cafe **P. 141**
6	Scene 쎈느	Cafe & Dessert **P. 154**
7	Seoul Aengmusae 서울앵무새	Cafe & Dessert **P. 154**

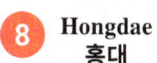 **Hongdae 홍대**

 **Scanne für interaktive Liste auf Naver Map!**

Bildquelle: NAVER Map (https://map.navaer.com/)

#	
1	Bebap 비밥	Bibimbap - Gemischte Reisschüssel **P. 34**
2	Bibiri 2 비비리2	Bibimbap - Gemischte Reisschüssel **P. 35**
3	Chosun Choga Hankki (Filiale Mapo) 조선초가한끼 마포점	Hanjeongsik - Koreanische Table d'hôte **P. 82**
4	Double Play Chicken (Filiale Hongdae) 더블플레이치킨 홍대점	Koreanisches Brathähnchen **P. 72**
5	El Bistec 엘비스텍	Spanisch **P. 132**
6	Euijeongbu Budaejjigae 의정부 부대찌개	Budaejjigae – „Armee-Eintopf" **P. 44**
7	Eulmildae Pyeongyang Naengmyeon 을밀대 평양냉면	Naengmyeon - kalte Nudeln **P. 59**
8	Fullinamite 풀리나마이트 홍대	Burger **P. 113**
9	Ixchel 익스첼	Mexikanisch - Tex-Mex **P. 124**
10	Janchi Hoegwan 잔치회관	Jeon - Koreanischer Pfannkuchen **P. 75**
11	Jang In Dakgalbi (Filiale Branch) 장인닭갈비 홍대점	Dak Galbi - Gebratenes mariniertes Huhn **P. 53**
12	Ok Dong Sik 옥동식	Seolleong-tang / Gom-tang **P. 46**
13	Oreno Ramen (Hauptfiliale) 오레노라멘 본점	Ramen / Soba **P. 100**
14	Osteria Rio 오스테리아 리오	Italienisch **P. 119**
15	Seosan Kkotge 서산 꽃게	Gejang - Marinierte rohe Krabben **P. 67**
16	Soi Yeonnam 소이연남	Vietnamesisch **P. 109**
17	Spacca Napoli 스파카나폴리	Pizza - italienische Art **P. 120**
18	Swig Vin 스위그뱅	Westliches Essen **P. 139**
19	The Kitchen Asia (Filiale Hongdae) 더키친아시아 홍대점	Indisch **P. 130**
20	Yeokjeon Hoegwan 역전회관	Koreanisches BBQ **P. 52**

#	
1	Ferret World 페럿월드	Animal Lounge & Cafe **P. 142**
2	Miikflo (Filiale Hongdae) 미크플로 홍대점	Cafe & Dessert **P. 155**
3	Mohssen's Sweets (Hauptfiliale Hongdae) 모엔즈스위트 홍대본점	Cafe & Dessert **P. 155**
4	Mokhwaci Lounge 목화씨라운지	Cafe & Dessert **P. 156**
5	Roof Cat Me 루프캣미	Animal Lounge & Cafe **P. 142**
6	Sutek 수택	Cafe & Dessert **P. 156**
7	Tailor Coffee (Filiale Yeonnam) 테일러커피 연남점	Cafe & Dessert **P. 157**
8	the SameE 더세임카페	Cafe & Dessert **P. 157**

 Yeouido 여의도

 Scanne für interaktive Liste auf Naver Map!

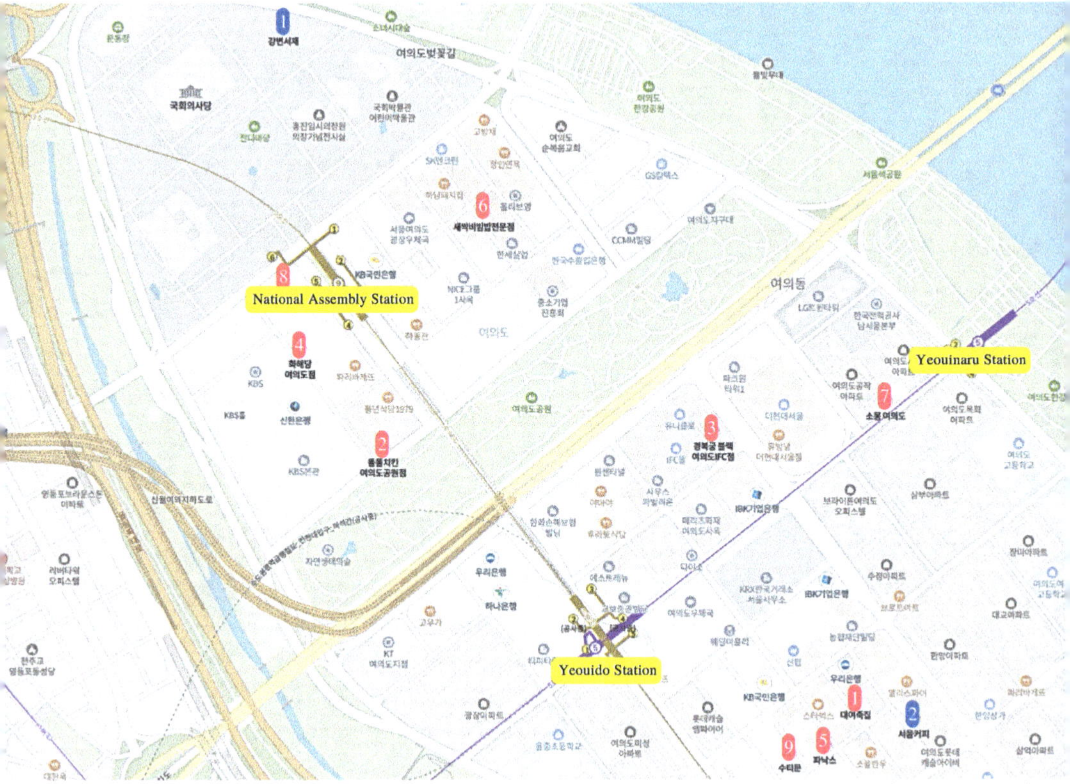

Bildquelle: NAVER Map (https://map.navaer.com/)

1. Daeyeo Juk Jip 대여죽집 | Juk - Porridge **P. 69**
2. Dul Dul (Two Two) Chicken (Filiale Yeouido Park) 둘둘치킨 여의도공원점 | Koreanisches Brathähnchen **P. 72**
3. Gyeongbokgung Black (Filiale Yeouido IFC) 경복궁 블랙 여의도IFC점 | Hanjeongsik - Koreanische Table d'hôte **P. 82**
4. Hwa Hae Dang (Filiale Yeouido) 화해당 여의도점 | Gejang - Marinierte rohe Krabben **P. 67**
5. Panax 파낙스 | Samgyetang - Ginseng-Hühnersuppe **P. 40**
6. Saessak Bibimbap Jeonmunjeom 새싹비빔밥전문점 | Bibimbap - Gemischte Reisschüssel **P. 35**
7. Somong 소몽 | Ramen / Soba **P. 101**
8. Sushi Miso (Filiale National Assembly) 스시미소 국회의사당점 | Sushi / Sashimi / Donburi **P. 103**
9. Sutimun 수티문 | Hanjeongsik - Koreanische Table d'hôte **P. 87**
1. Ganngbyeon Seojae 강변서재 | Cafe & Dessert **P. 158**
2. Seoul Coffee 서울커피 | Cafe & Dessert **P. 158**

 **Jamsil 잠실**

Scanne für interaktive Liste auf Naver Map!

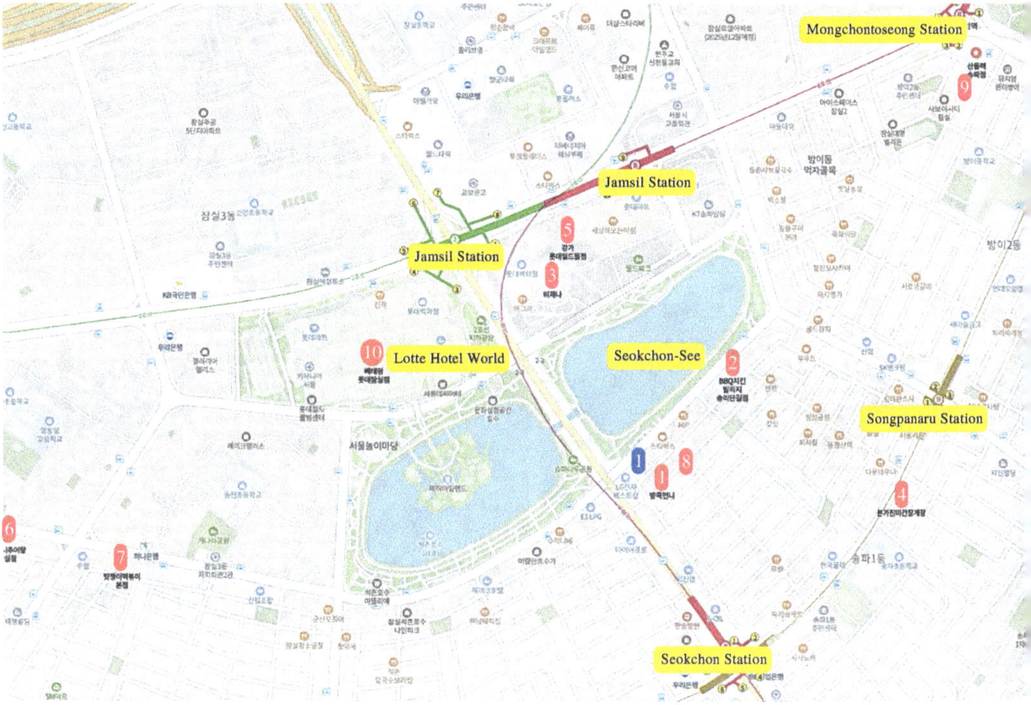

Bildquelle: NAVER Map (https://map.navaer.com/)

1. Bangkok Eonni 방콕언니 | Thailändisch **P. 106**
2. BBQ Chicken Village (Filiale Songlidan-gil) BBQ치킨 빌리지 송리단길점 | Koreanisches Brathähnchen **P. 73**
3. Bicena 비채나 | Zeitgenössische koreanische Küche **P. 87**
4. Bonga Jinmi Ganjang Gejang 본가진미 간장게장 | Gejang - Marinierte rohe Krabben **P. 68**
5. Gangga (Filiale Lotte World Mall) 강가 롯데월드몰점 | Indisch **P. 130**
6. Halmeoni Chueo-tang (Filiale Jamsil) 할머니추어탕 잠실점 | Chueo-tang - Schlammfischsuppe **P. 47**
7. Mat Jaeng I Tteokbokki (Hauptfiliale) 맛쟁이떡볶이 본점 | Tteokbokki **P. 91**
8. Pizzeria Lago 피제리아라고 | Pizza - italienische Art **P. 120**
9. Sandlehae (Filiale Songpa) 산들해 송파점 | Hanjeongsik - Koreanische Table d'hôte **P. 83**
10. Veteran (Filiale Lotte Jamsil) 베테랑 롯데잠실점 | Kalguksu - Messer geschnittene Nudeln **P. 62**
1. My Seoul Bites 마이서울바이츠 | Korean Dessert **P.165**

Traditionelle koreanische Märkte und Straßen-Imbisse

Wer die traditionellen koreanischen Märkte besucht, bekommt einen unvergesslich intensiven Eindruck von Koreas kulinarischem Reichtum und dem regen Treiben der Einheimischen. Mit seinen bunten Essensständen, Obst- und Gemüsehändlern und lokalen Spezialitäten hat jeder Markt seinen eigenen Charakter und ist somit das perfekte Ziel für kulinarisch interessierte Touristen.

Der Mangwon-Markt 망원시장 kombiniert traditionelle Lebensmittel mit einzigartigen, trendigen Angeboten und bietet einen modernen Touch. Man findet hier alles, von klassischen frittierten Snacks und Reiskuchen bis hin zu originellen Süßigkeiten, die den Wandel der koreanischen Esskultur widerspiegeln. Außerdem ist der Markt ein beliebter Ort für Frischwaren und Straßenimbisse, die den Besuchern einen Eindruck von der jugendlichen, innovativen Seite Seouls vermitteln.

Der Gwangjang-Markt 광장시장 ist ein absolutes Muss, um authentisches koreanisches Straßen-Essen wie Bindaetteok 빈대떡 (Mungobohnen-Pfannkuchen) und Mayak Kimbap 마약김밥 (süchtig machende Mini-Reisrollen) zu probieren. Auf diesem besonders quirligen Markt kann man koreanische Traditionen hautnah erleben und sich unter die Einheimischen mischen.

Der Noryangjin Fish Market 노량진수산시장 in Dongjak-gu zählt zu den größten und berühmtesten Meeresfrüchtemärkten Koreas und ist für seine große Auswahl an frischen Meeresfrüchten bekannt, von Fisch und Schalentieren bis hin zu Tintenfisch und Königskrabben. Hier können Besucher lebende Meeresfrüchte aussuchen und sie vor Ort in einem der Restaurants des Marktes zubereiten lassen.

- 광장시장: 서울 종로구 예지동 2-1 **Gwangjang Market:** Jongno-gu Yeji-dong 2-1
- 망원시장: 서울 마포구 포은로6길 27 **Mangwon Market:** Mapo-gu Poeun-ro 6-gil 27
- 노량진 수산시장 서울 동작구 노들로 674 Noryangjin Fish Market: Dongjak-gu Nodeul-ro 674

Restaurants & Cafes nach Typ

Koreanisch - Hansik 한식

Bibimbap - Gemischte Reisschüssel 비빔밥
30 Baksikgot 박식곳 | Seocho / Seorae Village
30 Slim Bibimbap - Gemischte Reisschüssel (Hauptfiliale Bangbae) 슬림비빔밥 방배본점 | Seocho / Seorae Village
31 Mok Myeok Sanbang (Filiale Namsan Tower) 목멱산방 남산타워점 | Hannam-dong / Itaewon
31 Bonjuk&Bibimbap Cafe (Myeongdong 2. Filiale) 본죽&비빔밥cafe 명동 2호점 | Myeong-dong
32 Bonjuk&Bibimbap Cafe (Filiale Gyeongbokgung Station) 본죽&비빔밥cafe 경복궁역점 | Jongno / Gwanghwamun / Insa-dong
32 Insadodam 인사도담 | Jongno / Gwanghwamun / Insa-dong
33 Sabal 사발 | Jongno / Gwanghwamun / Insa-dong
33 Siraegi Dameum 시래기담은 | Samcheong-dong
34 Halmeoniui Recipe 할머니의 레시피 | Seongsu-dong
34 Bebap 비밥 | Hongdae
35 Bibiri 2 비비리2 | Hongdae
35 Saessak Bibimbap Jeonmunjeom 새싹비빔밥전문점 | Yeouido

Samgyetang - Ginseng-Hühnersuppe 삼계탕
36 Jin Jeonbok Samgyetang (Filiale Gangnam-gu Office) 진전복삼계탕 강남구청점 | Apgujeong / Cheongdam / Garosu-gil
36 Sam Dae Samgye Jang In 3대삼계장인 | Seocho / Seorae Village
37 Baecnyun Tojong Samgyetang (Gukbang Garden) 백년토종삼계탕 국방가든 | Hannam-dong / Itaewon
37 Baekje Samgyetang 백제삼계탕 | Myeong-dong
38 Korea Samgyetang 고려삼계탕 | Myeong-dong
38 To Sok Chon Samgyetang 토속촌 삼계탕 | Jongno / Gwanghwamun / Insa-dong
39 Jang Su Samgyetang 장수삼계탕 | Jongno / Gwanghwamun / Insa-dong
39 Jongno Samgyetang 종로삼계탕 | Jongno / Gwanghwamun / Insa-dong
40 Chil Seong Ot Dak 칠성옻닭 | Seongsu-dong
40 Panax 파낙스 | Yeouido

Bok-guk - Kugelfischsuppe 복국
43 Geumsu Bok-guk (Filiale Apgujeong) 금수복국 압구정점 | Apgujeong / Cheongdam / Garosu-gil

Budaejjigae - „Armee-Eintopf" 부대찌개
43 Namsan Teo (Hauptfiliale Cheongdam) 남산터 청담본점 | Apgujeong / Cheongdam / Garosu-gil
44 Euijeongbu Budaejjigae 의정부부대찌개 | Hongdae

Miyeok-guk - Seaweed Soup 미역국
44 Seorae Miyeok 서래미역 | Seocho / Seorae Village

Seolleong-tang / Gom-tang 설렁탕 / 곰탕
45 Pujuok 푸주옥 | Seocho / Seorae Village
45 Ha Dong Gwan 하동관 | Myeong-dong
46 Imun Seolleongtang 이문설렁탕 | Jongno / Gwanghwamun / Insa-dong
46 Ok Dong Sik 옥동식 | Hongdae

Sundubu Jjigae - weicher Tofu-Eintopf 순두부찌개
47 Gam Chon 감촌 | Jongno / Gwanghwamun / Insa-dong

Koreanisches BBQ - Beef
50 Samwon Garden 삼원가든 | Apgujeong / Cheongdam / Garosu-gil
50 Woo Cham Pan (Hauptfiliale Seorae) 우참판 서래본점 | Seocho / Seorae Village
51 Sowana 소와나 | Hannam-dong / Itaewon
51 Wang Bi Jip (Filiale Myeongdong Central) 왕비집 명동중앙점 | Myeong-dong
52 Yeokjeon Hoegwan 역전회관 | Hongdae

Koreanisches BBQ - Dak Galbi - Gebratenes mariniertes Huhn 닭갈비
52 Dak Euro Ga (Hauptfiliale Apgujeong) 닭으로가 압구정 본점 | Apgujeong / Cheongdam / Garosu-gil
53 Jang In Dakgalbi (Filiale Hongdae) 장인닭갈비 홍대점 | Hongdae

Koreanisches BBQ - Gopchang - Gegrillte Eingeweide 곱창
53 Obaltan (Filiale Chungmuro) 오발탄 충무로점 | Jongno / Gwanghwamun / Insa-dong

Koreanisches BBQ - Jokbal - Schweinefüßchen 족발
54 Manjok Ohyang Jokbal 만족오향족발 | Myeong-dong
54 Seongsu Jokbal 성수족발 | Seongsu-dong

Koreanisches BBQ - Samgyeopsal - gegrillter Schweinebauch 삼겹살 Jeyuk Bokkeum - pikant gebratenes Schweinefleisch 제육볶음
55 Dotgogi 506 돝고기506 | Apgujeong / Cheongdam / Garosu-gil
55 Simin Sikdang (Hauptfiliale) 시민식당 본점 | Jongno / Gwanghwamun / Insa-dong

Naengmyeon - kalte Nudeln 냉면

56 Bong Mil Ga (Gangnam-gu Office Station) 봉밀가 강남구청역점 | Apgujeong / Cheongdam / Garosu-gil
56 Seocho Myeon Ok (Hauptfiliale) 서초면옥 본점 | Seocho / Seorae Village
57 Hannam Myeon Ok 한남면옥 | Hannam-dong / Itaewon
57 Myeongdong Hamheung Myeon Ok (Hauptfiliale) 명동함흥면옥 본점 | Myeong-dong
58 Ojangdong Hamheung Naengmyeon 오장동 함흥냉면 | Jongno / Gwanghwamun / Insa-dong
58 Woo Lae Oak 우래옥 | Jongno / Gwanghwamun / Insa-dong
59 Eulmildae Pyeongyang Naengmyeon 을밀대 평양냉면 | Hongdae

Kalguksu - Messer geschnittene Nudeln 칼국수

60 Chwiyabeol Guksi 취야벌 국시 | Jongno / Gwanghwamun / Insa-dong
61 Kkang Tong Mandu 깡통만두 | Jongno / Gwanghwamun / Insa-dong
61 Bukchon Makguksu 북촌막국수 | Samcheong-dong
62 Hwang Saeng Ga Kalguksu 황생가 칼국수 | Samcheong-dong
62 Veteran (Filiale Lotte Jamsil) 베테랑 롯데잠실점 | Jamsil

Gejang - Marinierte rohe Krabben 게장

64 Pro Ganjang Gejang (Hauptfiliale Sinsa) 프로간장게장 신사본점 | Apgujeong / Cheongdam / Garosu-gil
64 Gebang Sikdang 게방식당 | Apgujeong / Cheongdam / Garosu-gil
65 Seobaekja Ganjang Gejang 서백자간장게장 | Apgujeong / Cheongdam / Garosu-gil
65 Jangjinyeong Ganjang Gejang 장지녕 간장게장 | Hannam-dong / Itaewon
66 Hamcho Ganjang Gejang 함초 간장게장 | Myeong-dong
66 Keun Giwa Jip 큰기와집 | Jongno / Gwanghwamun / Insa-dong
67 Seosan Kkotge 서산 꽃게 | Hongdae
67 Hwa Hae Dang (Filiale Yeouido) 화해당 여의도점 | Yeouido
68 Bonga Jinmi Ganjang Gejang 본가진미 간장게장 | Jamsil

Juk - Porridge 죽

68 Han Ppuri Juk (Hauptfiliale Ichon) 한뿌리죽 이촌본점 | Hannam-dong / Itaewon
69 Daeyeo Juk Jip 대여죽집 | Yeouido

Koreanisches Brathähnchen

71 Kkanbu Chicken (Filiale Apgujeong Station) 깐부치킨 압구정역점 | Apgujeong / Cheongdam / Garosu-gil
71 Haebangchon Dak 해방촌닭 | Hannam-dong / Itaewon
72 Double Play Chicken (Filiale Hongdae) 더블플레이치킨 홍대점 | Hongdae
72 Dul Dul (Two Two) Chicken (Filiale Yeouido Park) 둘둘치킨 여의도공원점 | Yeouido
73 BBQ Chicken Village (Filiale Songlidan-gil) BBQ치킨 빌리지 송리단길점 | Jamsil

Jeon - Koreanischer Pfannkuchen 전

73 Mukjeon 묵전 | Apgujeong / Cheongdam / Garosu-gil
74 Jeonji Jeonneung 전지전능 | Hannam-dong / Itaewon
74 Chebudong Janchi Jip 제부동 잔치집 | Jongno / Gwanghwamun / Insa-dong
75 Janchi Hoegwan 잔치회관 | Hongdae

Hanjeongsik - Koreanische Table d'hôte 한정식

77 Dong Hwa Go Ok 동화고옥 | Apgujeong / Cheongdam / Garosu-gil
77 Balwoo Gongyang 발우공양 | Jongno / Gwanghwamun / Insa-dong
78 Hanaro Hoegwan 하나로회관 | Jongno / Gwanghwamun / Insa-dong
78 Insadong Chon 인사동 촌 | Jongno / Gwanghwamun / Insa-dong
79 Maji 마지 | Jongno / Gwanghwamun / Insa-dong
79 San Chon 산촌 | Jongno / Gwanghwamun / Insa-dong
80 Soowoon | Jongno / Gwanghwamun / Insa-dong
80 Yangban Daek 양반댁 | Jongno / Gwanghwamun / Insa-dong
81 Kkul Bapsang 꿀밥상 | Samcheong-dong
81 So Seon Jae 소선재 | Samcheong-dong
82 Chosun Choga Hankki (Filiale Mapo) 조선초가한끼 마포점 | Hongdae
82 Gyeongbokgung Black (Filiale Yeouido IFC) 경복궁 블랙 여의도IFC점 | Yeouido
83 Sandlehae (Filiale Songpa) 산들해 송파점 | Jamsil

Zeitgenössische koreanische Küche

83 Evett 에빗 | Apgujeong / Cheongdam / Garosu-gil
84 Gudeul 구들 | Apgujeong / Cheongdam / Garosu-gil
84 Jeongsikdang 정식당 | Apgujeong / Cheongdam / Garosu-gil
85 Juyu Byeoljang (Filiale D Tower) 주유별장 디타워점 | Jongno / Gwanghwamun / Insa-dong
85 Kkot Bap E Pida 꽃밥에피다 | Jongno / Gwanghwamun / Insa-dong
86 Daban 다반 | Seongsu-dong
86 Seouloin (Filiale Seoul Forest) 서울로인 서울숲점 | Seongsu-dong
87 Sutimun 수티문 | Yeouido
87 Bicena 비체나 | Jamsil

Kimbap 김밥 Tteokbokki 떡볶이 Sundae 순대

89 Boseulboseul (Hauptfiliale Apgujeong) 보슬보슬 압구정본점 | Apgujeong / Cheongdam / Garosu-gil

Kimbap 김밥 Tteokbokki 떡볶이 Sundae 순대

89	Villa of Spicy (Filiale Famille Station) 빌라드스파이시 파미에스테이션점	Seocho / Seorae Village
90	Myeongdong Chungmu Kimbap 명동충무김밥	Myeong-dong
90	Tong Tong Kimbap (Filiale Hoehyeon) 통통김밥 회현점	Myeong-dong
91	Palpandong Kkoma Gimbap & Toast 팔판동꼬마김밥 앤 토스트	Jongno / Gwanghwamun / Insa-dong
91	Mat Jaeng I Tteokbokki (Hauptfiliale) 맛쟁이떡볶이 본점	Jamsil

Chinesisches

Amerikanisch-chinesische

93	Cha'R (Filiale Famille Station) 차알 파미에스테이션점	Seocho / Seorae Village
93	H5NG	Hannam-dong / Itaewon

Dimsum

94	Mong Jung Heon (Filiale Cheongdam) 몽중헌 청담점	Apgujeong / Cheongdam / Garosu-gil

Allgemein

94	Dae Ryeo Do 대려도	Apgujeong / Cheongdam / Garosu-gil
95	JS Garden (Filiale Apjugeng) JS 가든 압구정점	Apgujeong / Cheongdam / Garosu-gil
95	Mutan (Hauptfiliale Apjugeong) 무탄 압구정본점	Apgujeong / Cheongdam / Garosu-gil
96	Modern Nullang (Filiale Central City) 모던눌랑 센트럴시티점	Seocho / Seorae Village
96	Palais de Chine 팔레드신	Myeong-dong
97	Chai797 (Filiale Euljiro) 차이797 을지로점	Jongno / Gwanghwamun / Insa-dong
97	Jin Joong Uyuk Myeongwan Gwanghwamun 진중 우육면관 광화문	Jongno / Gwanghwamun / Insa-dong

Huogo / Malatang

98	Illyang Huoguo 인량훠궈	Apgujeong / Cheongdam / Garosu-gil
98	Mala Jung Dok 마라중독	Jongno / Gwanghwamun / Insa-dong

Japanisch

Ramen / Soba

99	Homuran (Cheongdam) 호무랑 (청담)	Apgujeong / Cheongdam / Garosu-gil
99	Menchuru (Filiale Sinsa) 멘츠루 신사점	Apgujeong / Cheongdam / Garosu-gil
100	Rongmen 롱멘	Seongsu-dong
100	Oreno Ramen (Hauptfiliale) 오레노라멘 본점	Hongdae
101	Somong 소몽	Yeouido

Sushi / Sashimi / Donburi

101	Kappo Akii (Filiale Samseong) 갓포아키 삼성점	Apgujeong / Cheongdam / Garosu-gil
102	Sushi Koji 스시코우지	Apgujeong / Cheongdam / Garosu-gil
102	Teukbyeolhan Obok Susan 특별한 오복수산	Apgujeong / Cheongdam / Garosu-gil
103	Cho Seung Dal 초승달	Hannam-dong / Itaewon
103	Sushi Miso (Filiale National Assembly) 스시미소 국회의사당점	Yeouido

Thailändisch

105	Buddha's Belly 부다스벨리	Hannam-dong / Itaewon
105	Saladaeng Embassy 살라댕앰버시	Hannam-dong / Itaewon
106	Maha Chai (Hauptfiliale Seongsu) 마하차이 성수본점	Seongsu-dong
106	Bangkok Eonni 방콕언니	Jamsil

Vietnamesisch

107	Little Saigon (Filiale Apgujeong Station) 리틀사이공 압구정점	Apgujeong / Cheongdam / Garosu-gil
107	Mia Saigon 미아사이공	Apgujeong / Cheongdam / Garosu-gil
108	Kkuing 꾸잉	Hannam-dong / Itaewon
108	Nyahang in Anguk 냐항in안국	Jongno / Gwanghwamun / Insa-dong
109	Soi Yeonnam 소이연남	Hongdae

Amerikanische

Burger

111	Jeremy Burger 제레미버거	Apgujeong / Cheongdam / Garosu-gil
111	Brooklyn The Burger Joint 브루클린 더 버거조인트	Seocho / Seorae Village
112	Jacoby Burger 자코비버거	Hannam-dong / Itaewon
112	The 100 (Baek) Terrace 더백테라스	Hannam-dong / Itaewon
113	Zesty Saloon Seongsu 제스티살룬 성수	Seongsu-dong
113	Fullinamite 풀리너마이트 홍대	Hongdae

Pizza - amerikanische Art

114	Clap Pizza Cheongdam 클랩피자 청담	Apgujeong / Cheongdam / Garosu-gil
114	Motor City (Filiale Itaewon) 모터시티 이태원점	Hannam-dong / Itaewon

Italienisch

115	Forest Cheongdam 포레스트 청담	Apgujeong / Cheongdam / Garosu-gil
115	Pairing Room 페어링룸	Apgujeong / Cheongdam / Garosu-gil
116	Volpino 볼피노	Apgujeong / Cheongdam / Garosu-gil
116	Isola Restaurant 이솔라 레스토랑	Seocho / Seorae Village
117	Il Chiasso 일키아소	Hannam-dong / Itaewon
117	La Cucina 라쿠치나	Hannam-dong / Itaewon
118	Michael By Haevichi 마이클바이해비치	Jongno / Gwanghwamun / Insa-dong
118	The Hanok Which Smith Likes 스미스가좋아하는한옥	Jongno / Gwanghwamun / Insa-dong
119	Osteria Rio 오스테리아 리오	Hongdae

Pizza - italienische Art

119	Buzza Pizza 부자피자	Hannam-dong / Itaewon
120	Spacca Napoli 부자피자	Hongdae
120	Pizzeria Lago 피제리아라고	Jamsil

Mexikanisch

Authentische

122	La Cruda 라 크루다	Hannam-dong / Itaewon
122	Vatos (Filiale Itaewon) 바토스 이태원점	Hannam-dong / Itaewon
123	El Carnitas (Filiale Ikseon) 엘카르니따스 익선점	Jongno / Gwanghwamun / Insa-dong

Tex-Mex

123	Sugar Skull (Filiale Central City) 슈가스컬 센트럴시티점	Seocho / Seorae Village
124	Coreanos Kitchen 코레아노스키친	Hannam-dong / Itaewon
124	Ixchel 익스첼	Hongdae

Französisch

125	Buvette 부베트	Apgujeong / Cheongdam / Garosu-gil
125	Passionne 파씨오네	Apgujeong / Cheongdam / Garosu-gil
126	Yoon 윤	Seocho / Seorae Village
126	CommeMoa 꼼모아	Hannam-dong / Itaewon
127	Seo 쎄오	Hannam-dong / Itaewon
127	L'Amant Secret 라망시크레	Myeong-dong

Indisch

129	Kantipur 칸티푸르	Apgujeong / Cheongdam / Garosu-gil
129	Taji Palace 타지팰리스	Hannam-dong / Itaewon
130	The Kitchen Asia (Filiale Hongdae) 더키친아시아 홍대점	Hongdae
130	Gangga (Filiale Lotte World Mall) 강가 롯데월드몰점	Jamsil

Spanisch

131	Traga 트라가	Apgujeong / Cheongdam / Garosu-gil
131	Cocina España 꼬시나 에스파냐	Seocho / Seorae Village
132	Tapas Bar 타파스바	Hannam-dong / Itaewon
132	El Bistec 엘비스텍	Hongdae

Mediterran & Nahost

133	Arabesque 아라베스크	Hannam-dong / Itaewon
133	Dubai Restaurant 두바이레스토랑	Hannam-dong / Itaewon
134	Kervan Restaurant 케르반 레스토랑	Hannam-dong / Itaewon
134	Petra 페트라	Hannam-dong / Itaewon

Westliches Essen

135	Centre Cheongdam 센트레 청담	Apgujeong / Cheongdam / Garosu-gil
135	ON 오엔	Apgujeong / Cheongdam / Garosu-gil
136	People The Terrace 피플더테라스	Apgujeong / Cheongdam / Garosu-gil
136	Queen's Park (Filiale Cheongdam) 퀸즈파크 청담점	Apgujeong / Cheongdam / Garosu-gil
137	Sun The Bud 썬더버드	Apgujeong / Cheongdam / Garosu-gil
137	Oasis Hannam 오아시스 한남	Hannam-dong / Itaewon
138	DOTZ	Hannam-dong / Itaewon
138	Odd House 오드하우스	Jongno / Gwanghwamun / Insa-dong
139	Maison Pipeground 메종 파이프그라운드	Seongsu-dong
139	Swig Vin 스위그뱅	Hongdae

Animal Lounge & Cafe

141 Meerkat Jokjang 미어캣족장 | Seongsu-dong
141 Pumpkin Pet House 펌킨 펫하우스 | Seongsu-dong
142 Ferret World 페럿월드 | Hongdae
142 Roof Cat Me 루프캣미 | Hongdae

Cafe & Dessert

143 Cafe413 Project 카페413 프로젝트 | Apgujeong / Cheongdam / Garosu-gil
143 Conte de Tulear 꽁티드툴레아 | Apgujeong / Cheongdam / Garosu-gil
144 Dalmatian 달마시안 | Apgujeong / Cheongdam / Garosu-gil
144 Cafe de Lyon (Hauptfiliale Seorae) 카페드리옹 서래본점 | Seocho / Seorae Village
145 Cafe Eero 카페 이로 | Seocho / Seorae Village
145 Le Pain Asser 르뺑아쎄르 | Seocho / Seorae Village
146 MAILLET | Seocho / Seorae Village
146 Munsell Coffee 먼셀커피 | Seocho / Seorae Village
147 Tea Plant 티플랜트 | Seocho / Seorae Village
147 Bo Market (Filiale Gyeongridan) 보마켓 경리단점 | Hannam-dong / Itaewon
148 Kervan Bakery & Cafe 케르반베이커리&카페 | Hannam-dong / Itaewon
148 Passion 5 패션 5 | Hannam-dong / Itaewon
149 Rain Report 레인리포트 | Hannam-dong / Itaewon
149 uphill namsan uphill namsan | Hannam-dong / Itaewon
150 Archivist 아키비스트 | Jongno / Gwanghwamun / Insa-dong
150 Dotori Garden 도토리가든 | Jongno / Gwanghwamun / Insa-dong
151 Hollow 할로우 | Jongno / Gwanghwamun / Insa-dong
151 onground 온그라운드 | Jongno / Gwanghwamun / Insa-dong
152 Ddong Cafe 또옹카페 | Jongno / Gwanghwamun / Insa-dong
152 Around Day 어라운드데이 | Seongsu-dong
153 Bontemps (Filiale Seoul Forest) 봉땅 서울숲점 | Seongsu-dong
153 Nudake Seongsu 누데이크 성수 | Seongsu-dong
154 Seoul Aengmusae 서울앵무새 | Seongsu-dong
154 Scene 쎈느 | Seongsu-dong
155 Miikflo (Filiale Hongdae) 미크플로 홍대점 | Hongdae
155 Mohssen's Sweets (Hauptfiliale Hongdae) 모센즈스위트 홍대본점 | Hongdae
156 Mokhwaci Lounge 목화씨라운지 | Hongdae
156 Sutek 수택 | Hongdae
157 Tailor Coffee (Filiale Yeonnam) 테일러커피 연남점 | Hongdae
157 the SameE 더세임카페 | Hongdae
158 Ganngbyeon Seojae 강변서재 | Yeouido
158 Seoul Coffee 서울커피 | Yeouido

Traditionelle koreanische Teehäuser

159 Yeon Hoe Dawon 연회다원 | Apgujeong / Cheongdam / Garosu-gil
159 Areumdaun Cha Bakmulgwan 아름다운 차 박물관 | Jongno / Gwanghwamun / Insa-dong
160 Cha Cha Tea Club 차차티클럽 | Jongno / Gwanghwamun / Insa-dong
160 Cha Masineun Tteul 차 마시는 뜰 | Jongno / Gwanghwamun / Insa-dong
161 Sarang 사랑 | Jongno / Gwanghwamun / Insa-dong
161 Hanok Chat Jip 한옥찻집 | Jongno / Gwanghwamun / Insa-dong
162 Osulloc Tea House (Filiale Bukchon) 오설록티하우스 북촌점 | Jongno / Gwanghwamun / Insa-dong
162 Tteul An 뜰안 | Jongno / Gwanghwamun / Insa-dong
163 Suyeon Sangbang 수연상방 | Samcheong-dong

Koreanische Dessert

163 Seolbing (Filiale Myeongdong) 설빙 명동점 | Myeong-dong
164 Damccot (Filiale Annyeong Insadong) 담장옆에국화꽃 안녕인사동점 | Jongno / Gwanghwamun / Insa-dong
164 Geoul Hanok Mirror Room 거울한옥 미러룸 | Samcheong-dong
165 My Seoul Bites 마이서울바이츠 | Jamsil

HAFTUNGSAUSSCHLUSS

Die hier aufgeführten Restaurants und Cafés sind zum Zeitpunkt der Erstellung dieses Dokuments korrekt. Details wie Verfügbarkeit, Öffnungszeiten und Schließungstermine können sich ändern. Bitte informieren Sie sich vor Ihrem Besuch auf den Websites der Restaurants und Cafés über die neuesten Informationen.

Wenn Sie Neuigkeiten haben, lassen Sie es uns bitte unter editor@newampersand.com wissen, damit wir sie in unser nächstes Update aufnehmen können. Danke!

NICHT OHNE DIESES BUCH NACH KOREA REISEN!

Der Tour-Guide für die U-Bahn in Seoul, Korea
Wie du die 100 besten Attraktionen der Stadt mit der U-Bahn erlebst!

Korea Travel Bucket List
Dein Leitfaden für über 150 Dinge, die du in Seoul tun musst!

Das Wörterbuch zur Koreanischen Kultur
Von Kimchi bis K-Pop und K-Drama-Klischees. Alles über Korea genau erklärt!

KOREANISCHE ESS- UND TRINKGEWOHNHEITEN

- Beim Essen sollte man sich nicht über das Essen beugen und daran schnuppern, da dies als Zeichen des Misstrauens gewertet werden kann. Auch wenn man das Gericht nicht kennt, sollte man dem Drang widerstehen, daran zu riechen.
- Wenn man mit einem älteren Menschen isst, sollte man ihm erlauben, sein Besteck zuerst in die Hand zu nehmen. In Gruppen sollte man warten, bis die älteste Person mit dem Essen begonnen hat, bevor man selbst beginnt.
- Die Reisschale wird links und die Suppenschüssel rechts platziert. Eine umgekehrte Platzierung ist nur bei Ahnenritualen üblich und bei normalen Mahlzeiten unangebracht.
- Für die Beilagen sollten Essstäbchen verwendet werden, für Reis und Suppe ein Löffel. Die Reisschale darf nicht angehoben werden, sondern muss auf dem Tisch stehen bleiben und mit dem Löffel geschöpft werden. Ebenso nimmt man einen Löffel für die Suppe und trinkt nicht direkt aus der Schüssel. Es gilt als unhöflich, aus der Schüssel zu trinken.
- Löffel und Essstäbchen dürfen nie in einer Hand gehalten werden. Wenn du Essstäbchen benutzt, nimm die Speisen von den Beilagen in einer einzigen Bewegung auf, anstatt sie hin und her zu schieben.
- Kleine, natürliche Rülpser sind im Allgemeinen akzeptabel, doch lautes Schnäuzen ist eher unhöflich. Falls man sich die Nase putzen muss, sollte man um Erlaubnis bitten und auf die Toilette oder in einen anderen privaten Bereich gehen.

- Wenn man einer älteren Person ein Getränk anbietet oder reicht, sollte man beide Hände benutzen oder mit der rechten Hand das Glas halten und mit der linken Hand das Handgelenk abstützen. Gegenüber einer jüngeren oder gleichaltrigen Person reicht auch eine Hand.
- Bei einem ersten Treffen, bei dem du eine formelle Sprache verwenden solltest, benutze beide Hände, bis ihr euch nähergekommen seid.
- Fülle die Gläser der anderen nach, aber warte, bis sie ganz leer sind.
- Wenn man mit einer älteren Person trinkt, wendet man sich ab und benutzt beide Hände. Sitzt man zwischen zwei älteren Personen, wendet man sich der jüngeren Person zu.
- Bei Schnapsgläsern ist es üblich, dass man das erste Getränk in einem Zug austrinkt, aber es ist nicht zwingend. Falls man der Jüngste ist, sollte man auf leere Gläser achten und nachschenken.
- Derjenige, der die Flasche in die Hand nimmt, wird dir ein Getränk einschenken. Achte auf die Personen in der Nähe, wenn die Flasche weit weg ist.
- Vielleicht trinkt die älteste Person zuerst und reicht das Glas weiter. Viele ziehen es zwar vor, dies aus hygienischen Gründen zu vermeiden, nehmen aber oft daran teil, um niemanden zu beleidigen.
- Schenke dein Getränk nicht selbst ein. Es wird angenommen, dass dies deinem Trinkkumpel Unglück bringt, sodass das gegenseitige Einschenken wahrscheinlich bevorzugt wird.
- Warte, bis die älteste Person einen Toast ausspricht oder ihr Glas hebt, bevor du trinkst.
- Vermeide es, in drei Schlucken zu trinken, da dies an Opfergaben bei Ahnenriten erinnert.
- Wenn eine ältere Person ein Getränk anbietet, sollte man es dankend annehmen, auch wenn man es nicht trinken kann. Stell es auf den Tisch und stoße mit den Gläsern an, um daran teilzuhaben, ohne tatsächlich zu trinken.

WORAUF MAN BEIM ESSEN IN KOREA ACHTEN SOLLTE

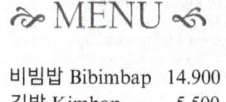

1. Die Preisgestaltung koreanischer Menüs und ihre Marketingstrategie

In zahlreichen koreanischen Restaurants und Cafés, vor allem in solchen, die auf ein jüngeres Publikum ausgerichtet sind oder westliche Küche anbieten, kann man Preise wie 14,9 statt 14.900 Won sehen. Hierbei handelt es sich nicht um einen Fehler, sondern um eine Marketingstrategie. Durch das Weglassen der letzten beiden Ziffern erscheinen die Preise günstiger, was mit der kognitiven Voreingenommenheit spielt, die niedrigere Zahlen als billiger ansieht. Auch wenn der tatsächliche Preis höher ist, sieht 14,9 Won preiswerter aus als 14.900 Won. Bitte denke daran, den Preis mit 1.000 zu multiplizieren, um die tatsächlichen Kosten richtig einzuschätzen und Überraschungen beim Bezahlen zu vermeiden.

2. Das koreanische Ess-Erlebnis: Räumliches Servieren vs. aufeinanderfolgende Gänge

Die koreanische Esskultur unterscheidet sich erheblich von den westlichen Gepflogenheiten, insbesondere in der Art und Weise, wie die Mahlzeiten strukturiert und serviert werden. Bei einem traditionellen koreanischen Essen gibt es keine strikte Abfolge von Gängen wie Vorspeise, Hauptgericht und Nachspeise. Vielmehr wird die Mahlzeit auf einmal serviert, wobei eine Vielzahl von Gerichten gleichzeitig auf dem Tisch ausgebreitet wird. Dies spiegelt den räumlichen Charakter des koreanischen Essens wider, bei dem das gemeinschaftliche Erlebnis des Teilens und Genießens mehrerer Gerichte im Vordergrund steht.

Wenn man in Korea isst, selbst in westlichen Restaurants, kann es vorkommen, dass die Gerichte auf einmal serviert werden, was für diejenigen, die an eine strukturierte Abfolge der Gänge gewöhnt sind, überraschend sein kann. Auf Wunsch werden die Gerichte nacheinander serviert - zuerst die Vorspeisen, dann die Hauptgerichte und zuletzt die Nachspeisen. So wird sichergestellt, dass das Essenserlebnis deinen Erwartungen entspricht und in einem vertrauten, geordneten Rhythmus abläuft.

3. Bestellen in einem koreanischen Restaurant - nur eine Speisekarte?

Es ist in koreanischen Restaurants üblich, dass der Kellner einer Gruppe nur eine Speisekarte aushändigt, da sich die Leute oft gemeinsam entscheiden und darauf warten, dass der Älteste bestellt, da er in der Regel bezahlt. Andere vermeiden es aus Respekt, teurere Gerichte zu bestellen. Sei nicht beleidigt - frag einfach nach weiteren Speisekarten, wenn du sie brauchst!

4. Trinkgeld in Korea

Trinkgelder sind in Korea nicht üblich. Die meisten Restaurants, Cafés und Taxis enthalten bereits die Servicegebühren, so dass Trinkgeld nicht nötig ist. Falls man es doch versucht, könnte sich das Personal etwas unangenehm fühlen oder es sogar ablehnen. In einigen gehobenen Hotels oder an touristischen Orten wird Trinkgeld zwar akzeptiert, aber nicht erwartet oder verlangt.

5. Wie lese ich die koreanische Speisekarte, wenn es keine übersetzte Version gibt?

Ein Restaurantbesuch in Korea kann schwierig sein, wenn die Speisekarte nicht in der eigenen Sprache verfasst ist, aber Apps wie Google Lens und Papago Lens können helfen. Man kann ein Foto der Speisekarte für die Übersetzung machen oder die Echtzeit-Kamera-Funktion nutzen. Google Lens unterstützt über 100 Sprachen, während Papago Lens 13 Sprachen anbietet. Sollte eine Übersetzung nicht stimmen, kannst du sie mit der anderen App auf ihre Richtigkeit überprüfen.

WIE MAN IN KOREA EINE RESTAURANT-RESERVIERUNG VORNIMMT

Zwei beliebte Apps für Restaurantreservierungen in Korea sind **Catchtable** und **Naver**. Diese beiden Apps sind besonders für ausländische Besucher unverzichtbar, um ein Restaurant zu reservieren. Zwar werden einige Restaurants in beiden Apps angezeigt, aber viele sind nur in einer App zu finden, so dass es sehr empfehlenswert ist, beide Apps zu benutzen. Hier ist ein kurzer Überblick.

	Catchtable Global	**Naver**	**Catchtable Korea**
Sprachen	Sprachen - Koreanisch, Englisch, Japanisch, Chinesisch (Restaurantbewertungen werden aus dem koreanischen Original übersetzt)		Koreanisch
Anmelde-Optionen	Gmail, Apple ID, E-Mail-Adresse	Telefonnummer (internationale Nummer zulässig) + E-Mail-Adresse	Kakao Talk, Apple ID, Naver ID, koreanische Telefonnummer
Funktionen	Restaurant-Reservierungen, Warteliste vor Ort	Restaurant-Reservierungen, Veranstaltungs-Reservierungen	Restaurant-Reservierungen, Warteliste vor Ort
Koreanische Nummer für Reservierung erforderlich?	No	No	Yes
Zahlungsmethode (für Anzahlungen)	Ausländische Kreditkarte	Koreanische Bank/Kreditkarte	Koreanische Bank/Kreditkarte
Erhältlich bei:			

Um Catchtable optimal nutzen zu können, sollte man sowohl die globale als auch die koreanische App herunterladen. Einige Lokale werden nur in der koreanischen Version angezeigt (und nicht auf Naver), und für die Reservierung dieser Lokale ist eine koreanische Telefonnummer erforderlich. Wer eine solche Nummer hat (z. B. einen Prepaid-Tarif) oder jemanden kennt, der eine hat, wird sie sehr hilfreich finden. Die Bedienung ist identisch, und mit Google Lens oder Papago lassen sich die Inhalte übersetzen.

Wie man ein Naver-Konto erstellt

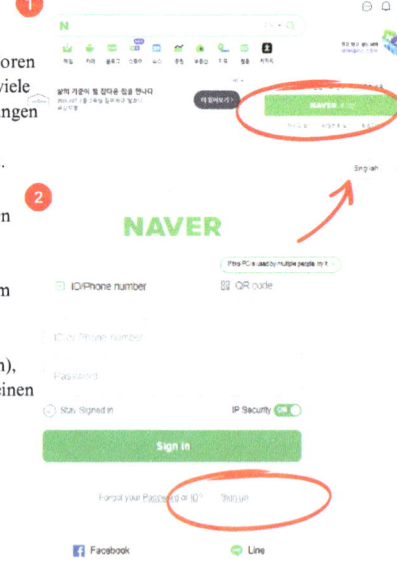

Die Naver-App bietet die wichtigsten Dienste wie Karten, Nachrichten, Foren und Reservierungen für Restaurants und Veranstaltungen. Während auf viele Funktionen auch ohne Konto zugegriffen werden kann, ist für Reservierungen ein Konto erforderlich. Es empfiehlt sich daher, die Naver-App herunterzuladen und ein Konto einzurichten, bevor man nach Korea reist.

Was man benötigt - Eine Telefonnummer (beliebiges Land), um einen Verifizierungscode zu erhalten.

1. Gehe auf naver.com auf einem PC oder öffne die Naver-App auf deinem Smartphone. Wähle „NAVER 로그인".

2. Wähle deine Sprache (Koreanisch, Englisch, Japanisch oder Chinesisch), und klicke auf „Anmelden". Akzeptiere die Bedingungen und gib dann deinen Namen, dein Geburtsdatum und deine E-Mail-Adresse ein.

3. Gib deine Telefonnummer an, klicke auf „Code senden" und gib den erhaltenen Bestätigungscode ein. Klicke nach der Verifizierung auf „Anmelden".

Verifizieren des Naver-Kontos (optional)

Mit einem Naver-Konto hast du zwar Zugang zu vielen Funktionen, aber die Verifizierung deines Kontos ist von Vorteil, da einige Restaurants nur Reservierungen von verifizierten Benutzern akzeptieren. Falls du keinen koreanischen Ausweis und keine koreanische Telefonnummer hast, kannst du dich mit einem ausländischen Ausweis, z. B. einem Reisepass oder Führerschein, verifizieren.

1. Bei Naver anmelden.
2. Auf Konto-Informationen gehen und „Bearbeiten" wählen.
3. Klicke auf „Überprüfen".
4. Scrolle nach unten, klicke auf „Wenn du Hilfe brauchst" und wähle „Hilfe".
5. Unter „Ausländer (ohne Ausländerausweis)", fülle das Formular aus: - Lade einen amtlichen Ausweis (z. B. Reisepass oder Führerschein) hoch, der nur deinen Namen, dein Geburtsdatum und dein Geschlecht enthält. Verdecke alle sonstigen sensiblen Details.
6. Sende das Formular an Naver und bestätige die Verifizierung innerhalb von 24 Stunden per E-Mail. Durch diesen optionalen Schritt erhältst du Zugang zu Restaurantreservierungen in teilnehmenden Lokalen.

Übersetzung von koreanischem Text in der Naver-App

Bei der Nutzung der Naver-App werden die meisten Inhalte auf Koreanisch angezeigt. Glücklicherweise verfügt Naver über eine integrierte Übersetzungsfunktion.

1. Öffne die Naver-App und gehe zu der Seite, die du übersetzen möchtest.
2. Tippe auf das Doppelbalken-Symbol unten rechts.
3. Wähle die Option „번역기 실행" (Übersetzer aktivieren).
4. Tippe auf „번역언어" (Übersetzungssprache), um deine bevorzugte Sprache zu wählen.
5. Wähle zwischen Englisch (영어), Japanisch (일본어), vereinfachtem Chinesisch (중국어 간체) oder traditionellem Chinesisch (중국어 번체).

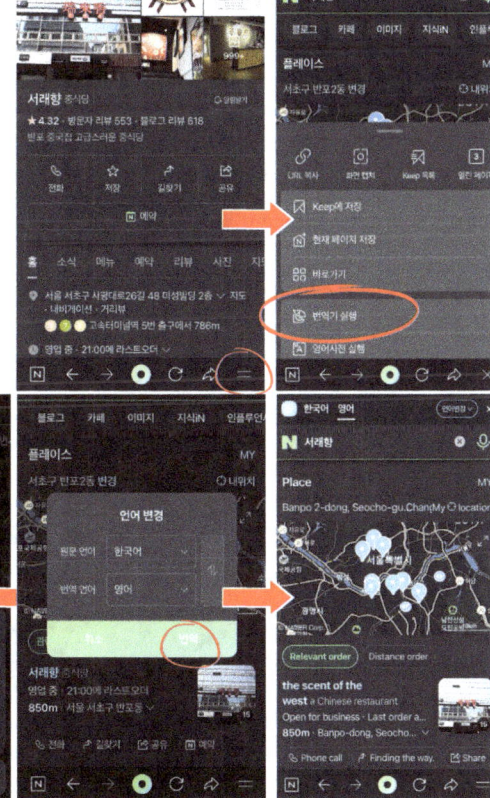

6. Tippe auf „번역" (Übersetzen), und der gesamte Text wird in die von dir gewählte Sprache übersetzt.

Tipp: Durch doppeltes Tippen auf den ausgewählten Text wird der koreanische Originaltext angezeigt.

KOREANISCH / HANSIK

Der Name Hansik 한식 bezieht sich auf die traditionsreiche koreanische Küche, die tief mit dem kulturellen Erbe der koreanischen Halbinsel verwurzelt ist. In ihr spiegeln sich die jahrhundertelangen landwirtschaftlichen Ursprünge der Region und die vielfältigen Einflüsse aus den Nachbarländern wie China und Japan wider. Eines der charakteristischen Merkmale der koreanischen Küche ist die Fermentierung, eine jahrtausendealte Praxis. Grundnahrungsmittel wie Kimchi, Doenjang 된장 (Sojabohnenpaste) und Gochujang 고추장 (rote Chilipaste) sind Ausdruck der Komplexität der Geschmacksrichtungen und der gesundheitlichen Vorteile, die der koreanischen Küche eigen sind. Ebenfalls ein fester Bestandteil der koreanischen Küche ist Banchan, eine Tradition, bei der verschiedene kleine Beilagen zu den Hauptgerichten gereicht werden. Ursprünglich aus buddhistischen Einflüssen während der Zeit der Drei Reiche stammend, hebt dieser Brauch die Einfachheit und Ausgewogenheit hervor. Im Laufe der Zeit hat sie sich weiterentwickelt und bietet heute eine Vielzahl von Gemüsegerichten, die das Hauptgericht ergänzen und eine Vielzahl von Geschmacksrichtungen, Texturen und Nährstoffen bieten.

Die Popularität der koreanischen Küche hat in den letzten Jahren weltweit stark zugenommen. Viele Faktoren wie die Zunahme internationaler Reisen und der Einfluss der koreanischen Popkultur haben zu ihrer globalen Anerkennung beigetragen. Kultgerichte wie koreanisches Barbecue, Bibimbap, Kimchi und Bulgogi haben die Fantasie von Feinschmeckern rund um den Globus angeregt. Hinzu kommt, dass die gesundheitsbewusste Ausrichtung der koreanischen Küche mit ihrem Schwerpunkt auf frischen Zutaten und fermentierten Lebensmitteln bei gesundheitsbewussten Verbrauchern Anklang gefunden hat. Die ausgewogene Mischung von Aromen, die ansprechende Präsentation und das gemeinschaftliche Essenserlebnis machen die koreanische Küche noch attraktiver und festigen ihren Status als feste Größe in der globalen kulinarischen Landschaft.

BIBIMBAP 비빔밥

Bibimbap 비빔밥 („gemischte Reisschüssel") ist eines der bekanntesten Gerichte der koreanischen Kochkunst. Es zeichnet sich durch eine geschmackvolle Kombination aus Reis, Gemüse, Chilipaste (Gochujang) und wahlweisen Beigaben wie Spiegeleiern oder zarten Rindfleischscheiben aus, die vor dem Verzehr fachmännisch miteinander vermischt werden. Seine Ursprünge sind traditionsreich: Einige Geschichten besagen, dass es aus der Praxis des Mischens ritueller Opfergaben in einer Schüssel entstand, während andere behaupten, dass es geschaffen wurde, um Reste vor dem Mondneujahr zu verwerten, wobei eine harmonische Mischung von Aromen entstand. Bibimbap hat sich unabhängig von seinen Anfängen zu einem Grundnahrungsmittel für koreanische Feste, Erntezeiten und sogar königliche Essen entwickelt. In der kulinarischen Hauptstadt Koreas, Jeonju, wird Bibimbap mit dem berühmten Bibimbap-Festival zu neuen Höhenflügen angesetzt. Im späten 20. Jahrhundert hat Bibimbap weltweit an Popularität gewonnen und Ländergrenzen überschritten. Ob Fluggesellschaften, die Bibimbap als Bordgericht anbieten, oder internationale Flughäfen, die von seinem einladenden Aroma erfüllt sind - Bibimbap hat die Herzen und Geschmacksnerven von Menschen auf der ganzen Welt erobert.

Die meisten Bibimbap-Gerichte haben den Nachteil, dass das Gemüse kalt bleibt, egal wie heiß der Reis ist, so dass das Gericht lauwarm ist, wenn alles zusammengerührt wird. Beim Dolsot-Bibimbap (heißer Steintopf) wird dies vermieden, indem das gesamte Gericht heiß gehalten wird.

Das Besondere am Dolsot-Bibimbap ist der knusprige Nurungji (verbrannter Reis), der sich am Boden des Topfes bildet. Er brutzelt im heißen Steintopf und verleiht dem Gericht eine wunderbare Textur und einen köstlichen Geschmack, den man auch nach dem Verzehr des Hauptgerichts genießen kann. Nachdem man fertig gegessen hat, kratzt man den Boden des Steintopfs ab, um die Nurungji zu finden, und isst sie, aber Vorsicht, sie können noch heiß sein!

Zum richtigen Genuss von Bibimbap gehört die Gochujang-Sauce, die für einen würzigen und süßen Geschmack sorgt (die Menge bleibt jedoch jedem selbst überlassen), wobei alle Zutaten, wie der Name schon sagt, gründlich miteinander vermischt werden. (Nicht mit einer Gabel oder Stäbchen wie einen Salat schöpfen). Zwar geht dadurch die schöne, farbenfrohe Präsentation der Zutaten in der Schüssel verloren, aber die Aromen kommen viel stimmiger zur Geltung.

SAMGYETANG 삼계탕

Samgyetang 삼계탕 („Ginseng-Hühnersuppe") basiert auf einem ganzen jungen Huhn, das mit Knoblauch, Reis, Jujube und Ginseng gefüllt und in einer würzigen Brühe gekocht wird - ein herzhaftes Gebräu reich an gesundheitlichen Vorzügen. Das Gericht stammt aus der Joseon-Dynastie und war ursprünglich unter dem Namen Gyesam-tang bekannt, was so viel wie „Hühner-Ginseng-Suppe" bedeutet. Mit dem Aufkommen der modernen Kühltechnik in den 1960er Jahren wandelte sich das Gericht. Statt des traditionellen Ginsengpulvers wurde nun ein ganzes Stück Ginseng verwendet, was zu der kultigen Samgyetang führte, die wir heute so schätzen. Koreaner genießen es an den heißesten Tagen des Mondkalenders. In zahlreichen Spezialitäten-Restaurants in ganz Korea hat man die Kunst des Samgyetang perfektioniert und ihn zu einer lokalen Sensation gemacht. Wundere dich nicht, wenn dir eine kleine Flasche Ginsengwein angeboten wird; das Bemühen um gesundes Wohlbefinden ist weit verbreitet!

Ein häufig anzutreffender Mythos besagt, dass man keine Datteln (Jujubes) essen sollte, weil sie die giftigen Elemente und das Fett aus den Zutaten der Suppe absorbieren. Obwohl es stimmt, dass Datteln medizinische Eigenschaften absorbieren, sind die Zutaten in der Samgyetang-Suppe tatsächlich gut für uns, also gibt es keinen Grund, sie zu meiden!

BIBIMBAP 비빔밥

② Seocho / Seorae Village
서초 / 서래마을

Koreanische Gerichte aus frischen, hochwertigen Zutaten	Gesündere Bibimbap-Auswahl für kalorienbewusste Menschen

박식곳
Baksikgot

슬림비빔밥 방배본점
Slim Bibimbap (Hauptfiliale Bangbae)

서울 서초구 서초중앙로 151
Seocho-gu Seochojungang-ro 151

서울 서초구 서초대로 108, 1층 104호
Seocho-gu Seocho-daero 108
slimbibimbap.co.kr   instagram.com/slim.bbb

Tel : 02-595-3080
Tel Reservierung : O
Mitnehmen : O
Reserv erforderlich : X

GSCHL So.
GEÖFT Mo.-Sa. 10:30-21:00
Letzt Best : 20:30
Ruhezeit : 15:00-16:00

Tel : 02-597-0854
Tel Reservierung : O
Mitnehmen : O
Reserv erforderlich : X

GEÖFT Mo.-Fr. 10:00-20:00
　　　　Sa., So. 11:00-20:00
Letzt Best : 19:30
Ruhezeit : X

Ambiente: Der Innenbereich ist geräumig und verfügt über Tische für vier Personen. Es gibt auch die Möglichkeit, alleine zu essen.
Speisekarte: Bibimbap ist die Hauptspeise zum Mittagessen, während das Abendessen eine Vielzahl von Vorspeisen bietet, darunter Hot Pot, gebratener Oktopus und Schweinebauch.
Merkmale: Zu jedem Tisch gehört eine Abdeckhaube, um ihn sauber zu halten, und zu jedem Sitzplatz gibt es eine 500-ml-Flasche Wasser.
Tipp: Am beliebtesten ist das Bibimbap mit Oktopus, weil der Oktopus so prall und schmackhaft ist.
Hinweis: Zur Mittagszeit kann es zu Wartezeiten kommen.

Beliebte Menüoptionen

나물비빔밥 Namul (Gemüse) Bibimbap: 13.000
열무비빔밥 Yeolmu (junger Rettich) Bibimbap: 13.000
낙지비빔밥 Nakji (Oktopus) Bibimbap: 13.000

Ambiente: Das entlang des Namsan-Bergpfads gelegene Restaurant ist in einem traditionellen Hanok-Gebäude untergebracht und liegt inmitten der Natur. Man sitzt an modernen Tischen und Stühlen, was für diejenigen, die sich mit den koreanischen Sitzgelegenheiten auf den Boden nicht anfreunden können, bequem ist, aber für diejenigen, die ein authentisches Erlebnis suchen, etwas enttäuschen mag. Das Lokal wirkt außerdem etwas wie ein Fast-Food-Restaurant.
Speisekarte: Eine Vielzahl von Bibimbap-Variationen, darunter auch vegane Gerichte, die alle ohne chemische Zusätze zubereitet werden.
Merkmale: Selbstbedienung am Kiosk.
Tipp: Die handtellergroßen Mini-Kimchi-Pfannkuchen passen wunderbar zu dem süßen und erfrischenden Shikhye (Reisbowle).
Hinweis: Keine Parkplätze vorhanden. Telefonische Reservierungen sind schwierig; man sollte die Naver-Reservierungsfunktion nutzen. Am einfachsten findet man es, wenn man vom Eingang des Namsan-Parks aus nach oben läuft.

Beliebte Menüoptionen

8색 전주비빔밥 8-Farben-Gemüse-Jeonju-Bibimbap 9.900
돼지 김치찌개 Dwaeji (Schweinefleisch) Kimchi Jjigae 8.900

Hannam-dong / Itaewon
한남동 / 이태원

Ein Ort, an dem man Bibimbap inmitten der Natur genießen kann

목멱산방 남산타워점
Mok Myeok Sanbang Filiale Namsan Tower

중구 남산공원길 627
Jung-gu, Namsangongwon-gil 627
instagram.com/m_horaeng

Tel : 0507-1366-1971	**GSCHL** Chuseok, Seollal
Tel Reservierung : O	**GEÖFT** Täglich 10:30 - 19:30
Mitnehmen : Nur Getränke	**Letzt Best :** 18:50
Reserv erforderlich : X	**Ruhezeit :** 15:00-16:00

Ambiente: Das Restaurant liegt am Namsan-Bergpfad und befindet sich in einer natürlichen Umgebung in einem traditionellen Hanok-Gebäude. Es bietet moderne Sitzgelegenheiten an Tischen und Stühlen, was für diejenigen, die sich mit den koreanischen Sitzgelegenheiten auf dem Boden nicht anfreunden können, bequem sein mag, jedoch für diejenigen, die ein authentisches Erlebnis suchen, enttäuschend sein mag. Zudem hat das Restaurant einen Fast-Food-Charakter.
Speisekarte: Eine große Auswahl an Bibimbap-Optionen, einschließlich veganer Varianten, alle ohne chemische Zusätze gewürzt.
Merkmale: Selbstbedienung an der Theke.
Tipp: Der handtellergroße Mini-Kimchi-Pfannkuchen lässt sich wunderbar mit dem süßen und erfrischenden Shikhye (Reisbowle) kombinieren.
Hinweis: Keine Parkplätze vorhanden. Telefonische Reservierungen sind schwierig; am besten nutzt man die Reservierungsfunktion von Naver. Der einfachste Weg ist, vom Eingang des Namsan-Parks aus nach oben zu gehen. Zu Fuß braucht man etwa 5 Minuten.

Beliebte Menüoptionen

투뿔한우육회비빔밥 2+ Hanwoo Yukhoe (Gewürztes rohes Rindfleisch) Bibimmbap 14.000
손바닥김치전 Mini Kimchi Jeon (Pfannkuchen) 6.000
산방비빔밥 Sanbang Bibimbap 9.000

 Myeongdong
명동

Ein Franchise-Restaurant, spezialisiert auf gesunden Brei und Bibimbap

본죽&비빔밥cafe 명동 2호점
Bonjuk&Bibimbap Cafe (Myeongdong 2. Filiale)

서울 중구 명동9길 10. 2F
Jung-gu Myeongdong 9-gil 10, 2F
bonif.co.kr/menu/list?brdCd=BF102

Tel : 02-778-3562	**GSCHL** So.
Tel Reservierung : X	**GEÖFT** Mo.-Fr. 09:00-21:00
Mitnehmen : O	Sa. 09:00-15:00
Reserv erforderlich : X	**Letzt Best :** Mo.-Fr. 20:30
	Sa. 14:30
	Ruhezeit : 15:00-16:00

Ambiente: Im zweiten Stock gelegen und mit Tischen für vier Personen ausgestattet.
Speisekarte: Diverse Porridge- und Bibimbap-Varianten zur Auswahl.
Merkmale: Drei verschiedene Beilagen und Dongchimi (Rettich-Wasser-Kimchi) werden angeboten. Sämtliche Gerichte sind auch zum Mitnehmen erhältlich. Salzgehalt, Süße, Reiskorngröße und Optionen wie brauner Reis oder Gerste können angepasst werden
Tipp: Die Beigabe von Käse zum Kimchi-Oktopus-Brei macht ihn weniger würzig und ist daher empfehlenswert.
Hinweis: Während der Mittagszeit kann das Restaurant überfüllt sein, so dass es einige Zeit dauern kann, bis das Essen serviert wird.

Beliebte Menüoptionen

제육볶음비빔밥 Jeyuk Bokeum (pikant gebratenes Schweinefleisch) Bibimbap 12.000
소고기불고기 Sogogi (Rindfleisch) Bulgogi Bibimbap 12.000
낙지김치죽 Nakji (Oktopus) Kimchi Juk (Porridge) 11.000
삼계죽 Samgye (Huhn und Ginseng) Juk (Porridge) 12.000

Jongno / Gwanghwamun / Insa-dong
종로 / 광화문 / 인사동

Hier kann man sowohl Porridge als auch Bibimbap genießen

본죽&비빔밥cafe 경복궁역점
Bonjuk&Bibimbap Cafe
(Filiale Gyeongbokgung Station)

종로구 자하문로2길 1
Jongno-gu Jahamun-ro 2-gil 1
bonif.co.kr/menu/list?brdCd=BF102

Tel : 02-725-6288
Tel Reservierung : X
Mitnehmen : O
Reserv erforderlich : X
GEÖFT Täglich 09:00-21:00
Letzt Best : X
Ruhezeit : —

Ambiente: In unmittelbarer Nähe des Gyeongbokgung-Palastes gelegen. Die Räumlichkeiten sind klein, aber es gibt genügend Tische, um auch alleine zu essen.
Speisekarte: Eine Vielfalt an einzigartigen Porridge- und Bibimbap-Gerichten.
Merkmale: Als Franchise-Restaurant sind gleichbleibende Qualität und Service garantiert.
Tipp: Man sollte unbedingt die saisonalen Gerichte probieren, die in begrenzter Auflage angeboten werden. Es ist ein idealer Ort für eine schnelle Mahlzeit vor oder nach dem Besuch des Gyeongbokgung.
Hinweis: Mitnahme- und Lieferoptionen sind verfügbar, mit der Möglichkeit der Portionierung. Neben diesem Restaurant gibt es noch weitere Standorte, also wähle einen, der zu deiner Route passt.

Beliebte Menüoptionen

삼계죽 Samgye Juk (Ginseng & Huhn) 12.000
소불고기 비빔밥 So Bulgogi Bibimbap 12.000

Traditionelles Hanjeongsik-Lokal mit veganen Optionen in einem Hanok-Stil

인사도담
Insadodam

종로구 인사동16길 5-1
Jongno-gu Insadong 16-gil 5-1
instagram.com/insadodam

Tel : 0507-1365-0141
Tel Reservierung : O
Mitnehmen : X
Reserv erforderlich : X
GEÖFT Täglich 11:00-22:00
Letzt Best : 21:00
Ruhezeit : 15:30-17:30

Ambiente: Das Restaurant befindet sich in einer Gasse in Insa-dong und besticht durch seine gemütliche Einrichtung, die den traditionellen koreanischen Charme bewahrt. Auffallend sind die Dekorationselemente im koreanischen Stil und die gut gewartete Küche.
Speisekarte: Verschiedene Bibimbap-Varianten, ergänzt durch gebratene und gedämpfte Gerichte, die sich perfekt zum Teilen eignen, sowie ein Menü, das als Menü zusammengestellt wird.
Merkmale: Mit einer Auswahl an in den Bergen geerntetem Wildgemüse, das harmonisch gemischt wird und ein ausgewogenes Geschmacksprofil ergibt. Die Würzung ist moderat und sorgt für ein angenehmes Esserlebnis.
Tipp: Vegane Optionen sind im Angebot, und Gerichte wie gewürzte Wasser-Petersilie und marinierte kurze Rippen zeigen eine köstliche süß-saure Kombination. Eine Flasche ist kostenlos und mit inbegriffen.
Hinweis: Aufgrund seiner Lage in der Nähe von Touristenattraktionen muss man an Wochenenden zu den Hauptgeschäftszeiten mit Wartezeiten rechnen. Ein beliebtes Restaurant bei einem Besuch in Insa-dong.

Beliebte Menüoptionen

도담비빔밥 Dodam Bibimbap 13.000
메밀전병 Memil Jeonbyeong (Buchweizenpfannkuchen)16.000
도담갈비찜 Dodam Galbijjim 35.000

Set Menü 2 Personen 52.000
Set Menü 3 Personen 77.000
Set Menü 4 Personen 103.000

⑤ Jongno / Gwanghwamun / Insa-dong
종로 / 광화문 / 인사동

Ein gepflegtes koreanisches Fusion-Restaurant in der Nähe des Gyeongbokgung-Palastes

Ein Lokal, spezialisiert auf fein zubereitete Bibimbap, gegrillte und geschmorte Gerichte.

사발
Sabal

시래기담은
Siraegi Dameum

종로구 사직로8길 34, 142호
Jongno-gu Sajik-ro 8-gil 34, #142
instagram.com/sabal.official

Tel : 0507-1317-4845
Tel Reservierung : O
Mitnehmen : O
Reserv erforderlich : X
GEÖFT Täglich 11:30-21:00
Letzt Best : 14:15, 20:15
Ruhezeit : 15:00-17:00

서울 종로구 삼청로 65-2
Jongno-gu Samcheong-ro 65-2
instagram.com/siraegidameun

Tel : 0507-1411-8489
Tel Reservierung : O
Mitnehmen : X
Reserv erforderlich : O
GEÖFT Mo.,Di. 11:30-14:30
Mi.-Sa. 11:30-19:30
So. 11:30-19:00
Letzt Best : Mo.-Di. 14:00
Mi.-Sa. 19:00
Ruhezeit : So. 18:30
15:00-17:30

Ambiente: Das Lokal ist innerhalb der Arkaden eines Apartmentkomplexes gelegen und bietet an schönen Tagen Sitzplätze auf der Terrasse. Die Räumlichkeiten sind in gedeckten Tönen gehalten und strahlen eine ruhige, gehobene Atmosphäre aus.
Speisekarte: Im Mittelpunkt stehen koreanische Gerichte wie Nudelsuppe auf Hühnerbasis, Hühnergomtang und Bibimbap. Als Vorspeise wird ein Kürbisbrei angeboten. Die Nudeln der Dakguksu (Hühnernudelsuppe) sind grün, weil sie Chlorella enthalten.
Merkmale: Das stilvolle Interieur und die Beleuchtung machen es zu einem beliebten Ort für erste Dates. Zudem kann man hier auch Geschirr kaufen.
Tipp: Die Tteokbokki werden vom Inhaber persönlich zubereitet und sind je nach seinem Zeitplan erhältlich. Sofern verfügbar, lohnt es sich auf jeden Fall, sie zu probieren.
Hinweis: Der Gebäudekomplex kann verwirrend sein, deshalb sollte man auf das Schild „SABAL 2008" achten. Nicht zu verwechseln mit „SABAL 사발주인장", einem anderen Lokal, das vom selben Besitzer geführt wird. Nebengerichte sind nur an Wochentagen erhältlich und müssen mit einem Hauptgericht bestellt werden.

Ambiente: Das Restaurant ist sehr klein und verfügt über insgesamt 14 Plätze, darunter zwei 4er-Tische und drei 2er-Tische. Bei Gruppen bis zu 6 Personen ist eine gemeinsame Bestuhlung möglich, Gruppen ab 8 Personen müssen jedoch getrennt platziert werden.
Speisekarte: Angeboten werden Bibimbap, gegrillte Gerichte und Schmorgerichte, die ausschließlich aus einheimischen Zutaten zubereitet werden. Vegane Optionen sind ebenfalls erhältlich.
Merkmale: Man kann sein Bibimbap ganz nach den eigenen Vorlieben zusammenstellen.
Tipp: Das Schmorgericht-Set, das 10 Stunden lang reift und mehrere Kochvorgänge erfordert, ist nur auf Vorbestellung über die Buchungsplattform Naver und mit Online-Zahlung im Voraus erhältlich.
Hinweis: Die Sets für gegrillte Gerichte, Bibimbap und Pfannkuchen können direkt im Restaurant bestellt werden. Bei mehr als 10 Minuten Verspätung wird die Reservierung storniert.

Beliebte Menüoptionen

옛날 떡볶이 Yetnal (Old-Fashioned) Tteokbokki 17.000
능이버섯닭곰탕 Neung-i Beoseot Dakgomtang (Hühnersuppe mit schwarzen Pilzen) 17.000
닭국수 Dakguksu (Hühner-Nudelsuppe) 17.000

Beliebte Menüoptionen

시래기담은 비빔밥상 Siraegi (Getrocknete Rettichblätter) Bibimbap Set: 13.800
돌솥 시래기 육회 비빔밥상 Dolsot Siraegi (Steintopf Getrocknetes Radieschengrün) Yukhoe (Gewürztes rohes Rindfleisch) Bibimbap Set: 20.800

Seongsu-dong
성수동

 **Hongdae**
홍대

Ein hübsches Hanjeongsik-Restaurant in der Seoul Forest Café Street in Seongsu-dong

Ein veganes Restaurant mit moderner Atmosphäre, spezialisiert auf Bibimbap

할머니의 레시피
Halmeoniui Recipe

비밥
Bebap

서울 성동구 서울숲2길 44-12
Seongdong-gu Seoulsup 2-gil 44-12
grandmarecipe.modoo.at

마포구 홍익로2길 43, 1층 4호
Mapo-gu Hongik-ro 2-gil 43, 1F, #4
bebab.kr   instagram.com/bebab.korea

Tel : 0507-1429-5101
Tel Reservierung : X   **GEÖFT** Täglich 11:30-21:10
Mitnehmen : X   **Letzt Best** : 15:00, 20:40
Reserv erforderlich : X   **Ruhezeit** : 15:30-17:00

Tel : 0507-1394-6333   **GSCHL** Mo.
Tel Reservierung : X   **GEÖFT** Di.-So. 11:00-20:00
Mitnehmen : O   **Letzt Best** : 19:45
Reserv erforderlich : X   **Ruhezeit** : —

Ambiente: Das elegante Interieur harmoniert mit antiken Dekors.
Speisekarte: Die fünf einfachen Beilagen, die zu den Hauptgerichten gereicht werden, sind äußerst delikat.
Merkmale: Der als Vorspeise servierte Kürbisbrei ist ein besonderes Highlight!
Tipp: Für 8.000 Won gibt es im Mittagsangebot Pilz-Bulgogi und Gochujjang-Bulgogi. Das Ssambap-Set-Menü bietet im Vergleich zum Preis großzügige Portionen.
Hinweis: Die Pilz-Bulgogi und Gochujang-Bulgogi sind zum Mittagsspezialpreis von 8.000 Won erhältlich, sofern sie zwischen 11 Uhr und 13 Uhr bestellt werden. Dieses Angebot gilt nicht an Wochenenden und Feiertagen.

Ambiente: Im trendigen Interieur gibt es etwa vier Tische für vier Personen, die in Gelb und Grün gehalten sind. Über eine Treppe gelangt man in den zweiten Stock, der aber in Wirklichkeit das Erdgeschoss ist, während die untere Etage ein Keller ist.
Speisekarte: Diverse Bibimbap-Varianten mit verschiedenen Belägen sowie Pfannkuchen und Eintöpfe. Zudem gibt es zahlreiche vegane Gerichte, darunter einen einzigartigen Burrito nach koreanischer Art mit traditionellen Zutaten.
Merkmale: Individuell wählbare Beläge und Beilagen ermöglichen ganz eigene Kombinationen. Das Rinderbrustfilet wird frisch gegrillt serviert.
Tipp: Das Bibimbap-Set, das Bibimbap, Mini-Pfannkuchen und Eintopf enthält, bietet ein ausgezeichnetes Preis-Leistungs-Verhältnis.
Hinweis: Die Gochujang-Sauce ist nicht sehr scharf, so dass auch Personen, die keine scharfen Speisen vertragen, sie genießen können. Zusätzliche Sauce ist auf Anfrage erhältlich.

Beliebte Menüoptionen

고추장불고기 Gochujang Bulgogi 8.000
버섯불고기 Beoseot (Pilz) Bulgogi 8.000
쌈밥정식 Ssambap (eingewickelter Reis) Jeongsik (Set) 15.000

Beliebte Menüoptionen

두부 비빔밥 Tofu Bibimbap 6.500
차돌비빔밥 Chadol (Rinderbrust) Bibimbap 9.500

Hongdae
홍대

Bibimbap-Buffet mit beliebig viel Nachschlag

비비리2
Bibiri 2

마포구 와우산로23길 48, 지하 1층
Mapo-gu Wausan-ro 23-gil 48, B1

Tel : 0507-1395-3568
Tel Reservierung : X   GEÖFT Täglich 11:30-20:30
Mitnehmen : X   Letzt Best : 20:15
Reserv erforderlich : X   Ruhezeit : —

Ambiente: Im Untergeschoss gelegen, mit einem geräumigen Saal und vielen Tischen, die sich für Gruppenveranstaltungen eignen.
Speisekarte: Das Lokal ist auf Bibimbap spezialisiert, bei dem Sie die Zutaten nach Ihren Vorlieben auswählen können. Die Suppenarten variieren von Zeit zu Zeit leicht.
Merkmale: Angeboten werden Ramen in Tassenform, und Getränke wie Cola (außer Wasser) können separat an Automaten erworben werden. Da alles zur Selbstbedienung angeboten wird, eignet sich das Restaurant auch für Alleinreisende und schnelle Mahlzeiten bei vollem Terminkalender.
Tipp: Wer eine Bewertung in den sozialen Medien hinterlässt, erhält ein kostenloses Getränk. **Speisekarten** sind auf Englisch, Japanisch und Chinesisch erhältlich. Da die Gochujang-Sauce recht scharf ist, empfiehlt es sich, die Hälfte der Menge hinzuzufügen.
Hinweis: 1) Bezahlt wird am Kiosk, anschließend erhält man eine Essenskarte. 2) Nach Vorzeigen der Essenskarte erhalten Sie eine Schüssel. 3) Wähle deine gewünschten Zutaten. 4) Wähle deine Soße. 5) Hole dir Beilagen, Suppe und Utensilien. 6) Setze dich zum Essen an den Tisch deiner Wahl. 7) Bringe dein Geschirr zurück, wenn du mit dem Essen fertig bist. *Für Essensreste wird eine Strafe von 2.000 Won erhoben.

Beliebte Menüoptionen

Unbegrenzt Bibimbap 9.000

Yeouido
여의도

Spezialisiert auf Bibimbap, insbesondere Sprossen-Bibimbap

새싹비빔밥전문점
Saessak Bibimbap Jeonmunjeom

서울 영등포구 국회대로72길 17
Yeongdeungpo-gu Gukhoe-daero 72-gil 17

Tel : 02-784-7002   GSCHL   Sa./Feiertagen
Tel Reservierung : O   GEÖFT Mo.-Fr. 11:00-21:00
Mitnehmen : O   Letzt Best : X
Reserv erforderlich : X   Ruhezeit : 14:30-17:30

Ambiente: Im zweiten Stock gelegen, mit einem geräumigen Innenraum aufgrund des Erweiterungsbaus.
Speisekarte: Mittags gibt es Bibimbap, abends wird Samgyeopsal serviert.
Merkmale: Zu jedem Bibimbap gibt es eine einzigartige, hausgemachte Sauce.
Tipp: Die Würze ist recht kräftig, daher erst eine kleine Menge einrühren, probieren und bei Bedarf nachwürzen.
Hinweis: Aufgrund des hohen Kundenandrangs kann das Personal zur Mittagszeit ziemlich beschäftigt sein.

Beliebte Menüoptionen

소고기돌솥비빔밥 Sogogi (Rindfleisch) Dolsot (Heißer Stein) Bibimbap 10.000
치즈김치돌솥비빔밥 Käse-Kimchi Dolsot (Heißer Stein) Bibimbap 10.000
소고기비빔밥 Sogogi (Rindfleisch) Bibimbap 9.000

SAMGYETANG 삼계탕

 Apgujeong / Cheongdam / Garosu-gil
압구정 / 청담 / 가로수길

Abalone und Oktopus direkt von der Insel Wando geliefert

진전복삼계탕 강남구청점
Jin Jeonbok Samgyetang
(Filiale Gangnam-gu Office)

강남구 선릉로 129길 21, 지하 1층
Gangnam-gu Seolleung-ro 129-gil 21 B1
jirigin.modoo.at

Tel : 02-515-8937
Tel Reservierung : O   GEÖFT Täglich 11:00-21:30
Mitnehmen : O   Letzt Best : 15:00-16:30
Reserv erforderlich : X   Ruhezeit : 21:10

Ambiente: Ein geräumiges Restaurant mit einer beeindruckenden Inneneinrichtung, die mit traditionellem koreanischem Perlmutt dekoriert ist.
Speisekarte: Die Hauptfiliale des Franchise-Unternehmens ist für ihre reichhaltige Hühnersuppe bekannt. Das Menü umfasst neben dem typischen Samgyetang auch andere Optionen wie z. B. Ganzes Huhn.
Merkmale: Verschiedene Gerichte mit Abalone und Oktopus, die beide direkt von der Insel Wando geliefert werden.
Tipp: Wir empfehlen, den gebratenen Reis in Wando-Seetang gewickelt zu probieren.
Hinweis: Während der Hauptgeschäftszeiten wird das Mitnehmen von Speisen empfohlen.

Beliebte Menüoptionen

전복삼계탕 Jeonbok (Abalone) Samgyetang 20.000
전복버터비빔밥 Jeonbok (Abalone) Butter Bibimbap 14.000
전문튀김 Jeonmun Twigim (Spezialität Pommes Frites) 18.000

 Seocho / Seorae Village
서초 / 서래마을

Ein Samgyetang-Spezialitätenrestaurant, das seit drei Generationen geführt wird

3대삼계장인
Sam Dae Samgye Jang In

서울 서초구 반포대로28길 56-3
Seocho-gu Banpo-daero 28-gil 56-3
catchtable.co.kr/3dbrz   instagram.com/cangweon9366

Tel : 0507-1465-2294
Tel Reservierung : O   GEÖFT Täglich 10:30-22:00
Mitnehmen : O   Letzt Best : —
Reserv erforderlich : X   Ruhezeit : —

Ambiente: Im Restaurant sind die Heilkräuter, die für Samgyetang verwendet werden, gut sichtbar ausgestellt, und es verfügt über einen geräumigen Innenraum.
Speisekarte: Neben dem traditionellen Samgyetang, das mit sorgfältig ausgewählten Heilkräutern zubereitet wird, gibt es auch ein Sous-vide-Gericht namens 닭볶음탕 dakbokkeumtang (gewürztes Hühnerfleisch).
Merkmale: Je nach Vorliebe kann man sein Samgyetang mit Pinienkernen, Mungobohnen oder Beifuß verfeinern.
Tipp: Sehr empfehlenswert ist das sous-vide gebratene Dakbokkeumtang, aber es gibt täglich nur eine begrenzte Anzahl von Portionen.
Hinweis: Zur Mittagszeit ist immer viel los, daher ist es ratsam, rechtzeitig zu kommen oder diese Stoßzeit zu meiden.

Beliebte Menüoptionen

잣삼계탕 Jat (Pinienkerne) Samgyetang 19.000
녹두삼계탕 Nokdu (Mungobohne) Samgyetang 19.000
쑥 삼계탕 Ssuk (Beifuß) Samgyetang 19.000

Hannam-dong / Itaewon
한남동 / 이태원

Ein Samgyetang-Restaurant, perfekt für ein herzhaftes, nahrhaftes Essen

백년토종삼계탕 국방가든
Baecnyun Tojong Samgyetang (Gukbang Garden)

용산구 이태원로 22, 지하1층
Yongsan-gu Itaewon-ro 22, B1
kbgarden.modoo.at/

Tel : 02-792-9200		GSCHL Sa.
Tel Reservierung : O		GEÖFT Mo.-Fr. & So. 10:00-21:00
Mitnehmen : O		Letzt Best : X
Reserv erforderlich : X	Ruhezeit : —	

Ambiente: Im Untergeschoss des Verteidigungsministeriums gelegen, ist es sehr geräumig und mit vielen Tischen ausgestattet, so dass es sich auch für Gruppen eignet. Das Lokal ist sehr übersichtlich gestaltet.
Speisekarte: Die **Speisekarte** ist hauptsächlich auf Samgyetang mit Zutaten ausgerichtet, die für ihre gesundheitsfördernde Wirkung bekannt sind, bietet aber auch Knödel und frischen Schweinebauch an.
Merkmale: Hier werden 45 Tage alte einheimische Hühner verwendet, die mit insgesamt 46 Zutaten gekocht werden, darunter Ginseng, Kastanien, Jujubes und Fruchtsoße, was zu einem fettarmen, herzhaften und nussigen Geschmack führt. Besonders köstlich ist das hausgemachte Kimchi.
Tipp: Wer bestimmte Zutaten wie grüne Zwiebeln oder Sesam nicht mag, kann sie auf Wunsch weglassen.
Hinweis: Die verwendeten Hähnchen sind klein. In der Regel gibt es während der Mittagszeit eine Wartezeit, weshalb eine Reservierung empfohlen wird.

Beliebte Menüoptionen

토종삼계탕 Tojong (Koreanisches Huhn) Samgyetang 15.000
들깨삼계탕 Deulkkae (Perillasamen) Samgyetang 18.000
흑마늘삼계탕 Heuk Maneul (Schwarzer Knoblauch) Samgyetang 18.000

 Myeongdong
명동

Ein traditionsreiches Restaurant, bekannt für sein Samgyetang aus kultivierten Ginsengwurzeln

백제삼계탕
Baekje Samgyetang

중구 명동8길 8-10
Jung-gu Myeongdong 8-gil 8-10

Tel : 02-776-3267		
Tel Reservierung : O		GEÖFT Täglich 09:00-22:00
Mitnehmen : O		Letzt Best : 21:00
Reserv erforderlich : X		Ruhezeit : —

Ambiente: Die Originalfassade des Restaurants aus der Anfangszeit ist noch gut erhalten, die Räumlichkeiten sind gepflegt. Im Inneren ist es geräumig und verfügt über einen großen Saal und Privatzimmer. Das Restaurant ist bei ausländischen Touristen sehr beliebt, und bis auf das Besitzer-Ehepaar sind die meisten Mitarbeiter Ausländer.
Speisekarte: Es wird eine Vielzahl von Samgyetang, Hühnermagen, Abalone und anderen nahrhaften Gerichten angeboten. Die Spezialität des Hauses ist das Samgyetang aus gezüchteten Ginsengwurzeln, das als besonders nahrhaft gilt.
Merkmale: Es werden ausschließlich 49 Tage alte Junghühner verwendet, die täglich frisch auf dem eigenen Hof geschlachtet werden. Sämtliche Beilagen, einschließlich Kimchi, Rettich-Kimchi und Ginseng-Likör, werden täglich frisch zubereitet. Die Samgyetang-Brühe wird seit 52 Jahren nach der traditionellen Methode zubereitet.
Tipp: Berühmt und empfehlenswert zu Samgyetang ist der gebratene Hühnermagen. Die Hühnerfuß-Terrine ist ein einzigartiges Gericht, das man sonst nirgendwo findet.
Hinweis: Das Kimchi hat einen starken Ingwergeschmack. Während der Mittagszeit ist mit langen Wartezeiten zu rechnen.

Beliebte Menüoptionen

산삼배양근 삼계탕 Sansam Baeyanggeun (Gezüchtete Ginsengwurzel) Samgyetang 25.000
오골계탕 Ogolgye (Schwarzes Huhn) Samgyetang 26.000
닭똥집 Dak Ttongjip (Hühnermagen) 15.000

4. Myeongdong 명동

Das erste Samgyetang-Spezialitätenrestaurant in Südkorea

고려삼계탕
Korea Samgyetang

서울 중구 서소문로11길 1
Jung-gu Seosomun-ro 11-gil 1
www.krsamgyetang.com

Tel : 02-752-9376	**GSCHL** Chuseok / Seollal
Tel Reservierung : O	**GEÖFT** Täglich 10:30-21:00
Mitnehmen : O	**Letzt Best :** X
Reserv erforderlich : X	**Ruhezeit :** —

Ambiente: Mit rund 320 Sitzplätzen in einem fünfstöckigen Gebäude ist der Innenraum sehr geräumig.
Speisekarte: Zusätzlich zum normalen Samgyetang gibt es auch Varianten mit Abalone, wildem Ginseng und anderen Zutaten.
Merkmale: Das Samgyetang wird aus 49 Tage altem, jungem Huhn hergestellt, das vier Stunden lang sorgfältig gekocht wird.
Tipp: Der dazu gereichte Ginsengwein ist köstlich.
Hinweis: Der Preis für die Samgyetang-Spezialitäten ist zwar etwas höher, aber einen Besuch wert. Ein großartiger Ort auch für Alleinreisende.

Beliebte Menüoptionen

삼계탕 Samgyetang 20.000
산삼삼계탕 Sansam (Wilder Ginseng) Samgyetang 26.000
전복삼계탕 Jeonbok (Abalone) Samgyetang 26.000

5. Jongno / Gwanghwamun / Insa-dong 종로 / 광화문 / 인사동

Ein beliebtes Samgyetang-Restaurant, das gerne nach dem Besuch des Inwangsan-Berges frequentiert wird

토속촌 삼계탕
To Sok Chon Samgyetang

서울 종로구 자하문로5길 5
Jongno-gu Jahamun-ro 5-gil 5
www.tosokchon.co.kr

Tel : 02-737-7444	
Tel Reservierung : O	**GEÖFT** Täglich 10:00-22:00
Mitnehmen : O	**Letzt Best :** 21:00
Reserv erforderlich : X	**Ruhezeit :** —

Ambiente: Mit seinem traditionellen Hanok-Außenbau und dem geräumigen Innenraum wird dieses berühmte Lokal mehr von Ausländern als von Einheimischen besucht.
Speisekarte: Samgyetang mit Nussbrühe / gegrilltes Huhn.
Merkmale: Vor dem Essen wird ein Ginsengwein serviert, um den Appetit anzuregen.
Tipp: Ein beliebtes Ziel für Wanderer, die vom Inwangsan-Berg absteigen. Wer eine Wanderung plant, sollte dieses Lokal in Betracht ziehen.
Hinweis: Wenn man kein Samgyetang mag, ist das gegrillte Huhn eine ausgezeichnete Alternative.

Beliebte Menüoptionen

토속촌 삼계탕 Tosokchon Samgyetang 20.000
옻계탕 Otgyetang (Ginseng-Hühnersuppe mit Sumach) 20.000
오골계 삼계탕 Ogolgye (Schwarzes Huhn) Samgyetang 25.000

⑤ Jongno / Gwanghwamun / Insa-dong
종로 / 광화문 / 인사동

Samgyetang mit 30-jähriger Tradition, angereichert mit Heilkräutern

장수삼계탕
Jang Su Samgyetang

종로구 종로17길 52, 2층
Jongno-gu Jong-ro 17-gil 52, Nakwon Building, 2F

Tel : 02-741-1785	**GSCHL** So.
Tel Reservierung : X	**GEÖFT** Mo.-Sa. 11:00-21:00
Mitnehmen : X	**Letzt Best :** 20:30
Reserv erforderlich : X	**Ruhezeit :** —

Ambiente: Im 2. Stock des Nakwon Sangga gelegen, mit einer Atmosphäre, die 30 Jahre Geschichte widerspiegelt. Obwohl der Innenraum nicht sehr geräumig ist, stehen die Tische dicht beieinander und sorgen für ein lebhaftes Ambiente.
Speisekarte: Es werden verschiedene Arten von Samgyetang auf der Grundlage unterschiedlicher Heilkräuter und Zutaten angeboten.
Merkmale: Auch wenn man nur eine halbe Portion (bangyetang) bestellt, ist diese reichlich genug für eine durchschnittliche Person gefüllt.
Tipp: Die Würzung ist tendenziell etwas stark; die Brühe sollte mit ein wenig Salz nach Geschmack angepasst werden.
Hinweis: Bangyetang (halbe Portion) kann nicht während chobok, jungbok und malbok bestellt werden, den drei heißesten Tagen (Anfang, Mitte und Ende des Sommers) im traditionellen ostasiatischen Mondkalender. Bitte im Voraus nachfragen.

Beliebte Menüoptionen

반계탕 Bangyetang (halbe Portion) 11.000
삼계탕 Samgyetang 16.000
약계탕 Yak (Heilkraut) Samgyetang 18.000

Ein seit zwei Generationen bestehendes, nahrhaftes Samgyetang-Restaurant

종로삼계탕
Jongno Samgyetang

종로구 종로8길 21
Jongno-gu Jong-ro 8-gil 21

Tel : 0507-1322-8761	**GEÖFT** WT. 11:00-21:00
Tel Reservierung : O	Sa. 11:00-15:00
Mitnehmen : X	So. 11:30-15:00
Reserv erforderlich : X	**Letzt Best :** WT. 20:15
	Ruhezeit : 15:00-17:00

Ambiente: Geräumiger Saal mit 7 Zimmern, verfügbar nach Voranmeldung, geeignet für 3-4 Personen pro Zimmer.
Speisekarte: Zu Mittag gibt es das gehaltvolle Samgyetang, abends werden Nakji (kleiner Oktopus) und Golbaengi (Wellhornschnecke) serviert.
Merkmale: Reichhaltige Brühe und zartes Fleisch, mit einer Portion Insamju (Ginsengschnaps) inklusive.
Tipp: Als Beilage wird gebratener Hühnermagen serviert, der als Spezialität bekannt ist.
Hinweis: In der Mittagszeit werden nur Samgyetang-Gerichte angeboten. Bedingt durch die vielen Büroangestellten kann es zur Mittagszeit zu einer Wartezeit kommen.

Beliebte Menüoptionen

삼계탕 Samgyetang 18.000
한방삼계탕 Hanbang (Heilkraut) Samgyetang 19.000
전복삼계탕 Jeonbok (Abalone) Samgyetang 23.000

Seongsu-dong
성수동

 Yeouido
여의도

Ein Restaurant, das auf Hühner- und Entengerichte spezialisiert ist

칠성옻닭
Chil Seong Ot Dak

Ein Samgyetang-Spezialitätenrestaurant in Yeouido seit 1983

파낙스
Panax

서울 성동구 뚝섬로 401-2
Seongdong-gu Ttukseom-ro 401-2

서울 영등포구 여의대방로65길 17
Yeongdeungpo-gu Yeouidaebang-ro 65-gil 17

Tel : 02-467-0785   GSCHL So.
Tel Reservierung : X   GEÖFT Mo.-Sa. 11:00-21:00
Mitnehmen : X   Letzt Best : X
Reserv erforderlich : X   Ruhezeit : —

Tel : 02-780-9037   GEÖFT Täglich 11:00-22:00
Tel Reservierung : O   Letzt Best : X
Mitnehmen : X   Ruhezeit : —
Reserv erforderlich : X

Ambiente: Verschiedene Sitzgelegenheiten wie Tische und Stühle, aber auch lange Tische für Gruppen sind vorhanden.
Speisekarte: Spezialisiert auf Hähnchen- und Entengerichte, die ausschließlich mit Zutaten aus der Region zubereitet werden.
Merkmale: Einzigartig ist die Verwendung von schwarzem Klebreis und Seetang anstelle von normalem weißem Reis. Im Angebot sind auch Samgyetang- und Entensuppen mit Kalopanax und Kräuterzutaten, die für ihre gesundheitsfördernde Wirkung bekannt sind - perfekt für alle, die gerne einzigartige Geschmackserlebnisse haben.
Tipp: Eine wunderbare Kombination ergibt sich, wenn man schwarzen Klebreis mit Kimchi und Paprika in Seetang wickelt und dann in die Samgyetang-Brühe taucht!
Hinweis: Wer Samgyetang schon anderswo gekostet hat, sollte die Entengerichte hier probieren, um ein anderes kulinarisches Erlebnis zu genießen.

Ambiente: Das Schild im Stil der 1980er Jahre und die gemütliche, aber saubere Einrichtung schaffen eine einladende Atmosphäre. Reichlich Sitzgelegenheiten sind vorhanden.
Speisekarte: Mit einzigartigen Angeboten wie Perillasamen, schwarzem Klebreis und Samgyetang aus Hirschgeweih unterscheidet sich das Restaurant von anderen Samgyetang-Restaurants.
Merkmale: Samgyetang kann individuell nach eigenem Geschmack zubereitet werden und ist für seinen nussigen und herzhaften Geschmack bekannt.
Tipp: Der Samgyetang passt hervorragend zu dem hausgemachten Kimchi.
Hinweis: Die Brühe des Perillasamen-Samgyetang ist reichhaltig. Taucht man den schwarzen Klebreis in die Brühe, erhält er eine Risotto ähnliche Konsistenz und einen guten Geschmack.

Beliebte Menüoptionen

한방오리탕 Hanbang Oritang (Heilkraut-Entensuppe) 65.000
엄나무삼계탕 Eomnamu Samgyetang (Samgyetang mit Kalopanax) 19.000

Beliebte Menüoptionen

찰흑미계탕 Chal Heukmi (Schwarzer klebriger Reis) Samgyetang: 18.000
들깨삼계탕 Deul Kkae (Perillasamen) Samgyetang: 19.000
녹각삼계탕 Nokgak (Hirschgeweih) Samgyetang: 18.000

EINTOPF / SUPPE 찌개 / 탕 / 국

Sundubu jjigae 순두부찌개 (weicher Tofu-Eintopf) ist ein aromatischer Eintopf, der für seine wohltuenden Eigenschaften bekannt ist und dessen Hauptzutat weicher Tofu ist. Häufig wird neben Tofu auch eine Mischung aus Gemüse wie Pilzen, Zwiebeln und gelegentlich Meeresfrüchten oder Schweinefleisch verwendet. Das Eintopfgericht köchelt in einer würzigen Brühe aus Gochujang (roter Chilipaste) oder roten Chiliflocken, Knoblauch, Sojasauce und anderen Gewürzen, die ein kräftiges und sättigendes Geschmacksprofil ergeben, das sich perfekt zum Aufwärmen bei kühlem Wetter eignet. Eine Besonderheit des Sundubu jjigae ist die Zugabe eines rohen Eies, das in der Regel neben dem köchelnden Steintopf serviert wird. Wer möchte, kann das Ei aufschlagen und in den brodelnden Eintopf geben, wobei er das Eigelb für eine cremigere Textur aufschlagen oder pochieren lassen kann.

Kimchi jjigae 김치찌개 (Kimchi-Eintopf) wird hauptsächlich mit Kimchi, dem koreanischen Fermentationskohl, zubereitet. Das Kimchi wird mit Tofu, Schweinefleisch oder Thunfisch in Dosen zusammen mit Knoblauch, Zwiebeln und manchmal auch anderem Gemüse gekocht. Das Eintopfgericht wird mit Gochujang, roten Chiliflocken, Sojasauce und oft auch mit etwas Zucker gewürzt, um die Aromen auszugleichen. Der Geschmack ist reichhaltig und würzig, wobei das fermentierte Kimchi dem Gericht Tiefe und Komplexität verleiht.

Doenjang jjigae 된장찌개 (Sojabohnenpasten-Eintopf) ist ein traditionelles koreanisches Eintopfgericht aus Doenjang, einer fermentierten Sojabohnenpaste. Es enthält in der Regel Tofu, Gemüse wie Zucchini, Pilze und Zwiebeln sowie Knoblauch und manchmal Meeresfrüchte oder Schweinefleisch. Das Ganze wird mit Wasser oder Sardellenbrühe gekocht, um eine reichhaltige und schmackhafte Grundlage zu schaffen. Doenjang jjigae ist für seinen intensiven und komplexen Geschmack bekannt, der durch den Fermentationsprozess der Sojabohnenpaste entsteht. An einigen koreanischen BBQ-Plätzen werden typischerweise Miniportionen serviert, wenn man eine bestimmte Anzahl von BBQ-Portionen bestellt - eine gute Möglichkeit, das Gericht zu probieren!

Einige Koreaner entscheiden sich dafür, aus demselben Topf zu essen, wenn sie Gerichte wie Kimchi jjigae oder Doenjang jjigae teilen. Manche Befürworter sagen, dies fördere die emotionale Bindung, während Kritiker hygienische Bedenken anführen. Zu Zeiten der Joseon-Dynastie speisten die Koreaner getrennt an kleinen Tischen (독상, doksang), was der konfuzianischen Philosophie entsprach, die eine strenge Hierarchie betonte. Während der japanischen Besatzung änderte sich dies, als die Japaner das gemeinsame Essen (겸상, gyeomsang) förderten, um Ressourcen für ihr Militär zu sparen, was zu einem Mangel an Geschirr führte. Diese in schwierigen Zeiten eingeführte Gewohnheit des gemeinsamen Essens hält sich hartnäckig, wird aber heute in Frage gestellt, da die Modernisierung Alternativen bietet. Bei einem Essen in koreanischen Restaurants kann man gerne nach zusätzlichen Schüsseln und einer Schöpfkelle fragen, wenn man und seine Begleiter getrennte Portionen bevorzugen.

Budae jjigae 부대찌개, bekannt als „Armee-Eintopf", hat seinen Ursprung in der koreanischen Kriegszeit und zeichnet sich durch eine besondere Mischung von Zutaten aus, die aus überschüssigen Vorräten in der Nähe von US-Armeestützpunkten stammen. Diese Kombination aus Spam, Schinken, Wurst, gebackenen Bohnen, Kimchi, Gochujang und Ramen-Nudeln ergibt einen kräftigen und geschmackvollen Eintopf, der die Verschmelzung amerikanischer und koreanischer kulinarischer Einflüsse verkörpert. Ungeachtet seines historischen Hintergrunds hat er sich über seine Ursprünge in Kriegszeiten hinaus zu einem beliebten koreanischen Leibgericht entwickelt. Oft wird der Eintopf als anju (Begleitung zu Alkohol) genossen. Die pikanten und würzigen Aromen des Eintopfs, gepaart mit der würzigen Essenz von Kimchi und Gochujang, bieten eine tief befriedigende gastronomische Erfahrung, die von Einheimischen und Touristen gleichermaßen geschätzt wird.

Seolleongtang 설렁탕 (Rinderknochensuppe) ist eine lange gekochte Suppe aus Rinderknochen und -fleisch, die eine reichhaltige, milchige Brühe mit zartem Fleisch ergibt. In der Regel wird sie aus Rinderknochen und Rinderbrust zubereitet. Sie ist nährstoffreich und hilft bei der Wiederherstellung der Ausdauer. Gomtang 곰탕 ist eine Suppe auf Fleischbasis. Charakteristisch sind eine klare Brühe aus Fleisch, eine kurze Kochzeit und viele Fleischreste. Diese deftigen Suppen sind sehr beliebt, vor allem nach einer durchzechten Nacht. Sie passt perfekt zu kkakdugi 깍두기 (gewürfelten Radieschen), und wenn man den Saft in die Suppe gießt, wird der Geschmack noch besser! Dies verleiht der Suppe nicht nur einen Hauch von Schärfe, sondern ergänzt auch die reichhaltige und schmackhafte Brühe, ähnlich wie die Sriracha-Sauce bestimmte Gerichte aufwertet. Einige Restaurants servieren den Saft sogar in einem Kessel, um die Zubereitung zu erleichtern!

Galbitang 갈비탕 (Suppe aus Rinderkurzrippen) ist ein Gericht aus Rinderkurzrippen und verschiedenen Gemüsesorten, die zusammen gekocht werden, um eine schmackhafte und kräftige Brühe zu erzeugen. Bei diesem Gericht kommt die zarte Essenz der Rinderrippen in Verbindung mit dem Gemüse besonders gut zur Geltung und sorgt für einen ausgeprägten und angenehmen Geschmack. Die klare Brühe des Galbitang ist im Gegensatz zu seinem Pendant, dem Seolleongtang, leichter, aber nicht minder schmackhaft.

Miyeokguk 미역국, auch bekannt als „Seetang-Suppe", wird traditionell in Korea hauptsächlich aus Miyeok, einem essbaren Seetang, hergestellt. Zusammen mit Zutaten wie Rindfleisch oder Meeresfrüchten, Knoblauch, Sojasoße und Sesamöl wird eine reichhaltige Brühe gekocht. Bei Geburtstagen und nach der Geburt eines Kindes wird diese Suppe oft gegessen, vor allem von frischgebackenen Müttern. Ihr nährstoffreiches Profil, reich an Vitaminen, Mineralien und Antioxidantien, soll die Genesung nach der Geburt fördern.

복국 Bokguk, auch bekannt als Kugelfisch oder Kugelfischsuppe, wurde ursprünglich in Busan zubereitet, ist aber inzwischen in ganz Südkorea beliebt. Für diese klare Brühe werden Fugu-Knochen und verschiedene Gemüsesorten verwendet, die mit Fugu-Scheiben, Brunnenkresse, Bohnensprossen und anderen schmackhaften Zutaten begleitet werden. Gewürzt mit Salz und wahlweise einem Hauch Essig, bietet sie einen erfrischenden Geschmack und wird oft als wirksames Mittel gegen Kater angepriesen.

Chueotang 추어탕 („Schlammfischsuppe") ist ein typisch koreanisches Gericht, das für seinen reichen Geschmack und seinen Nährwert bekannt ist. Als Hauptzutat dient der Schlammfisch, eine Süßwasserfischart, die für ihr zartes Fleisch und ihren besonderen Geschmack bekannt ist. Üblicherweise wird der Fisch in einer würzigen Brühe zusammen mit verschiedenen Gewürzen und Gemüsen wie Rettich, Knoblauch, Ingwer und grünen Zwiebeln gekocht, wobei der Schlammfisch während des Kochvorgangs zerkleinert wird, so dass die Brühe keine sichtbare Form mehr hat. Der Fisch ist reich an Proteinen und Omega-3-Fettsäuren, während der Brühe entgiftende Eigenschaften zugeschrieben werden, die die Verdauung und das allgemeine Wohlbefinden fördern.

Bok-guk - Kugelfischsuppe 복국   Budaejjigae - „Armee-Eintopf"
부대찌개

 Apgujeong / Cheongdam / Garosu-gil
압구정 / 청담 / 가로수길

Das erste Original-Restaurant, in dem Kugelfischsuppe in einem Tontopf serviert wurde

Spezialisiert auf Budae Jjigae und hausgemachten Speck

금수복국 압구정점
Geumsu Bok-guk (Filiale Apgujeong)

남산터 청담본점
Namsan Teo (Hauptfiliale Cheongdam)

서울 강남구 언주로 821
Gangnam-gu Eonju-ro 821

서울 강남구 선릉로152길 10
Gangnam-gu Seolleung-ro 152-gil 10
instagram.com/namsanteo

Tel : 02-542-5482			
Tel Reservierung : X		**GEÖFT** 24h	
Mitnehmen : O		**Letzt Best :** X	
Reserv erforderlich : X		**Ruhezeit :** —	

Tel : 0507-1390-1982			
Tel Reservierung : X		**GEÖFT** 24h	
Mitnehmen : O		**Letzt Best :** X	
Reserv erforderlich : X		**Ruhezeit :** 07:00-10:00	

Ambiente: Das Restaurant erstreckt sich über die 2. und 3. Etage und bietet auf jeder Etage andere Gerichte an.
Speisekarte: Spezialisiert auf Kugelfischsuppe und Gerichte à la carte, aber auch Kursgerichte und Kugelfisch-Sashimi.
Merkmale: In diesem Restaurant wurde Bokmak-hoe, ein Sashimi mit Kugelfisch nach koreanischer Art, erfunden, wodurch es sich als repräsentativer Ort für die Kugelfischküche in Südkorea etablierte.
Tipp: Wie schon der Name vermuten lässt, ist dieses Restaurant auf Kugelfischsuppe spezialisiert, die Sie unbedingt probieren sollten. Zwischen normaler und spezieller Kugelfischsuppe besteht der Unterschied in der Menge des Kugelfischs. Selbst bei der normalen Kugelfischsuppe gibt es reichlich Kugelfisch. Tunke den Kugelfisch vor dem Verzehr in Sojasauce.
Hinweis: Bitte entsorge die Kugelfischstacheln in dem dafür vorgesehenen Edelstahlbehälter.

Ambiente: Das Interieur bietet geräumige Tische für vier Personen und schafft eine entspannte und lebendige Atmosphäre, die für Versammlungen, Firmenessen und Dates beliebt ist.
Speisekarte: Spezialisiert auf Budae Jjigae und Speck, mit einer großen Auswahl an Gerichten.
Merkmale: Mit 10 frischen und sorgfältig ausgewählten Zutaten und einer seit 30 Jahren perfektionierten Geheimsauce wird ein traditioneller Geschmack bewahrt.
Tipp: Besonders hervorzuheben ist der Speck, der mit Sorgfalt hergestellt wird und 72 Stunden lang nach traditionellen Methoden reift.
Hinweis: Das Preisniveau ist etwas hoch. Sollte das Gericht zu salzig schmecken, kann man es durch Hinzufügen von Brühe zur Suppe anpassen.

Beliebte Menüoptionen

복국 Bokguk (Kugelfisch-Suppe) 15.000~70.000
복까스 Bok Katsu (Kugelfischschnitzel) 15.000
3층 코스요리 Gänge-Menü (3F) 80.000~170.000

Beliebte Menüoptionen

남산터 부대찌개 Namsan Teo Budae Jjigae (for 2) 26.000
수제 베이컨 부대찌개 Suje (Hausgemachter) Bacon Budae Jjigae (für 2 Personen) 34.000

Hongdae
홍대

Ein renommiertes Budae-Jjigae-Restaurant, das seit mehr als 10 Jahren in Betrieb ist

의정부부대찌개
Euijeongbu Budaejjigae

서울 마포구 월드컵로10길 36
Mapo-gu World Cup-ro 10-gil 36

Tel : 02-333-6820	**GSCHL** Sa.,So.
Tel Reservierung : X	**GEÖFT** Mo.-Fr. 11:00-21:30
Mitnehmen : O	**Letzt Best :** 21:40
Reserv erforderlich : X	**Ruhezeit :** 15:00-17:00

Ambiente: Eine Hälfte des Restaurants ist mit Tischen im westlichen Stil ausgestattet, die andere mit traditionellen koreanischen Bodenstühlen. Obwohl es nicht sehr geräumig ist, bietet es genügend Platz für viele Gäste.
Speisekarte: Man hat sich ausschließlich auf Budae Jjigae spezialisiert, mit der Möglichkeit, zusätzliche Zutaten hinzuzufügen.
Merkmale: Das Lokal besteht seit über 10 Jahren und ist bekannt für sein Einzelgericht-Menü.
Tipp: An Samstagen und Sonntagen ist das Restaurant geschlossen, daher sollte man seinen Besuch gut planen. Sobald das Kochen beginnt, öffnet der Besitzer den Deckel des Topfes, wenn er servieren möchte. Wem die Brühe zu salzig ist oder wer mehr braucht, kann ruhig nach mehr Brühe fragen.
Hinweis: Wer es nicht gewohnt ist, auf dem Boden zu sitzen, könnte es unangenehm finden. Bitte denke auch daran, deine Schuhe auszuziehen, bevor du den Bodenbereich betrittst.

Beliebte Menüoptionen

부대찌개 Budjae Jjigae 11.000
햄사리 Extra Schinken 6.500
쏘세지사리 Extra Würstchen 6.500

Miyeok-guk - Seetang-Suppe
미역국

Seocho / Seorae Village
서초 / 서래마을

Ein Restaurant, das für seine wohltuende, reichhaltige Seetang-Suppe und gegrillten Fisch bekannt ist

서래미역
Seorae Miyeok

서초구 서래로 5
Seocho-gu Seorae-ro 5

Tel : 02-594-7200	
Tel Reservierung : X	**GEÖFT** Täglich 10:00-22:00
Mitnehmen : O	**Letzt Best :** X
Reserv erforderlich : X	**Ruhezeit :** —

Ambiente: Das Restaurant verfügt über ein geräumiges und sauberes Interieur mit überwiegend Vierertischen und einigen Stehplätzen.
Speisekarte: Bietet eine Vielzahl von Seetang Suppen, Bibimbap, Meeresfrüchten, gegrilltem Fisch und Pfannkuchen Gerichten.
Merkmale: Die reichhaltige Seetang-Suppe auf Brühe-Basis vermittelt ein Gefühl der Wiederherstellung der Gesundheit.
Tipp: Entscheiden Sie sich für die nahrhafte Seetang-Suppe mit Abalone oder Oktopus und nicht für die Basisversion. Auch das Menü mit gegrilltem Fisch ist eine gute Wahl.
Hinweis: Seien Sie vorsichtig, wenn Sie von den Stehplätzen heruntersteigen, da es einen Höhenunterschied zum Boden gibt. Die Beilagen werden täglich hausgemacht, aber die Auswahl ist begrenzt.

Beliebte Menüoptionen

통영굴 미역국 Tongyeong Gul (Auster) Miyeokguk 16.000
제주 옥돔 2인 정찬 Jeju Okdom Jeongchan (Gegrillte Brasse, 2 Personen) 62.000

Seolleong-tang / Gom-tang
설렁탕 / 곰탕

② Seocho / Seorae Village
서초 / 서래마을

Seolleongtang Spezialitätenrestaurant, bekannt für seine reichhaltige Suppe

푸주옥
Pujuok

서초구 서초중앙로26길 5
Seocho-gu Seochojungang-ro 26-gil 5

Tel : 02-596-2350

Tel Reservierung : X	**GEÖFT** Täglich 06:00-23:00
Mitnehmen : O	**Letzt Best :** X
Reserv erforderlich : X	**Ruhezeit :** —

Ambiente: Das geräumige Restaurant mit Tischen für vier Personen spricht eine Vielzahl von Altersgruppen an.
Speisekarte: Die Spezialität des Restaurants ist neben der Seolleongtang die reichhaltige Ochsenknie-Suppe (Doganitang), die nach dem Abkühlen zu einer geleeartigen Konsistenz eindickt.
Merkmale: Die in einem großen Kessel 24 Stunden lang ununterbrochen gekochte Brühe ist außergewöhnlich reichhaltig.
Tipp: Mit reichlich Kimchi und Frühlingszwiebeln schmeckt sie noch besser. Sehr empfehlenswert zur Linderung von Katerstimmung.
Hinweis: Zwar sind die Preise etwas höher, aber zum Mitnehmen gibt es genug Essen für 2-3 Personen zum Preis einer einzigen Portion, so dass sich die Mitnahme lohnt.

Beliebte Menüoptionen

설렁탕 Seolleongtang 15.000
도가니탕 Doganitang (Ochsenknie-Suppe) 22.000
꼬리곰탕 Kkori Gomtang (Ochsenschwanzsuppe) 25.000

④ Myeongdong
명동

Ein renommiertes koreanisches Rindfleischknochensuppen-Restaurant mit einer über 80-jährigen Geschichte

하동관
Ha Dong Gwan

중구 명동9길 12
Jung-gu Myeongdong 9-gil 12
www.hadongkwan.co.kr

Tel : 02-776-5656	**GSCHL** So.
Tel Reservierung : X	**GEÖFT** Mo.-Sa. 07:00-16:00
Mitnehmen : O	**Letzt Best :** X
Reserv erforderlich : X	**Ruhezeit :** —

Ambiente: Der Außenbereich strahlt den Charme eines renommierten Lokals aus, während der Innenbereich die traditionelle Hanok-Architektur modern interpretiert. Die geräumige, zweistöckige Anlage eignet sich auch für ein Essen zu zweit.
Speisekarte: Eine Vielzahl von Rindfleischknochensuppen (gomtang) und gekochtes Rindfleisch (suyuk). 25/30 gomtang mit unterschiedlichem Fleischanteil.
Merkmale: Dieses Restaurant rühmt sich mit einem Rezept, das von drei Generationen in Bukchon, Seoul, entwickelt wurde.
Tipp: Der klare und doch reichhaltige Geschmack des Gomtang ist auf jeden Fall einen Besuch wert.
Hinweis: Zu den Stoßzeiten des Frühstücks und des Mittagessens muss mit Wartezeiten gerechnet werden, und es kann sein, dass man sich einen Tisch mit anderen teilen muss. Wenn man vor 11:30 Uhr ankommt, verkürzt sich die Wartezeit. Bei der Bestellung muss bezahlt werden, da das System auf Vorkasse basiert. Gomtang wird mit Reis serviert, der bereits in die Brühe gemischt ist, und kann nicht separat bestellt werden. Wenn du Gomtang bestellst, wird das Personal dich fragen, ob du eine Mischung aus Kutteln und Fleisch oder nur Fleisch möchtest. Geöffnet von 7 Uhr morgens bis 16 Uhr.

Beliebte Menüoptionen

곰탕 일반 Gomtang Ilban (regulär) 18.000
25공/30공 곰탕 25/30 Gomtang 25/30.000
수육 Suyuk (Mittel) 40.000

Jongno / Gwanghwamun / Insa-dong
종로 / 광화문 / 인사동

 Hongdae
홍대

Ein Spezialitäten-Restaurant mit einer über 100-jährigen Geschichte, welches Seolleongtang zubereitet

이문설렁탕
Imun Seolleongtang

서울 종로구 우정국로 38-13
Jongno-gu Ujeongguk-ro 38-13
imun.modoo.at

Tel : 02-733-6526
Tel Reservierung : O
Mitnehmen : O
Reserv erforderlich : X

GEÖFT Mo.-Sa. 08:00-21:00
So. 08:00-20:00
Letzt Best : 14:30, 20:30
Ruhezeit : 15:00-16:30

Ambiente: Das Restaurant befindet sich in einer Gasse mit separaten Sitzgelegenheiten für Einzelreisende. Die Einrichtung ist ziemlich geräumig mit zimmerähnlichen Abschnitten für private Mahlzeiten.
Speisekarte: Die Spezialität sind Gerichte wie Seolleongtang (Ochsenknochensuppe) und Doganitang (Rindersehnensuppe) sowie Beilagen wie Suyuk (gekochtes Rind-/Schweinefleisch).
Merkmale: Die Brühe ist gehaltvoll und klar und köchelt 17 Stunden lang, aber interessanterweise wird das Essen innerhalb weniger Minuten nach der Bestellung serviert.
Tipp: Die Speisen werden nicht gewürzt, so dass man den Geschmack mit Salz und grünen Zwiebeln aus der Selbstbedienung anpassen kann. Auch das Kimchi wird zur Selbstbedienung angeboten, so dass man sich so viel nehmen kann, wie man möchte.
Hinweis: Suyuk besteht nicht nur aus Fleisch, sondern auch aus Teilen wie Zunge und Leber, was vielleicht nicht jedermanns Geschmack entspricht. Meist gibt es eine lange Warteschlange, daher empfiehlt es sich, vor der Öffnung zu kommen. Auf dem Schild steht „설농탕" statt des üblichen „설렁탕", was allerdings nur eine archaische Variante ist. Die Wartezeit vergeht schnell, also lass dich nicht entmutigen, wenn die Reihe lang ist.

Beliebte Menüoptionen

Seolleongtang 14.000
Doganitang 17.000
Suyuk 44.000

Ein Restaurant, das neue Maßstäbe für Schweineknochensuppe setzt

옥동식
Ok Dong Sik

서울 마포구 양화로7길 44-10
Mapo-gu Yanghwa-ro 7-gil 44-10
instagram.com/okdongsik

Tel : 010-5571-9915
Tel Reservierung : X
Mitnehmen : O
Reserv erforderlich : X

GSCHL Mo.
GEÖFT Di.-Fr. 11:00-22:00
WE. 11:00-21:00
Letzt Best : WT. 21:30
WE. 20:30
Ruhezeit : 15:00-17:00

Ambiente: Ein gemütlicher Raum mit nur 10 Plätzen, mit einer Theke, die einer Sushi-Bar ähnelt.
Speisekarte: Dwaeji gomtang (Schweineknochensuppe) ist das Markenzeichen des Lokals, aber auch die Kimchi-Knödel, die nach einem einzigartigen Rezept zubereitet werden, sind ausgezeichnet. Es wird auch Alkohol in Gläsern ausgeschenkt.
Merkmale: Verwendet werden nur die Vorder- und Hinterbeine von schwarzen Berkshire-K-Schweinen aus Jirisan, was zu einer außergewöhnlich klaren Brühe führt. Im Vergleich zur typischen milchigen Schweinefleischsuppe hat sie eine klare Brühe, ähnlich wie Gomtang, und bietet einen sauberen und herzhaften Geschmack.
Tipp: Besonders lecker ist das Fleisch, wenn man es mit den dazugehörigen Gewürzen mischt. Da keine Reservierungen möglich sind, muss man die Wartefunktion des Catch Table nutzen. Sollte das nicht möglich sein, empfiehlt es sich, früh zu kommen, um Wartezeiten zu vermeiden. Man kann auch etwas mitnehmen.
Hinweis: Mit nur 10 Plätzen ist der Verkauf auf 100 Schüsseln pro Tag begrenzt. Das Essen wird nur am Tresen serviert, so dass man möglicherweise neben Fremden sitzen muss. Für private Gespräche nicht zu empfehlen.

Beliebte Menüoptionen

김치만두 Kimchi Mandu 6.000
돼지곰탕 Dwaej Gomtang 10.000
돼지곰탕 특 Dwaeji Gomtang Spezial 15.000
돼지곰탕 (포장) Dwaeji Gomtang (zum Mitnehmen) 16.000

Sundubu jjigae - weicher Tofu-Eintopf 순두부찌개

5 Jongno / Gwanghwamun / Insa-dong
종로 / 광화문 / 인사동

Ein von Ausländern und Einheimischen gleichermaßen beliebtes Sundubu-Restaurant

감촌
Gam Chon

종로구 종로 19 르메이에르종로타운 512호
Jongno-gu Jong-ro 19, #512

Tel : 02-733-7035		**GSCHL** So.	
Tel Reservierung : X		**GEÖFT** Mo.-Sa. 09:30-22:00	
Mitnehmen : X		**Letzt Best :** X	
Reserv erforderlich : X		**Ruhezeit :** —	

Ambiente: Ein auf Tofu spezialisiertes Restaurant mit reichlich Platz und vielen Tischen. Ein großer gemeinsamer Tisch in der Mitte eignet sich für Gruppenessen. Das Restaurant wurde kürzlich an einen neuen Standort verlegt.
Speisekarte: Beliebt sind Sundubu jjigae (weicher Tofu-Eintopf) und Austern-Sundubu. Zudem wird eine Vielzahl anderer Gerichte angeboten.
Merkmale: Die Brühe wird 24 Stunden lang mit Rinderknochen gekocht, was den Eintöpfen einen intensiven Geschmack verleiht.
Tipp: Wer nicht an scharfe Speisen gewöhnt ist, dem sei das weiße Sundubu empfohlen. Die Krabbenpfannkuchen sind ebenfalls ausgezeichnet.
Hinweis: Wenn man keine Flecken auf der Kleidung haben möchte, kann man nach einer Schürze fragen.

Beliebte Menüoptionen

하얀순두부 Hayan (Mild) Sundubu 15.000
굴순두부 Gul (Auster) Sundubu 17.000
새우전 Saewoo (Shrimp) Jeon (Pfannkuchen) - Preis variiert

Chueo-tang - Schlammfischsuppe 추어탕

10 Jamsil
잠실

Ein Restaurant mit 40-jähriger Tradition in Chueotang

할머니추어탕 잠실점
Halmeoni Chueo-tang (Filiale Jamsil)

서울 송파구 석촌호수로 110
Songpa-gu Seokchonhosu-ro 110

Tel : 02-421-1022			
Tel Reservierung : X		**GEÖFT** Täglich 10:00-21:00	
Mitnehmen : O		**Letzt Best :** 20:20	
Reserv erforderlich : X		**Ruhezeit :** 15:00-17:00	

Ambiente: Auf zwei Etagen bietet das Restaurant ein großzügiges Interieur.
Speisekarte: Die Spezialität des Hauses ist Schmerlsuppe, dazu gibt es Pommes Frites mit Schmerlen, gekochte Klöße und heißen Steinreis.
Merkmale: Mit seiner 40-jährigen Tradition bietet es herzhafte Schmerlsuppe und gesunden heißen Steinreis.
Tipp: Dazu sollte man die Pommes mit Schmerle probieren - eine köstliche Kombination. Das Lokal bietet günstige Optionen zum Mitnehmen.
Hinweis: Aufgrund der Lage in der Nähe großer Wohnkomplexe ist während der Mittagszeit mit Gedränge zu rechnen, was zu Wartezeiten führen kann.

Beliebte Menüoptionen

추어탕+돌솥밥 Chueotang + Dolsotbap (Heißer Steinreis) 12.000
추어튀김 (소) Chueo Twigim (Pommes Frites) (klein) 8.000

KOREANISCHES BBQ 고기 구이

Das Koreanische BBQ hat einen besonderen Stellenwert in der kulinarischen Tradition, bei der die Gäste eine Auswahl an Fleisch, vor allem Rind-, Schweine- oder Hühnerfleisch, direkt am Tisch grillen. Dabei wird das Fleisch oft mariniert oder mit einer Reihe von Soßen und Gewürzen abgeschmeckt, was zu einem reichhaltigen und schmackhaften Geschmacksprofil führt. Dank des interaktiven Charakters des koreanischen BBQ wird das gesellige Beisammensein gefördert, was es zu einer beliebten Wahl für Feiern und Versammlungen macht.

Bulgogi 불고기 ist ein Gericht, bei dem dünn geschnittenes Rindfleisch (oder manchmal auch Schweinefleisch) in einer köstlichen Mischung aus Sojasauce, Zucker, Sesamöl, Knoblauch und verschiedenen Gewürzen mariniert wird. Durch fachmännisches Grillen, Braten in der Pfanne oder Pfannenrühren erhält das Fleisch seine harmonische Geschmacksmischung und zarte Textur. Es ist eine kulinarische Kostbarkeit, die man allein, in Salatblätter eingewickelt mit Reis und Gewürzen oder zusammen mit einer kräftigen Schüssel gedämpftem weißen Reis genießen kann.

Galbi 갈비, ein typisches Gericht der koreanischen Küche, bezeichnet gegrillte oder geschmorte Rinder- oder Schweinerippchen nach koreanischer Art. Üblicherweise werden diese Rippchen in einer Sauce aus Sojasauce, Knoblauch, Zucker, Sesamöl und verschiedenen Gewürzen mariniert. Galbi ist sowohl bei Einheimischen als auch bei Ausländern beliebt und nimmt einen wichtigen Platz in der koreanischen Grillkultur ein. Seine Popularität beruht auf dem zarten und geschmackvollen Fleisch, das durch die süßlich-würzige Marinade noch besser zur Geltung kommt und beim Grillen zur Perfektion karamellisiert.

Samgyeopsal 삼겹살 („dreischichtiges Fleisch") besteht aus saftigem Schweinebauch, der fachmännisch bis zur Perfektion gegrillt wird. Mit verschiedenen Dip-Saucen, Wraps und Beilagen lässt sich das Geschmackserlebnis individuell gestalten, so dass jeder Bissen zu einem einzigartigen und persönlichen Vergnügen wird. Ein weiterer Pluspunkt ist die günstige Preisgestaltung, die dafür sorgt, dass jeder mitessen kann.

Dakgalbi 닭갈비 („gegrillte Hähnchenrippchen") sind mundgerecht gebratene, marinierte (Gochujang, Sojasauce, Knoblauch und Gewürze) Hähnchenstücke ohne Knochen. Zur Verbesserung der Textur und des Nährstoffprofils des Gerichts werden häufig Gemüse wie Kohl, Süßkartoffeln und Frühlingszwiebeln hinzugefügt. Nach dem Verzehr des Hähnchens bildet die restliche Marinade auf dem Grill die Grundlage für einen geschmackvollen gebratenen Reis mit optionalen zusätzlichen Zutaten wie Käse oder Kimchi.

Gopchang 곱창 („gop" 곱 beschreibt die pikante, pulverförmige Füllung im Innern des Darms, einschließlich der beim Kochen freigesetzten Auskleidung, des Fetts und des Schleims) und Makchang (막창) sind beliebte koreanische Gerichte, die aus Rinder- oder Schweinedärmen hergestellt werden. Während sich Gopchang speziell auf den Dünndarm bezieht, steht Makchang für den Dickdarm. In der Regel werden diese Gerichte gegrillt oder unter Rühren gebraten und mit einer Vielzahl von Gewürzen und Soßen abgeschmeckt. Bei richtiger Zubereitung bieten sie eine köstliche Kombination aus Bissigkeit und Zartheit, begleitet von einem reichhaltigen und herzhaften Geschmack. Sie sind ein beliebter Snack zum Trinken, bekannt als anju 안주.

Jeyuk-bokkeum 제육볶음, auch als „unter Rühren gebratene marinierte Schweinefleischscheiben" bekannt, ist für seinen kräftigen Geschmack und seine Schärfe bekannt. Das in dünne Scheiben geschnittene Schweinefleisch wird in einer würzigen und schmackhaften Soße aus Gochujang, Sojasoße, Knoblauch, Ingwer, Zucker und Sesamöl mariniert und mit verschiedenen Gemüsesorten wie Zwiebeln, grünen Zwiebeln und gelegentlich Karotten und Kohl serviert. Im Vergleich zu Bulgogi aus Rindfleisch ist Jeyuk-bokkeum etwas fetter und saftiger in der Konsistenz.

Yukhoe 육회, was im Koreanischen „rohes Fleisch" bedeutet, bezeichnet eine traditionelle Delikatesse, die für ihr in dünne Scheiben geschnittenes rohes Rindfleisch bekannt ist, das mit verschiedenen Zutaten wie Sojasoße, Sesamöl, Zucker, Salz und Knoblauch gewürzt und dann mit Pinienkernen, Birnenscheiben und rohem Eigelb verziert wird. Für gewöhnlich wird Yukhoe nicht mit Barbecue in Verbindung gebracht, ist aber häufig auf den **Speisekarten** koreanischer BBQ-Restaurants zu finden. Bei der Auswahl des Rindfleischs für Yukhoe wird sorgfältig auf Frische und Qualität geachtet, um den sicheren Verzehr von rohem Fleisch zu gewährleisten. Darüber hinaus ist das magere Rindfleisch eine gute Wahl für alle, die auf ihre Kalorienzufuhr achten.

족발 jokbal („Schweinefüße"), das für seine saftige Konsistenz und seinen würzigen Geschmack bekannt ist, wird aus Schweinefüßen zubereitet, die sorgfältig gekocht und anschließend mit einer Mischung aus aromatischen Gewürzen wie Ingwer, Knoblauch und grünen Zwiebeln abgeschmeckt werden. Angereichert mit Sojasauce, Zucker und Reiswein wird das Geschmacksprofil weiter verfeinert. Während des Kochvorgangs nehmen die Hühnerfüße die kräftigen Gewürze auf, so dass ein zartes, schmackhaftes Fleisch entsteht. Durch seinen hohen Kollagengehalt soll es zur Verbesserung der Hautgesundheit beitragen!

Probiere den traditionellen koreanischen Wrap, bekannt als ssam 쌈, bei dem das gegrillte Fleisch zusammen mit Reis, Knoblauch, ssamjang 쌈장 (scharfe Dip-Sauce) und anderen Gewürzen in Salatblätter eingewickelt wird. Bitte denke daran, sie so groß zu machen, dass alle deine gewünschten Banchans hineinpassen, denn es ist üblich, sie im Ganzen zu essen, ohne sie wie einen Taco zu halbieren. Man sollte nicht zu viel nehmen, denn es wird erwartet, dass man das Ganze aufisst und nicht wie bei einem Taco in zwei Hälften schneidet.

Koreanisches BBQ - Rindfleisch

 Apgujeong / Cheongdam / Garosu-gil
압구정 / 청담 / 가로수길

Ein erstklassiges koreanisches BBQ-Restaurant, bekannt für sein luxuriöses Ambiente, trotz seiner hohen Preise

삼원가든
Samwon Garden

서울 강남구 언주로 835
Gangnam-gu Eonju-ro 835
sgdinehill.co.kr/samwon-garden   instagram.com/sg_dinehill

Tel : 02-548-3030
Tel Reservierung : O   **GEÖFT** Mo.-Sa. 11:30-22:00
Mitnehmen : O   So./Feiertagen 11:30-21:00
Reserv erforderlich : X   **Letzt Best :** X
                                Ruhezeit : 15:00-17:00

Ambiente: Dieses zweistöckige Gebäude mit hohen Decken und raumhohen Fenstern bietet eine geräumige und luftige Atmosphäre. Die Gäste können auch einen schönen Garten im Freien genießen.
Speisekarte: Das Restaurant bietet eine Auswahl an erstklassigen Hanwoo-Rindfleischgerichten, darunter Galbi, Bulgogi und gegrillte Varianten.
Merkmale: Das vor kurzem renovierte Restaurant verfügt über hochqualifizierte Mitarbeiter, die das Fleisch für die Gäste grillen.
Tipp: Zum Abschluss der Mahlzeit wird ein roter Bohnenbrei serviert. Das Bulgogi-Lunch-Special an Wochentagen bietet ein ausgezeichnetes Preis-Leistungs-Verhältnis.
Hinweis: Im Vergleich zu anderen Lokalen sind die Preise für gegrillte Gerichte höher. Yukhoe (gewürztes rohes Rindfleisch) oder Galbitang (Kurzrippensuppe) können eine preisgünstigere Wahl sein, falls die Preise zu hoch erscheinen.

Beliebte Menüoptionen

삼원 전통 양념갈비 Samwon Traditionelles mariniertes Galbi 58.000
한우갈비 Hanwoo (koreanisches Rindfleisch) Galbi 110.000
육개장 갈비탕 Yukgaejang Galbitang 20.000
주중 런치 Wochentag Lunch Special 50.000

---

② Seocho / Seorae Village
서초 / 서래마을

Ein modernes Grillrestaurant, bekannt für seine außergewöhnlichen Menüs

우참판 서래본점
Woo Cham Pan (Hauptfiliale Seorae)

서울 서초구 서래로 23, 3층
Seocho-gu Seorae-ro 23, 3F
www.woochampan.com

Tel : 0507-1362-5940   **GSCHL** Chuseok, Seollal
Tel Reservierung : O   **GEÖFT** WT. 11:30-22:00
Mitnehmen : O   WE. 12:00-21:30
Reserv erforderlich : X **Letzt Best :** WT. 21:00
                                            WE. 20:30
                             Ruhezeit : WT. 14:30-17:00
                                            WE. 15:00-17:00

Ambiente: Das Restaurant umfasst einen Speisesaal auf der 3. Etage und private Räume auf der 7. Mit dem Aufzug fährt man in die 3. Etage, um einen Sitzplatz zu bekommen. Die Räume sind weitläufig und die Abstände zwischen den Tischen im gesamten Speisesaal sind groß.
Speisekarte: Sowohl an Wochentagen als auch am Wochenende werden Mittags- und Abendmenüs angeboten.
Merkmale: Das Angebot an Menüs reicht von Fleischgerichten bis hin zu Desserts. In Relation zum Preis ist die Qualität des Fleisches hoch. Es wird auch natriumarmes Salz angeboten.
Tipp: Beim Set-Menü kann man für einen Aufpreis von 3.000 KRW zwischen gebratenem Kimchi-Reis, Sojabohnenpaste-Brei oder jungen Rettich-Kimchi-Nudeln wählen.
Hinweis: Zwischen dem normalen Mittagsmenü und dem großen Mittagsmenü besteht ein Unterschied in der Fleischmenge (110 g vs. 130 g). Das Wochenend-Lunch-Set enthält 120 g. Obwohl das Lunch-Set allein schon wegen der Fleischmenge teuer erscheint, ist es eine gute Möglichkeit, die gesamte Palette der Beilagen zu kosten.

Beliebte Menüoptionen

런치정식 Lunch-Set 38.000
주말런치정식 Wochenend-Lunch-Set 43.000

Hannam-dong / Itaewon
한남동 / 이태원

Preiswertes koreanisches Rindfleisch-Omakase

소와나
Sowana

용산구 이태원로54길 68
Yongsan-gu Itaewon-ro 54-gil 68

Tel : 02-6080-8586

Tel Reservierung : O	**GEÖFT** Täglich 11:30-23:00
Mitnehmen : X	**Letzt Best :** X
Reserv erforderlich : O	**Ruhezeit :** —

Ambiente: Das Lokal befindet sich in einem Wohngebiet und ist über eine Treppe erreichbar, die zum Restaurant führt. Das Innere ist zwar nicht groß, bietet aber eine saubere, gehobene Atmosphäre mit leicht gedämpfter Beleuchtung.
Speisekarte: Da es sich um ein Omakase-Erlebnis handelt, besteht das Menü aus mehreren Gängen. Zur Auswahl stehen 5-Gänge- und 7-Gänge-Menüs.
Merkmale: In elegantem **Ambiente** genießt man hochwertiges Fleisch zu relativ erschwinglichen Preisen.
Tipp: Diejenigen, die den Zubereitungsprozess des Küchenchefs beobachten und dabei Erklärungen erhalten möchten, sollten einen Platz am Stehtisch reservieren. Die Portionen sind etwas klein, daher wird ein 7-Gänge-Menü empfohlen.
Hinweis: Es gibt etwa zwei lange Stehtische, aber keine separaten Räume. Nicht ideal für Privatgespräche. Der Einlass erfolgt ausschließlich zur reservierten Zeit; ein früherer Einlass ist nicht gestattet.

Beliebte Menüoptionen

5 Course 49.000
7 Course 69.000

 Myeongdong
명동

Ein koreanisches BBQ-Restaurant, bekannt für seine populären Mittagsmenüs

왕비집 명동중앙점
Wang Bi Jip
(Filiale Myeongdong Central)

서울 중구 명동8나길 45
Jung-gu Myeongdong 8na-gil 45
instagram.com/wangbijib_official

Tel : 02-776-2361

Tel Reservierung : O	**GEÖFT** Täglich 11:30-22:00
Mitnehmen : O	**Letzt Best :** 21:30
Reserv erforderlich : X	**Ruhezeit :** 15:00-17:00

Ambiente: Inmitten des lebhaften Apgujeong Rodeo-Viertels gelegen, hebt sich dieses altmodische Dakgalbi-Restaurant mit seiner nostalgischen, geschäftigen Atmosphäre von der trendigen Umgebung ab. Es ist eine gemütliche, unprätentiöse Adresse für Treffen mit Freunden oder der Familie.
Speisekarte: Die Hauptspeise ist Dakgalbi, ein zartes Hühnerfleisch, das mit Gemüse in einer mild-würzigen und süßen Soße gebraten wird. Dazu gibt es Reiskuchen oder Ramen, und zum Abschluss ist gebratener Reis sehr zu empfehlen.
Merkmale: Die Bedienung bereitet das Gericht gekonnt am Tisch zu und sorgt dafür, dass das Hähnchen und die Sauce perfekt gegart sind. Der Geschmack wird umso kräftiger und konzentrierter, je länger er köchelt. Wer besondere Vorlieben hat, z. B. den Verzicht auf bestimmte Beilagen, kann dies dem Personal mitteilen, das gerne darauf eingeht.
Tipp: Mit ein wenig Geduld lässt sich die Sauce einkochen, um einen intensiveren Geschmack zu erzielen. Auf keinen Fall den gebratenen Reis am Ende auslassen.
Hinweis: Die Portionsgrößen können sich kleiner anfühlen, so dass man mit Beilagen wie Ramen oder Reiskuchen satter werden kann. Während der Stoßzeiten ist mit großem Andrang zu rechnen, also sollte man seinen Besuch planen, um lange Wartezeiten zu vermeiden. Auch wenn die Soße nicht allzu scharf ist, kann man sie auf Wunsch an die eigenen Vorlieben anpassen.

Beliebte Menüoptionen

양념왕갈비 Yangnyeom Wang Galbi
(Marinierte Rinderrippen im Königsformat) 43.000
돼지갈비정식 (점심) Dwaeji Galbi Jeongsik
(Schweinerippenset) (Lunch) 14.000

Koreanisches BBQ - Rindfleisch

Koreanisches BBQ - Dak Galbi - Gebratenes mariniertes Huhn 닭갈비

 Hongdae
홍대

 Apgujeong / Cheongdam / Garosu-gil
압구정 / 청담 / 가로수길

Ein koreanisches Restaurant mit 50-jähriger Tradition und patentierter **Speisekarte**

Leckeres, einfaches Dakgalbi mit nostalgischem Flair

역전회관

닭으로가 압구정 본점

Yeokjeon Hoegwan

Dak Euro Ga (Hauptfiliale Apgujeong)

마포구 토정로37길 47
Mapo-gu Tojeong-ro 37-gil 47
yukjeon.com   instagram.com/yukjeon

서울 강남구 언주로172길 55
Gangnam-gu Eonju-ro 172-gil 55
05044584404.modoo.at

Tel : 0507-1392-0248		**GSCHL** Mo.	
Tel Reservierung : X		**GEÖFT** Di.-So. 11:00-21:30	
Mitnehmen : O		**Letzt Best** : X	
Reserv erforderlich : X		**Ruhezeit** : 15:00-16:30	

Tel : 050-4458-4404

Tel Reservierung : X	**GEÖFT** Täglich 11:30 - 22:00
Mitnehmen : O	**Letzt Best** : 21:30
Reserv erforderlich : X	**Ruhezeit** : 15:30 - 17:00

Ambiente: Das gesamte Restaurant erstreckt sich über 4 Stockwerke und bietet ein geräumiges und komfortables Esserlebnis.
Speisekarte: Es ist spezialisiert auf Gerichte wie Bassak (knuspriges Bulgogi), Haejangguk (Katersuppe), Yukhoe Bibimbap (rohes Rindfleisch) und gebratenen Oktopus. Zudem bietet das Restaurant einzigartigen, hausgemachten Makgeolli (koreanischer Reiswein) aus der hauseigenen Brauerei an.
Merkmale: Das Lokal rühmt sich mit geheimen Rezepten, die seit 1929 über vier Generationen weitergegeben werden. Das knusprige Bulgogi, das über 48 Stunden mariniert und flach wie ein Pfannkuchen gegrillt wird, ist patentiert.
Tipp: Die Portionsgröße des knusprigen Bulgogi kann klein sein, daher empfiehlt es sich, es als Teil eines Menüs zu bestellen und nicht als à la carte.
Hinweis: Wenn man keinen Reis bestellt, gibt es 10 % mehr Bulgogi.

Ambiente: Inmitten des lebhaften Apgujeong Rodeo-Viertels gelegen, hebt sich dieses altmodische Dakgalbi-Restaurant mit seiner nostalgischen, geschäftigen Atmosphäre von der trendigen Umgebung ab. Es ist eine gemütliche, unprätentiöse Adresse für Treffen mit Freunden oder der Familie.
Speisekarte: Die Hauptspeise ist Dakgalbi, ein zartes Hühnerfleisch, das mit Gemüse in einer mild-würzigen und süßen Soße gebraten wird. Dazu gibt es Reiskuchen oder Ramen, und zum Abschluss ist gebratener Reis sehr zu empfehlen.
Merkmale: Die Bedienung bereitet das Gericht gekonnt am Tisch zu und sorgt dafür, dass das Hähnchen und die Sauce perfekt gegart sind. Der Geschmack wird umso kräftiger und konzentrierter, je länger er köchelt. Wer besondere Vorlieben hat, z. B. den Verzicht auf bestimmte Beilagen, kann dies dem Personal mitteilen, das gerne darauf eingeht.
Tipp: Mit ein wenig Geduld lässt sich die Sauce einkochen, um einen intensiveren Geschmack zu erzielen. Auf keinen Fall den gebratenen Reis am Ende auslassen.
Hinweis: Die Portionsgrößen können sich kleiner anfühlen, so dass man mit Beilagen wie Ramen oder Reiskuchen satter werden kann. Während der Stoßzeiten ist mit großem Andrang zu rechnen, also sollte man seinen Besuch planen, um lange Wartezeiten zu vermeiden. Auch wenn die Soße nicht allzu scharf ist, kann man sie auf Wunsch an die eigenen Vorlieben anpassen.

Beliebte Menüoptionen

바싹불고기 정식 Bassak (Knusprig) Bulgogi Set 19.000
바싹불고기 Bassak (Knusprig) Bulgogi 38.000
산낙지구이 Sannakji Gui (Gebratener Oktopus) 54.000

Beliebte Menüoptionen

닭갈비 Dakgalbi 17.000
고추장 닭갈비 Gochujang Dakgalbi 17.000

Koreanisches BBQ - Dak Galbi - Gebratenes mariniertes Huhn 닭갈비

 8 Hongdae
홍대

Young Gen's Lieblingslokal für Dakgalbi mit Mozzarella-Käse

장인닭갈비 홍대점
Jang In Dakgalbi (Filiale Hongdae)

서울 마포구 어울마당로 111-1 1층
Mapo-gu Hongik-ro 19, 2F
jangindak.co.kr

Tel: 02-332-4880		**GSCHL**	Chuseok / Seollal
Tel Reservierung:	X	**GEÖFT**	Täglich 11:30-23:00
Mitnehmen:	O	**Letzt Best**:	X
Reserv erforderlich:	X	**Ruhezeit**:	—

Ambiente: Mit seinem hübschen gläsernen Äußeren und dem hellen, modernen Interieur zieht dieses geräumige Lokal ein buntes Publikum an, von jungen Einheimischen bis hin zu Familien und Touristen.
Speisekarte: Das Angebot umfasst Dakgalbi mit verschiedenen Belägen, darunter Mozzarella-Käse, Ramen, Süßkartoffelnudeln und Tteokbokki-Reisküchlein.
Merkmale: Das Dakgalbi wird nicht auf dem Grill gebraten, sondern fertig gegart serviert.
Tipp: Geschmacklich etwas süßer, um ausländischen Geschmäckern gerecht zu werden, mit einstellbaren Gewürzstufen - empfohlen wird eine mittlere Schärfe. Für zwei Personen ist eine Bestellung ausreichend. Bestelle Bokkeumbap, wenn das Dakgalbi zu etwa 1/3 gefüllt ist, um einen gemischten Reisgenuss zu erhalten.
Hinweis: Da das Restaurant in einer beliebten Straße in Hongdae liegt, ist es oft überfüllt, vor allem nachts, also muss man sich auf eine Wartezeit einstellen.

Beliebte Menüoptionen

뼈없는 닭갈비 Dakgalbi ohne Knochen 12.000
모짜렐라치즈 Mozzarella-Käse 4.000
장인볶음밥 Jang In Bokkeumbap 3.000

Koreanisches BBQ - Gopchang - Gegrillte Eingeweide 곱창

 5 Jongno / Gwanghwamun / Insa-dong
종로 / 광화문 / 인사동

Ein Grillrestaurant, spezialisiert auf Rinderdärme und Kutteln

오발탄 충무로점
Obaltan
(Chungmuro Branch)

중구 퇴계로 205
Jung-gu Toegye-ro 205
jangindak.co.kr

Tel: 02-2275-0110			
Tel Reservierung:	O	**GEÖFT**	WT. 11:40-21:00
Mitnehmen:	X		Sat&So. 11:40-21:00
Reserv erforderlich:	X	**Letzt Best**:	X
		Ruhezeit:	—

Ambiente: Das im Erdgeschoss eines geräumigen, freistehenden Gebäudes gelegene Restaurant verfügt über eine saubere, holzgetönte Einrichtung, die zu entspannten Gesprächen in einer gemütlichen Atmosphäre einlädt. Private Räume sind für Gruppenessen verfügbar. Alles wird für dich vom Personal gegrillt, du brauchst dich also nicht darum zu kümmern.
Speisekarte: Außer Rinderdärmen und Kutteln bietet das Restaurant eine Vielzahl von koreanischen BBQ-Gerichten an.
Merkmale: Es werden ausschließlich frische Zutaten verwendet, und das Restaurant verfolgt einen systematischen Ansatz, um den Kunden die besten Aromen zu liefern. Auch die Beilagen sind von hoher Qualität.
Tipp: Besonders empfehlenswert ist das Obaltan BBQ Lunch Special, bei dem man sowohl Innereien als auch Kutteln probieren kann. Nach 13 Uhr ist die beste Zeit für einen Besuch zum Mittagessen.
Hinweis: Die Preise für Rinderdärme und Kutteln sind relativ hoch, da es sich um Spezialitäten handelt.

Beliebte Menüoptionen

오발탄 정식 Obaltan BBQ Lunch Special 37.000
한우대창구이 Hanu Daechang Gui (Gegrillte Ochsen-Dickdärme) 43.000 /200g
특양구이 Teuk Yang Gui (Spezielle gegrillte Ochsen-Bergkutteln) 45.000 / 160g

Koreanisches BBQ - Jokbal - Schweinefüßchen 족발

④ Myeongdong 명동

Ein Jokbal-Spezialitätenrestaurant, bekannt für sein einzigartiges Aroma aus fünf Gewürzen

만족오향족발
Manjok Ohyang Jokbal

서울 중구 서소문로 134-7
Jung-gu Seosomun-ro 134-7
manjok.net

Tel : 02-753-4755

Tel Reservierung : O	**GEÖFT** WT. 11:30-22:00
Mitnehmen : O	WE. 12:00-22:00
Reserv erforderlich : X	**Letzt Best :** X
	Ruhezeit : —

Ambiente: Das Lokal besteht aus zwei Etagen und ist sehr geräumig, aber die Lage in einer Gasse macht das Warten schwierig.
Speisekarte: Im Angebot sind Jokbal (Schweinefüßchen), Bossam (gekochte Schweinescheiben) und eine Halb-und-Halb-Variante (halb normales, halb gewürztes Jokbal).
Merkmale: Es ist bekannt für seine Zartheit, die eher an Hühnchen als an Schweinefleisch erinnert.
Tipp: In Kombination mit der würzigen Knoblauchsauce und dem dazu gereichten Kohl schmeckt es hervorragend.
Hinweis: Es werden keine Reservierungen angenommen, daher ist Warten angesagt. Da die Tische schnell besetzt sind, ist die Wartezeit meist kurz. Dem Fleisch haftet ein starker Kräutergeruch an, der für manche ungewohnt sein mag. Es wird empfohlen, eine mittlere Größe für zwei Personen zu bestellen.

Beliebte Menüoptionen

만족오향족발(중) Manjok Ohyang Jokbal (Mittel) 36.000
만족오향보쌈(중) Manjok Ohyang Bossam (Mittel) 35.000
반반족발(중) Banban (Halb & Halb) Jokbal (Mittel) 39.000

⑦ Seongsu-dong 성수동

Eines der renommiertesten Jokbal-Restaurants in Seoul, bekannt für seine angenehme Süße

성수족발
Seongsu Jokbal

서울 성동구 아차산로7길 7
Seongdong-gu Achasan-ro 7-gil 7
ssjb1983.modoo.at

Tel : 02-464-0425

Tel Reservierung : X	**GEÖFT** Täglich 12:00-22:00
Mitnehmen : O	**Letzt Best :** X
Reserv erforderlich : X	**Ruhezeit :** 15:00-17:00

Ambiente: Der Sitzplatzbereich ist klein, was zu langen Warteschlangen führt. Zudem gibt es Sitzplätze, an denen man die Schuhe ausziehen muss, das sollte man bedenken.
Speisekarte: Das Jokbal ist zäh und zart und wird mit Beilagen serviert. Zu beachten ist, dass hier keine Nudeln angeboten werden.
Merkmale: Die Portionen sind großzügig, mit einem etwas höheren Verhältnis von Haut zu Fleisch.
Tipp: Während man auf einen Tisch lange warten muss, ist die Bestellung zum Mitnehmen in weniger als einer Minute fertig.
Hinweis: Da es auch eine Mitnahmemöglichkeit gibt, empfiehlt sich diese Option, wenn die Wartezeit zu lang ist. An Wochentagen sind die Wartezeiten im Allgemeinen kürzer als an Wochenenden.

Beliebte Menüoptionen

족발(특대) Jokbal (Extra Large): 50.000
족발(대) Jokbal (Groß): 45.000
족발(중) Jokbal (Mittel): 40.000

Koreanisches BBQ - Samgyeopsal - gegrillter Schweinebauch | Jeyuk Bokkeum - pikant gebratenes Schweinefleisch 삼겹살 / 제육볶음

① Apgujeong / Cheongdam / Garosu-gil 압구정 / 청담 / 가로수길

Berühmt für sein sorgfältig gereiftes Fleisch

돝고기506
Dotgogi 506

강남구 역삼로17길 53
Gangnam-gu Yeoksam-ro 17-gil 53
instagram.com/dot506_

Tel : 02-6933-9501			
Tel Reservierung :	O	GEÖFT	Täglich 11:30-22:00
Mitnehmen :	X	Letzt Best :	21:20
Reserv erforderlich :	X	Ruhezeit :	15:00-17:00

Ambiente: Die Räumlichkeiten des Restaurants umfassen ein ganzes Gebäude mit einer niedlichen Schweinestatue am Eingang und einem geräumigen Innenbereich, der sich über drei Etagen erstreckt.
Speisekarte: Es werden gereifter Schweinebauch und Schweinenacken angeboten, die insgesamt 506 Stunden lang in 51 Verfahren gereift sind.
Merkmale: Hier gibt es das am besten gereifte Schweinefleisch, das in zweijähriger Forschungs- und Entwicklungsarbeit mit einem einzigartigen, wissenschaftlichen Reifungsprozess perfektioniert wurde.
Tipp: Das Personal kann das Fleisch für dich grillen, so dass du dich nicht um die Zubereitung kümmern musst. Empfehlenswert ist auch der spezielle gebratene Reis mit Sahne. Schweinefleisch ist dem Rindfleisch vorzuziehen.
Hinweis: Der Speisesaal im zweiten Stock wird nach dem Prinzip „Wer zuerst kommt, mahlt zuerst" betrieben (keine Reservierung), während man für die schwarzen Privaträume im dritten Stock reservieren muss. In der Regel ist viel los, so dass man lange warten kann. Ein besonderes Aroma kann von dem gealterten Fleisch ausgehen. Alle Gruppenmitglieder müssen zum Einlass erscheinen. Bei großem Andrang kann es sein, dass zusätzliche Bestellungen nicht möglich sind, also lieber gleich zu Beginn großzügig bestellen. Es herrscht eine lebhafte Atmosphäre, aber man sollte sich bewusst sein, dass es bei Gesprächen sehr laut sein kann.

Beliebte Menüoptionen

A506 숙성 삼겹살 Gealterter Schweinebauch 150g 18.000
I506 숙성 목살 Schweineschulter 150g 19.000

⑤ Jongno / Gwanghwamun / Insa-dong 종로 / 광화문 / 인사동

Ein bei Einheimischen beliebtes Restaurant in Jongno seit 2014

시민식당 본점
Simin Sikdang (Hauptfiliale)

서울 종로구 돈화문로5길 30
Jongno-gu Donhwamun-ro 5-gil 30
blog.naver.com/siminsikdang   instagram.com/siminsikdang

Tel : 0507-1445-8296		GSCHL	Mo.
Tel Reservierung :	O	GEÖFT	Di.-So. 11:00-22:00
Mitnehmen :	O	Letzt Best :	X
Reserv erforderlich :	X	Ruhezeit :	—

Ambiente: Die Innenräume sind sauber und geräumig, mit einem Grill an jedem Tisch. Es erstreckt sich über zwei Etagen.
Speisekarte: Von Samgyeopsal bis Jeyuk Bokkeum (würziges Schweinefleisch) mit Reis - die Auswahl ist auf verschiedene Gruppengrößen abgestimmt.
Merkmale: Das 29 cm lange Samgyeopsal ist eine Spezialität, die die köstlichsten Teile von Schweinefleisch hervorhebt. Im ganzen Restaurant sind Styler-Geräte installiert, die Fleischgerüche kostenlos aus der Kleidung entfernen.
Tipp: Im zweiten Stock gibt es neben regulären und Gruppenreservierungen auch private Räume für Geburtstagsfeiern. Beim Bestellen eines Menüs ist der Kimchi-Eintopf enthalten. Mit dem im Menü enthaltenen gebratenen Reis vom Wagyu kann man ihn selbst zubereiten, wobei man auf Wunsch auch Hilfe bekommt.
Hinweis: Die Preise für Samgyeopsal sind zwar etwas höher, aber die Qualität ist ausgezeichnet.

Beliebte Menüoptionen

제육쌈밥정식 Jeyuk Ssambap Jeongsik (Pikantes Schweinereis Wrap Set Menü) 14.000
커플아삼육세트 Paar Asamyuk Set (Wagyu + Samgyeopsal + Jeyuk Bokkeum + Wagyu Bratreis + Kimchi Jjigae) 59.000

NAENGMYEON 냉면

Naengmyeon 냉면 („kalte Nudeln") ist ein äußerst beliebtes Nudelgericht, das seinen Ursprung in Nordkorea hat. Es stammt aus der Joseon-Dynastie und erfreute sich in den nördlichen Städten wie Pjöngjang und Hamhung großer Beliebtheit, bis es nach dem Koreakrieg zu einem landesweit geschätzten Gericht wurde. Mit Salatgurken, koreanischen Birnenscheiben, eingelegtem Rettich, gekochtem Ei und Bruststückchen serviert, bietet Nengmyeon eine köstliche Geschmacksverschmelzung. Abgerundet wird das Erlebnis durch einen Hauch von scharfer Senfsauce und einen Hauch von Essig. Es gibt zwei Hauptsorten von Naengmyeon:

물냉면 mul naengmyeon, eine erfrischende Nudelsuppe mit sorgfältig hergestellten Nudeln, die in einer großzügigen Schüssel mit belebender Eisbrühe (aus Rindfleisch, Huhn oder Dongchimi - Rettich-Wasser-Kimchi) schwimmen. Was ursprünglich ein Wintergenuss war, hat sich zu einem unverzichtbaren Sommergenuss entwickelt. Während Mul Naengmyeon aus Pjöngjang stammt, gibt es 비빔냉면 Bibim Naengmyeon, den würzigeren, in Gochujang gebadeten Bruder - vor allem die Hamhung-Variante, bekannt als 회냉면 Hoe Naengmyeon, erhöht die Schärfe durch marinierten rohen Fisch, meist Rochen. Der primäre

Unterschied zwischen Pjöngjang-Naengmyeon und Hamhung-Naengmyeon liegt in den Nudeln. Pjöngjang-Naengmyeon zeichnen sich durch grobe und dicke Buchweizennudeln aus, die beim Kauen leicht brechen. Demgegenüber wird bei Hamhung Naengmyeon Buchweizen mit Kartoffel- und Süßkartoffelstärke gemischt, wodurch die Nudeln nicht so dünn, sondern eher zäh sind. Bei Umfragen unter ausländischen Touristen, insbesondere solchen von außerhalb Asiens, wird Naengmyeon interessanterweise oft als koreanisches Gericht angesehen, vor dem Ausländer zurückschrecken würden. Die Bissfestigkeit der Nudeln und das Konzept, sie in kalter Brühe zu servieren, mögen zunächst ungewohnt erscheinen. Sobald man den Geschmack jedoch einmal kennengelernt hat, kann man schnell süchtig werden und seinem einzigartigen Charme nicht mehr widerstehen.

KALGUKSU 칼국수

Kalguksu 칼국수, was wörtlich übersetzt „Messernudel" bedeutet, verdankt seinen Namen der einzigartigen Methode des Schneidens. Dieses Verfahren unterscheidet sich von der Extrusion oder dem Schleudern, die für Nudeln normalerweise verwendet werden. Die sorgfältig von Hand gefertigten Nudeln werden aus einem Teig aus Weizenmehl, Eiern und gelegentlich gemahlenem Bohnenpulver zubereitet, um die Textur zu verbessern. Anschließend wird der Teig dünn ausgerollt, in lange Streifen geschnitten und bis zur Perfektion gekocht.

Die fertigen Nudeln werden dann großzügig in einer Schüssel mit einer warmen Brühe und einer Reihe von Zutaten serviert. In der Brühe, einer würzigen Mischung aus getrockneten Sardellen, Schalentieren und Seetang (manchmal mit einem Hauch von Hühnerbrühe), die langsam gekocht wird, entfalten die Nudeln ihren vollen Geschmack. Zu den Nudeln gesellen sich koreanische Zucchini, Kartoffeln und Frühlingszwiebeln. Das Resultat ist ein herzhaftes Gericht, das mit Salz gewürzt und mit einer Beilage nach Wahl verziert wird.

Naengmyeon - kalte Nudeln 냉면

1. Apgujeong / Cheongdam / Garosu-gil
압구정 / 청담 / 가로수길

Das Zuhause authentischer Nudeln nach Pjöngjang-Art.

봉밀가 강남구청역
Bong Mil Ga (Gangnam-gu Office Station)

강남구 선릉로 664
Gangnam-gu Seolleung-ro 664
instagram.com/bongmilga_official

Tel : 02-546-2305

Tel Reservierung :	X	**GEÖFT** Täglich 11:30-21:30	
Mitnehmen :	X	**Letzt Best :**	14:30 / 20:30
Reserv erforderlich :	X	**Ruhezeit :**	15:00-17:00

Ambiente: Große Räumlichkeiten, gemütlich und schön beleuchtet.
Speisekarte: Eine breite Auswahl an Gerichten, darunter Buchweizennudeln nach Pjöngjang-Art, Onmyeon (warme Nudeln), Gomtang und Buchweizenpfannkuchen.
Merkmale: Alle Nudeln bestehen zu 100 % aus Buchweizen, ohne Mehlzusatz, und sind dicker als in anderen Kaltnudel-Restaurants.
Tipp: Unbedingt die Kaltnudeln im Sommer und die Warmnudeln im Winter probieren.
Hinweis: Parkmöglichkeiten sind begrenzt, daher wird die Nutzung öffentlicher Verkehrsmittel empfohlen.

Beliebte Menüoptionen

평양 메밀국수 Pyeongyang Memilguksu (Buchweizennudeln) 14.000
평양온면 Pyeongyang Onmyeon (Warme Nudeln) 14.000
평양 손만두 Pyeongyang Sonmandu (handgemachte Knödel) 8.000

2. Seocho / Seorae Village
서초 / 서래마을

Beliebtes Restaurant, berühmt für sein herzhaftes Galbijjim und sein köstliches Hamheung-styke Naengmyeon

서초면옥 본점
Seocho Myeon Ok (Hauptfiliale)

서울 서초구 동광로 97
Seocho-gu Donggwang-ro 97

Tel : 02-536-1423

Tel Reservierung :	X	**GEÖFT** Täglich 10:30-21:00	
Mitnehmen :	X	**Letzt Best :**	X
Reserv erforderlich :	X	**Ruhezeit :**	—

Ambiente: Das Lokal ist separat gelegen und bietet viel Platz, ohne dass man sich Sorgen um Parkplätze machen muss.
Speisekarte: Nengmyeon nach Hamheung-Art, Knödel und verschiedene Hauptgerichte.
Merkmale: Bei der Bestellung von Galbijjim wird auch eine separate Schale mit Galbitang-Brühe angeboten. Wer gedämpften Reis separat hinzufügt und ihn mit der Brühe vermischt, kann eine köstliche Reissuppe genießen!
Tipp: Heiße Galbijjim mit kaltem Nengmyeon zu kombinieren, ist eine fantastische Variante!
Hinweis: Die Teigtaschen gibt es auch in halben Portionen, was ideal ist, wenn man alleine oder mit wenigen Personen essen geht. Bei der Flüssigkeit im Topf handelt es sich nicht um Wasser, sondern um eine schmackhafte Brühe. Wer Wasser bevorzugt, kann es separat bestellen.

Beliebte Menüoptionen

회냉면 Hoe (Roher Fisch) Naengmyeon 12.000
손만두 Son Mandu (handgemachte Knödel) 9.000
갈비찜(대) Galbijjim (Geschmorte kurze Rippen vom Rind) 73.000

Hannam-dong / Itaewon
한남동 / 이태원

 Myeongdong
명동

Berühmtes Restaurant, bekannt für Nengmyeon nach Hamheung-Art, das Leib und Seele erfrischt

Der Inbegriff des Nengmyeon nach Hamheung-Art, mit würzigen, pikanten und süßen Geschmacksrichtungen

한남면옥
Hannam Myeon Ok

명동함흥면옥 본점
Myeongdong Hamheung Myeon Ok (Hauptfiliale)

용산구 우사단로10가길 10
Yongsan-gu Usadan-ro 10ga-gil 10

서울 중구 명동10길 35-19
Jung-gu Myeongdong 10-gil 35-19

Tel : 0507-1385-6608
Tel Reservierung : X
Mitnehmen : O
Reserv erforderlich : X
GEÖFT Mo.-Sa. 11:00-22:00
So. 12:00-20:00
Letzt Best : So. - Do. 19:45
Fr., Sa. 21:45
Ruhezeit : —

Tel : 02-776-8430
Tel Reservierung : X
Mitnehmen : X
Reserv erforderlich : X
GSCHL So.
GEÖFT Mo.-Sa. 11:00-20:00
Letzt Best : X
Ruhezeit : —

Ambiente: Dieses in einer idyllischen Gasse gelegene kleine Restaurant ist gemütlich und verfügt über eine schlichte, mit Pflanzen und charmanten Ornamenten dekorierte Einrichtung.
Speisekarte: Das Menü bietet vor allem Nengmyeon und Muschelkalguksu, aber auch Knödel und verschiedene Vorspeisen.
Merkmale: Beliebt sind die mild-würzige Sauce und die würzige Brühe. Das Mul-Naengmyeon ist großzügig mit geschnittenem jungem Rettich-Kimchi garniert, was seine Textur noch verbessert. Die warme Brühe verleiht dem Gericht eine angenehme Ausgewogenheit.
Tipp: Zu Naengmyeon passen die Fleischknödel, während die würzigen Kimchi-Knödel das Kalguksu ergänzen.
Hinweis: Da die Würzsoße sehr stark ist, empfiehlt es sich, bei empfindlicher Schärfe das Mul Naengmyeon zu wählen. Selbstbedienung bei Wasser und Brühe: Wasserbecher im oberen Regal, Brühebecher im unteren Regal.

Ambiente: Von außen schick, von innen eine gemütliche Atmosphäre.
Speisekarte: Ein mildes, aber schmackhaftes Nengmyeon nach Hamheung-Art, das sowohl in Bibim (mit scharfer Soße) als auch in Brühe serviert wird.
Merkmale: Vor der Hauptspeise wird eine warme Fleischbrühe serviert, um den Gaumen zu säubern.
Tipp: Zu den Kaltnudeln mit rohem Fisch sollte man vorzugsweise den würzigen rohen Fisch und nicht den Kabeljau probieren.
Hinweis: Am Sonntag als regulärer Feiertag geschlossen.

Beliebte Menüoptionen

회냉면 Hoe (Roher Fisch) Naengmyeon 13.000
물냉면 Mul Naengmyeon 12.000
비빔냉면 Bibim (Würzig) Naengmyeon 12.000

Beliebte Menüoptionen

물냉면 Mul Naengmyeon
비빔냉면 Bibim (Würzig) Naengmyeon 9.000
바지락 칼국수 Bajirak Kalguksu (Muschel-Nudel-Suppe) 10.000

Jongno / Gwanghwamun / Insa-dong
종로 / 광화문 / 인사동

Würzig-scharfer Naengmyeon nach Hamheung-Art, der den Appetit seit 1955 anregt

오장동 함흥냉면
Ojangdong Hamheung Naengmyeon

중구 마른내로 108
Jung-gu Mareunnae-ro 108
ojangmyeok.modoo.at

Tel : 02-2267-9500
Tel Reservierung : X
Mitnehmen : X
Reserv erforderlich : X

GSCHL Di.
GEÖFT Mo.,Mi.-So.
11:00-20:00
Letzt Best : X
Ruhezeit : 15:30-17:00

Ambiente: Das Lokal liegt an einer etwas belebten Straße, ist aber leicht zu finden. Die Einrichtung ist geräumig und gemütlich. Als älteres Lokal hat es viele ältere Stammkunden.
Speisekarte: Die Spezialität sind zähe Nudeln aus Süßkartoffelstärke, die hauptsächlich als Nengmyeon serviert werden. Der Hoe Muchim (pikant marinierter roher Fisch) ist scharf und würzig.
Merkmale: Serviert wird eine warme Brühe in einem Kessel, die mäßig gewürzt und sehr schmackhaft ist.
Tipp: Sollte das Bibim Naengmyeon oder Hoe Naengmyeon zu scharf sein, kann man etwas Brühe dazugeben. Hoe Naengmyeon und Bibim Naengmyeon sind den Mul Naengmyeon vorzuziehen.
Hinweis: Es gibt nur eine Wartezeit vor Ort, aber die Bedienung ist schnell. Normalerweise kann man innerhalb von 20 Minuten einen Platz bekommen.

Beliebte Menüoptionen

회냉면 Hoe (Roher Fisch) Naengmyeon 15.000
물냉면 Mul Naengmyeon 15.000
만두 Mandu 12.000

Namhaftes Seouler Restaurant, das für traditionelles Pyongyang Naengmyeon und Bulgogi seit 1946 bekannt ist

우래옥
Woo Lae Oak

중구 창경궁로 62-29
Jung-gu Changgyeonggung-ro 62-29

Tel : 02-2265-0151
Tel Reservierung : X
Mitnehmen : X
Reserv erforderlich : X

GSCHL Mo.
GEÖFT Di.-So. 11:30-21:00
Letzt Best : 20:40
Ruhezeit : —

Ambiente: Der Innenbereich ist mit traditionellen koreanischen Elementen gestaltet. Ein geräumiges Restaurant mit vielen Sitzplätzen sowohl im ersten als auch im zweiten Stock sorgt für einen hohen Umsatz. Der Zugang zur zweiten Etage erfolgt über eine Treppe.
Speisekarte: Zu den Hauptgerichten gehören das traditionelle Nengmyeon und Bulgogi aus Pjöngjang. Darüber hinaus stehen Galbitang, gegrillte Rippchen und Yukhoe auf der **Speisekarte**.
Merkmale: Die Buchweizen-Nudeln sind zäh und fest. Es werden ausschließlich koreanische Zutaten verwendet. Man bezahlt im Voraus, und im Wartebereich gibt es Ladegeräte für Telefone und Steckdosen.
Tipp: Galbitang ist nur dienstags, donnerstags und samstags in begrenzten Mengen erhältlich. Das beste Erlebnis ist es, das Nengmyeon mit Bulgogi zu kombinieren.
Hinweis: Auch außerhalb der Essenszeiten sollte man sich auf lange Wartezeiten einstellen. Kühles Wasser muss separat gewünscht werden.

Beliebte Menüoptionen

평양냉면 Pyeongyang Naengmyeon 16.000
비빔냉면 Bibim Naengmyeon 16.000
갈비탕 Galbitang 18.000

⑧ Hongdae
홍대

Eines der Top-Restaurants für Naengmyeon nach Pjöngjang-Art in Seoul

을밀대 평양냉면
Eulmildae Pyeongyang Naengmyeon

마포구 숭문길 24
Mapo-gu Sungmun-gil 24

Tel : 02-717-1922
Tel Reservierung : X
Mitnehmen : O
Reserv erforderlich : X
GEÖFT Täglich 11:00-22:00
Letzt Best : X
Ruhezeit : —

Ambiente: Das Interieur erinnert mit seinem nostalgischen Dekor an die vergangene Zeit. Unterteilt in drei Gebäude, werden die Gäste nach der Warteliste eingewiesen. Im Innenbereich gibt es etwa 15 Tische, die meisten davon rund, abgesehen von einigen niedrigen Sitzgelegenheiten.
Speisekarte: Unter anderem gibt es reichhaltige und schmackhafte Nengmyeon nach Pjöngjang-Art, ergänzt durch Mungobohnen-Pfannkuchen und gekochtes Rindfleisch in Scheiben.
Merkmale: Für eine perfekte Kombination werden die gekochten Schweinefleischscheiben in Sojasoße mit geraspelten grünen Zwiebeln und Knoblauch getunkt.
Tipp: Bei der Bestellung der Kaltnudeln empfiehlt es sich, „거냉 (geo naeng)" zu bestellen, damit die Brühe ohne Eis zubereitet wird und der wahre Geschmack der Brühe zur Geltung kommt. Auf Wunsch „양많이 (yang mani)" gibt es etwas mehr Nudeln ohne Aufpreis (allerdings kann die Menge der Beilagen reduziert werden).

Hinweis: Das Lokal liegt in einem Gässchen mit vielen Geschäften in der Nähe, so dass man es leicht übersehen kann. Zwar kann es zu Wartezeiten kommen, aber die Bedienung ist relativ schnell.

Beliebte Menüoptionen

물냉면 Mul Naengmyeon 15.000
비빔냉면 Bibiim (Würzig) Naengmyeon 15.000
수육 Suyuk (Gekochtes Rindfleisch in Scheiben) 35.000

Kalguksu - Messer geschnittene Nudeln
칼국수

⑤ Jongno / Gwanghwamun / Insa-dong
종로 / 광화문 / 인사동

Beliebt bei den Gästen für seine handgemachten Teigtaschen nach nordkoreanischer Art

취야벌 국시
Chwiyabeol Guksi

종로구 인사동7길 21
Jongno-gu Insadong 7-gil 21

Tel : 02-730-0305
Tel Reservierung : X
Mitnehmen : O
Reserv erforderlich : X
GSCHL So.
GEÖFT Mo.-Sa. 09:30-21:30
Letzt Best : X
Ruhezeit : —

Ambiente: Beherbergt in einem renovierten traditionellen Hanok-Gebäude, das sowohl Tische mit Stühlen als auch Sitzgelegenheiten am Boden bietet. Da das Lokal nicht an einer Hauptstraße, sondern in einer Gasse liegt, kann es schwierig sein, es zu finden, daher ist es ratsam, Anwohner nach dem Weg zu fragen.
Speisekarte: Die Spezialität sind gedämpfte Teigtaschen nach nordkoreanischer Art, die in verschiedenen Gerichten serviert werden, z. B. gedämpft, als Eintopf oder als Suppe. Zudem werden Gerichte wie Meeresfrüchte-Pfannkuchen angeboten.
Merkmale: Im Inneren können Besucher die Zubereitung von handgemachten Teigtaschen nach nordkoreanischer Art mitverfolgen. Das Restaurant ist bekannt für seine herzhaften und nahrhaften Gerichte mit viel Fleisch und Gemüse.
Tipp: Als ein auf Knödel spezialisiertes Restaurant ist es sehr empfehlenswert, Knödelgerichte zu bestellen.
Hinweis: Bitte sei vorsichtig, wenn du einen Hot Pot bestellst, da sich die Gewürze am Boden absetzen; längeres Kochen kann den Salzgehalt der Brühe verstärken. Für die Bestellung von Hot Pot sind mindestens 2 Bestellungen erforderlich. Die meisten Sitzplätze befinden sich auf dem Boden, sodass die Schuhe ausgezogen werden müssen, was man nicht vergessen sollte.

Beliebte Menüoptionen

접시만두 Jeopsi Mandu (Gedämpfte Knödel) 11.000
만두전골 Mandu Jeongol (Knödel Hot Pot) 14.000
취야국시 Chwiya Guksi (Nudeln) 9.000

Jongno / Gwanghwamun / Insa-dong
종로 / 광화문 / 인사동

 Samcheong-dong
삼청동

Ein seit 1988 für seine deftigen Teigtaschen und Eintopfgerichte bekanntes und beliebtes Lokal

깡통만두
Kkang Tong Mandu

Handgemachte Buchweizennudeln aus 100% Bongpyeong-Buchweizen

북촌막국수
Bukchon Makguksu

종로구 북촌로2길 5-6
Jongno-gu Bukchon-ro 2-gil 5-6

Tel : 02-794-4243
Tel Reservierung : X
Mitnehmen : X
Reserv erforderlich : X

GSCHL So.
GEÖFT WT. 11:30-21:00
Sa. 11:30-20:00
Letzt Best : WT.
14:40, 20:10
Sa. 19:10
Ruhezeit : WT.
15:30-17:00

서울 종로구 삼청로 141, 지하 1층
Jongno-gu Samcheong-ro 141, B1
bukchonmakguksu.modoo.at

Tel : 02-737-4111
Tel Reservierung : O
Mitnehmen : O
Reserv erforderlich : X

GEÖFT Täglich 10:00-20:30
Letzt Best : 20:00
Ruhezeit : —

Ambiente: In einer engen Gasse gelegen, bietet das Restaurant jedoch viel Platz und viele Tische.
Speisekarte: Im Mittelpunkt stehen Nudelgerichte wie Kalguksu und Knödel, aber auch eine Reihe von Pfannkuchen werden angeboten.
Merkmale: Jeden Morgen werden die Nudeln frisch zubereitet, so dass sowohl die Knödel als auch die Suppennudeln eine knackige Konsistenz haben.
Tipp: Da es häufig zu Wartezeiten vor Ort kommt, ist es ratsam, Sitzplätze und Menüauswahl über Catch Table vorzubestellen. Die Onban-Suppe nach nordkoreanischer Art enthält Knödel und Mungo-Bohnen-Pfannkuchen, die es sonst nirgendwo gibt, was sie zu einer empfehlenswerten Wahl für ein einzigartiges Esserlebnis macht.
Hinweis: Aufgrund der faden Brühe ist die Knödelsuppe vielleicht nicht jedermanns Sache, wohingegen der Hot Pot trotz seiner starken Brühe, die nach dem Verzehr durstig machen kann, die bessere Alternative ist. Innerhalb des Lokals gibt es praktischerweise auch Toiletten.

Ambiente: Der großzügige Innenraum ist mit vielen komfortablen Sitzgelegenheiten ausgestattet, wobei die Tische weit auseinander stehen, so dass man sich hier gut unterhalten kann.
Speisekarte: Die Auswahl an Gerichten reicht von Buchweizennudeln über Messernudeln bis hin zu verschiedenen Beilagen.
Merkmale: Das Restaurant verkauft Makguksu aus 100% reinen Bongpyeong-Buchweizennudeln (Name der Region).
Tipp: Empfehlenswert sind die charakteristischen Deul gi reum makguksu (Buchweizennudeln mit Perillaöl). Auch die Knödel sind sehr gut. Wer im Sommer zu Besuch ist, sollte die saisonalen memil kong guksu (Buchweizen-Bohnen-Nudeln) probieren.
Hinweis: Auch wenn man eine kleine Größe bestellt, sind die Portionen großzügig. An Wochentagen ist es weniger überfüllt.

Beliebte Menüoptionen

들기름막국수 Deul Gi Reum Makguksu
(Kalte Buchweizennudeln mit Sesamöl) 13.000
메밀칼국수 Memil Kalguksu
(Buchweizen-Messerschnittnudeln) 14.000
메밀 굴림 만두 Memil Gulim Mandu
(in Buchweizenmehl gerollte Knödel) 15.000

Beliebte Menüoptionen

찐만두 Jjinmandu (gedämpfte Knödel) 11.000
만두전골 Mandu Jeongol (Knödel Hot Pot) 40.000
온반 Onban (Suppe nach nordkoreanischer Art) 12.000

⑥ Samcheong-dong 삼청동

Ein renommierter Kalguksu-Ort mit reichhaltiger Rinderknochenbrühe und jeden Morgen frisch zubereiteten Knödeln

황생가칼국수
Hwang Saeng Ga Kalguksu

서울 종로구 북촌로5길 78
Jongno-gu Bukchon-ro 5-gil 78
황생가칼국수.com

Tel : 02-739-6334
Tel Reservierung : X   GEÖFT Täglich 11:00-21:30
Mitnehmen : X   Letzt Best : 20:40
Reserv erforderlich : X   Ruhezeit : —

Ambiente: Der Innenbereich ist von moderater Größe mit einem Hauch von traditionellen Hanok-Elementen. Es verfügt über zahlreiche Tische und traditionelle Bodenbestuhlung. Eine zweite Etage bietet zusätzliche Sitzgelegenheiten.
Speisekarte: Angeboten wird Kalguksu mit einer milchigen Brühe aus gekochten koreanischen Rinderknochen, -brust und -haxen sowie handgemachten Knödeln.
Merkmale: Gleich am Eingang kann man dem Besitzer bei der Herstellung der Knödel zuschauen.
Tipp: Bei Kalguksu sollte man das frisch zubereitete Kimchi nicht allein essen, sondern es über die Nudeln geben, um einen harmonischeren Geschmack zu erhalten. Während des Sommers ist das saisonale kong guksu (kalte Bohnensuppennudeln) ein Muss.
Hinweis: Die Wartezeit kann recht lang sein, daher empfiehlt es sich, früh zu kommen. Es gibt einen großen separaten Wartebereich im Freien.

Beliebte Menüoptionen

사골칼국수 Sagol Kalguksu (Handgemachte Messernudeln in Rinderbrühe) 12.000
콩국수 Kongguksu (Kalte Bohnensuppennudeln) 15.000
왕만두국 Wang Mandu (Jumbo-Knödel-Suppe) 12.000

⑩ Jamsil 잠실

Traditionelles Kalguksu im Jeonju-Stil in modernem Ambiente

베테랑 롯데잠실점
Veteran (Filiale Lotte Jamsil)

송파구 올림픽로 240 지하 1층 푸드코트
Songpa-gu Olympic-ro 240 B1F Food Court

Tel : —
Tel Reservierung : X   GEÖFT Mo.-Do. 10:30-20:00
Mitnehmen : X   Fr.-So. 10:30-20:30
Reserv erforderlich : X   Letzt Best : X
                              Ruhezeit : —

Ambiente: Im Untergeschoss (1. Stock) der Lebensmittelhalle des Lotte Department Store gelegen, mit Stehtischen und normalen Tischen.
Speisekarte: Drei Spezialitäten: Kalguksu, Jjolmyeon (zähe Nudeln) und Mandu.
Merkmale: Die Teigwaren sind dick und zäh, von der Konsistenz her ähnlich wie Udon-Nudeln.
Tipp: Die Teigtaschen sind dünn gewickelt und passen daher perfekt zu den Kalguksu.
Hinweis: Da es im Vergleich zu anderen Restaurants in der Food Hall nur begrenzte Sitzplätze gibt, ist es ratsam, sich vor der Bestellung einen Tisch zu sichern.

Beliebte Menüoptionen

칼국수 Kalguksu 9.000
만두 Mandu 7.000
쫄면 Jjolmyeon (Kau-Nudeln) 8.000

GEJANG 게장

Gejang 게장 („marinierte Krabbe") ist ein Muss in Korea und besteht aus marinierten rohen Krabben, die es in zwei köstlichen Varianten gibt: Ganjang Gejang 간장 게장, eingelegt in Sojasauce für einen herzhaften Geschmack, und Yangnyeom Gejang 양념 게장, verfeinert mit scharfem Chili-Pfeffer, der einen Hauch von ozeanischer Frische und Geschmack verleiht. Und keine Sorge wegen der Sauberkeit - du kannst ruhig die Ärmel hochkrempeln, die Krabbenschalen knacken und jeden Bissen genießen (es gibt sogar Einweghandschuhe und eine Schürze!).

JUK 죽

죽 juk, ein traditionelles koreanisches Brei-Gericht, nimmt einen wichtigen Platz in der koreanischen kulinarischen Tradition und Kultur ein. Besonders im Krankheitsfall oder auf der Suche nach einer leichten, gut verdaulichen Mahlzeit wird Juk oft als Trostmahlzeit geschätzt. Zur Herstellung von Juk werden Reis oder andere Körner so lange gekocht, bis sie eine weiche, breiartige Konsistenz erreichen. Ganz gleich, ob es in seiner einfachen Form genossen oder mit einer Reihe von Zutaten wie Gemüse, Fleisch, Meeresfrüchten, Eiern und Gewürzen verfeinert wird, Juk bietet ein schmackhaftes und nahrhaftes Erlebnis. Seine Popularität bei denjenigen, die auf ihre Kalorienzufuhr achten, rührt von der Methode der Breiherstellung her, bei der eine bescheidene Menge Getreide gekocht und eingeweicht wird, was im Vergleich zu Reis oder Brot ein Gefühl der Sättigung bei kleineren Portionen hervorruft.

Gejang - Marinierte rohe Krabben 게장

 Apgujeong / Cheongdam / Garosu-gil
압구정 / 청담 / 가로수길

Der berühmteste Ort für in Sojasauce marinierte Krabben in Südkorea

프로간장게장 신사본점
Pro Ganjang Gejang (Hauptfiliale Sinsa)

서울 서초구 강남대로97길 7, 지하1.2층, 지상1층
Seocho-gu Gangnam-daero 97-gil 7 B1, B2, 1F
instagram.com/prosoycrab

Tel : 02-543-4126

Tel Reservierung : X	**GEÖFT** Täglich 11:00-23:00
Mitnehmen : O	**Letzt Best :** X
Reserv erforderlich : X	**Ruhezeit :** —

Ambiente: Das großzügig angelegte Gebäude besteht aus zwei Untergeschossen und einem Erdgeschoss. Das holzgetäfelte Interieur schafft eine gemütliche Atmosphäre. Die Räumlichkeiten sind sauber und weitläufig, was ein angenehmes Esserlebnis verspricht.
Speisekarte: Es werden verschiedene Gerichte mit Blumenkrabben angeboten, darunter mit Sojasauce und Gewürzen marinierte Krabben sowie gedämpfte und gedünstete Varianten.
Merkmale: Das Erfolgsrezept ist die dreitägige Reifung der weiblichen Blütenkrabben, die in der Westsee gefangen werden.
Tipp: Es ist ein Genuss, weißen Reis mit Krabbendärmen zu mischen, und man sollte auch den Krabbenrogen-Bibimbap probieren.
Hinweis: Die Bezeichnung „Pro" rührt von den häufigen Besuchen professioneller Baseballspieler in diesem Restaurant her.

Beliebte Menüoptionen

간장게장 Ganjang Gejang (Sojasauce) Marinierte Krabben
(2 große weibliche Krabben) 114.000
양념게장 Yangyeom Gejang (Gewürzt) Marinierte Krabbe
(2 große weibliche Krabben) 120.000
꽃게찜 Kkot Ge Jjim (Gedämpfte Blumenkrabben) 85.000

Ein seit zwei Generationen geführtes Restaurant, das Gerichte mit Sojasoße und Marinade serviert

게방식당
Gebang Sikdang

서울 강남구 선릉로131길 17
Gangnam-gu Seolleung-ro 131-gil 17
gebangsikdang.modoo.at
instagram.com/gebangsikdang.official

Tel : 010-8479-1107	**GSCHL** So. / 1.&3. Mo. jeden Monats
Tel Reservierung : O	
Mitnehmen : O	**GEÖFT** Täglich 11:30-21:00
Reserv erforderlich : X	**Letzt Best :** X
	Ruhezeit : 15:00-17:30

Ambiente: Von außen ähnelt es einem Café und einer Bäckerei, was dem Ganzen einen unverwechselbaren Charme verleiht.
Speisekarte: Das Angebot umfasst eine Vielzahl von Gerichten, darunter Sojasauce und marinierte Krabben sowie Krabbenrogen, Abalone und Krabben-Jang (Sojasauce) mit Reis.
Merkmale: In Zusammenarbeit der Eltern, die seit 25 Jahren ein Krabben-Spezialitätenrestaurant betreiben, mit einem Modeunternehmer entstand eine stilvolle Einrichtung.
Tipp: Wenn man ein Set-Menü bestellt, erhält man Reis, Suppe und einfache Beilagen. Die Geschmacksrichtungen sind im Vergleich zu anderen Sojasaucen-Krabbenrestaurants milder, so dass es auch für Anfänger geeignet ist.
Hinweis: Für manche mag das Sitzen unbequem sein, weil es keine Rückenlehnen gibt. Für Frauen könnte der Platz für Handtaschen unzureichend sein. Die aktuellen Preise sind auf der Website zu finden.

Beliebte Menüoptionen

간장/양념게장 Ganjang/Yangnyeom Gejang
(Sojasauce)/(Pikant) marinierte Krabben) 36.000
간장 전복 Ganjang Jeonbok
(Sojasauce Marinierte Abalone) 25.000

Apgujeong / Cheongdam / Garosu-gil
압구정 / 청담 / 가로수길

Sojasauce marinierte Krabben, gekocht mit der Liebe der Mutter

서백자간장게장
Seobaekja Ganjang Gejang

서울 강남구 삼성로 542, 2층
Gangnam-gu Samseong-ro 542, 2F
sbjgejang.com

Tel : 02-552-2254

Tel Reservierung : O	**GEÖFT** Mo.-Fr. 10:30-22:00
Mitnehmen : O	Sa.-So. 10:00-21:30
Reserv erforderlich : X	**Letzt Best :** X
	Ruhezeit : —

Ambiente: Unterteilt in geräumige Säle und private Räume, die sich für Gruppenveranstaltungen eignen.
Speisekarte: Zusätzlich zum Krabbeneintopf gibt es verschiedene Optionen wie Borigulbi (getrockneter gelber Krokodilfisch mit Gerste) und Bibimbap mit Krabbenrogen, so dass eine große Auswahl besteht.
Merkmale: Wenn man den Krabbeneintopf bestellt, wird er mit Seetang-Suppe und verschiedenen Beilagen serviert.
Tipp: Den Appetit mit dem als Vorspeise servierten Kürbisbrei anregen und mit Omija-Tee als Dessert abschließen.
Hinweis: An Wochentagen ist es günstiger, das Mittagsmenü zu bestellen.

Beliebte Menüoptionen

간장게장 Ganjang Gejang
(Sojasauce marinierte Krabben) 38.000
양념게장 Yangnyeom Gejang
(Pikant marinierte Krabben) 40.000
꽃게찜 Kkotge Jjim
Gedämpfte Blumenkrabben) 68.000

 Hannam-dong / Itaewon
한남동 / 이태원

Eine Top-Adresse für in Sojasauce marinierte Krabben aus frischen heimischen Blumenkrabben

장지녕 간장게장
Jangjinyeong Ganjang Gejang

서울 용산구 독서당로 46, 지하 1층
Yongsan-gu Dokseodang-ro 46, B1
instagram.com/brand_jjn

Tel : 02-794-7737

Tel Reservierung : O	**GEÖFT** Täglich 11:30-22:00
Mitnehmen : O	**Letzt Best :** X
Reserv erforderlich : X	**Ruhezeit :** 15:00-17:00

Ambiente: Großzügig und angenehmes **Ambiente** mit gruppentauglichen Tischen, die einen idealen Ort für Zusammenkünfte darstellen.
Speisekarte: Das Angebot umfasst neben Sojasauce und pikant marinierten Krabben verschiedene Gerichte wie gewürzte Austern, Herzmuschelsalat, Fleischbällchen nach koreanischer Art und pikant gebratenen Tintenfisch.
Merkmale: In den Monaten April bis September wird gewürzter roher Seelachs aus Sokcho serviert, und von Oktober bis April des darauffolgenden Jahres werden gewürzte Austern angeboten. Da diese Gerichte nur zu diesen Jahreszeiten erhältlich sind, lohnt es sich unbedingt, sie zu probieren.
Tipp: Abgerundet wird das Essenserlebnis durch verschiedene gewürzte Gemüsesorten und frisches, junges Kimchi, das zu den marinierten Krabben gereicht wird.
Hinweis: Es werden sowohl Gerichte zum Mitnehmen als auch Lieferservice angeboten.

Beliebte Menüoptionen

장지녕 명품게장 세트(1인) - Jang Jinyeong Myeong Pum Gejang (Delux marinierte Krabben) Set (pro Person) - 35.000
불쭈꾸미 세트(1인) - Bul Jjukkumi Set (Pikant gebratener Tintenfisch) (pro Person) - 15.000
제주갈치김치 - Jeju Galchi (Haarschwanzfisch) Kimchi - 15.000

Myeongdong
명동

Jongno / Gwanghwamun / Insa-dong
종로 / 광화문 / 인사동

Ein Spezialitäten-Restaurant, das gealterte, in Soja marinierte Krabben mit Rogen anbietet

Ein koreanisches Restaurant mit 300 Jahre alten traditionellen Rezepten

함초간장게장
Hamcho Ganjang Gejang

큰기와집
Keun Giwa Jip

중구 명동8가길 27, 지하 1층
Jung-gu Myeongdong 8ga-gil 27, B1F
blog.naver.com/mwooh2

종로구 북촌로 22
Jongno-gu Bukchon-ro 22
blog.naver.com/keunkiwajip_0501

Tel : 02-318-1624

Tel Reservierung : O	GEÖFT Täglich 11:30-22:00
Mitnehmen : O	Letzt Best : 21:00
Reserv erforderlich : X	Ruhezeit : —

Tel : 0507-1448-9032

Tel Reservierung : X	GEÖFT Täglich 11:30-21:00
Mitnehmen : O	Letzt Best : 20:00
Reserv erforderlich : X	Ruhezeit : 15:00-17:30

Ambiente: Im Außenbereich erwartet Sie eine beschauliche Hanok-Atmosphäre, mit Sitzgelegenheiten im Freien. Im Inneren ist es recht geräumig und mit Pflanzen bepflanzt. Es ist besonders bei ausländischen Gästen beliebt.
Speisekarte: Soja-marinierte Krabben, pikant marinierte Krabben, Meeresfrüchte-Pfannkuchen und Meeresfrüchte-Eintopf.
Merkmale: Bekannt für seine in Soja marinierten Krabben mit Rogen, die mit Hamcho (Glaskraut) gereift sind, einem anerkannten Gesundheitsmittel.
Tipp: Das Set-Menü ist empfehlenswerter als der sojamarinierte Krebs à la carte.
Hinweis: Die Preise sind etwas hoch. Interessanterweise wird auch Samgyetang angeboten, aber die in Soja marinierte Krabbe ist sehr zu empfehlen.

Ambiente: Die Einrichtung des Restaurants ist originell, der Eingang befindet sich in einer Gasse. Das Interieur ist schlicht, zeichnet sich aber durch koreanische Elemente aus und hat nur wenig Platz. Vor allem bei chinesischen Touristen ist es sehr beliebt.
Speisekarte: Eine Vielzahl von Gerichten, darunter in Soja marinierte Krabben, würzig marinierte Krabben, Krabben-Bibimbap und geschmorte kurze Rippen.
Merkmale: Nach 300 Jahre alten Rezepten der Familie Cheongju Han.
Tipp: Für die Sojasauce werden Heilkräuter verwendet, um Unreinheiten und Bitterkeit zu beseitigen, und die aus Seosan stammenden Krabben sind voll von reichhaltigem Rogen, der für einen intensiven Geschmack sorgt. Die geschmorten kurzen Rippchen sind für die Portionsgröße recht teuer.
Hinweis: Es gibt keinen ausgewiesenen Wartebereich, und die Sitzgelegenheiten für die Wartenden sind sehr eng, so dass es etwas unkomfortabel ist.

Beliebte Menüoptionen

간장게장 Ganjang Gejang
(Sojasauce marinierte Krabben) 40.000
간장게장정식 Ganjang Gejang Jeongsik
(Sojasauce marinierte Krabben Set-Menü) 80.000
해물파전 Haemul Pajeon (Meeresfrüchte-Pfannkuchen) 25.000

Beliebte Menüoptionen

간장게장 Ganjang Gejang (Sojasauce marinierte Krabben) 59.000
양념게장 Yangnyeom Gejang (Pikant marinierte Krabben) 42.000
게장 비빔밥 Gejang Bibimbap 37.000

8 Hongdae
홍대

Ein Spezialitätenrestaurant, das ausschließlich in Sojasauce marinierte Krabben serviert

서산꽃게
Seosan Kkotge

서울 마포구 도화길 12-3
Mapo-gu Dohwa-gil 12-3

Tel : 02-719-9693

Tel Reservierung : O	GEÖFT WT. 11:50-21:00
Mitnehmen : X	WE. / Feiertagen 11:50-20:00
Reserv erforderlich : O	Letzt Best : X
	Ruhezeit : 14:30-17:30

Ambiente: Vor dem Eintreten muss man die Schuhe ausziehen, und die Bestuhlung besteht aus erhöhten Tischen. Das Lokal ist relativ klein, mit engen Abständen zwischen den Tischen.
Speisekarte: Es wird nur ein Menü angeboten: in Sojasauce marinierte Krabben.
Merkmale: Die in den tiefen Gewässern der Westsee gezüchteten Krabben sind groß, fleischig und köstlich. Dazu werden verschiedene Beilagen serviert, darunter gereifter Kimchi und Makreleneintopf, Seetang und Seeteufel sowie gewürzte Austern.
Tipp: Es wird unbegrenzt gedämpfter Reis serviert, also bei Bedarf einfach nachfragen.
Hinweis: Das Restaurant ist nur mit Reservierung zugänglich. Die Toilette ist sehr alt und kann etwas umständlich sein.

Beliebte Menüoptionen

간장게장 (1인) Ganjang Gejang (Sojasauce marinierte Krabben) (1 Person) - 40.000

---

9 Yeouido
여의도

In Soja marinierte Krabben aus den besten koreanischen Blumenkrabben

화해당 여의도점
Hwa Hae Dang (Filiale Yeouido)

영등포구 국회대로62길 15, 1층 3호
Yeongdeungpo-gu Gukhoe-daero 62-gil 15, 1F #3
smartstore.naver.com/hwahaedang

Tel : 02-785-4422	GSCHL So., Mo.
Tel Reservierung : O	GEÖFT Di.-Sa. 11:00-21:00
Mitnehmen : O	Letzt Best : 20:00
Reserv erforderlich : X	Ruhezeit : 15:00-17:30

Ambiente: Das gemütliche Interieur mit braun getönten Tischen und warmer Beleuchtung schafft eine einladende Atmosphäre. Es sind auch Privatzimmer verfügbar. Das Restaurant ist vor allem bei ausländischen Gästen beliebt.
Speisekarte: Zwei Hauptgerichte: Sojamarinierte Krabbe und gedämpfter Felsenfisch.
Merkmale: Im Frühjahr werden pralle blaue Krabben tiefgefroren und das ganze Jahr über verwendet.
Tipp: Die marinierten Krabben werden mit frisch gekochtem, in duftenden Gim (Seetang) gewickeltem Reis serviert. Wer nicht gut mit Stäbchen umgehen kann, sollte die Krabben mit den mitgelieferten Plastikhandschuhen essen.
Hinweis: Die Preise sind etwas gehobener. Es gibt nur eine begrenzte Anzahl von Plätzen, also sollte man mit Wartezeiten rechnen.

Beliebte Menüoptionen

간장게장과 돌솥밥 Ganjang Gejang & Dolsot Bap (Sojasauce marinierte Krabbemit Steintopfreis): 47.000
우럭포 찜 Ureokpo Jjim (Gedämpfter Steinfisch): 70.000

Jamsil
잠실

Ein ausgezeichneter Ort zum Mittagessen mit frischem Ganjang Gejang

본가진미간장게장
Bonga Jinmi Ganjang Gejang

송파구 백제고분로 420
Songpa-gu Baekjegobun-ro 420
instagram.com/jinmicrab

Tel : 0507-1342-5081
Tel Reservierung :	O	GEÖFT	Täglich 11:00-22:00
Mitnehmen :	O	Letzt Best :	X
Reserv erforderlich :	O	Ruhezeit :	—

Ambiente: Die geräumigen Innenräume sind mit großen Tischen ausgestattet und eignen sich für Gruppen.
Speisekarte: Es gibt nicht nur Krabben in Sojasoße, sondern auch marinierte Meeresfrüchte wie Lachs, Garnelen und Abalone.
Merkmale: Verwendet nur die frischesten erstklassigen einheimischen Krabben, die über direkte Auktionen bezogen werden. Es wird eine großzügige Auswahl an Beilagen angeboten.
Tipp: Da die marinierten Krabben recht scharf sein können, empfiehlt sich die mit Soja marinierte Krabbe; für diejenigen, die keine rohen Krabbengerichte essen können, gibt es auch gedämpfte Krabben. Das Set mit männlichen Krabben ist billiger als das Set mit weiblichen Krabben. Der Unterschied liegt im Vorhandensein von Rogen und in der Portionsgröße (250 g gegenüber 180 g).
Hinweis: Geschenkset-Verpackung und Lieferung sind möglich. Während der normalen Essenszeiten ist es oft sehr voll.

Beliebte Menüoptionen

암꽃게 간장게장 정식 Amkkotge (Weibliche Krabben) Ganjangejang Jeongsik (Sojasauce marinierte Krabben Set-Menü)(250g) 38.000
숫꽃게 간장게장 정식 Sutkkotge (Männliche Krabben) Ganjangejang Jeongsik (Sojasauce marinierte Krabben Set-Menü)(180g) 18.000

Juk - Porridge 죽

Hannam-dong / Itaewon
한남동 / 이태원

Ein Porridge-Restaurant, das frisch geschliffenen Reis verwendet

한뿌리죽 이촌본점
Han Ppuri Juk (Hauptfiliale Ichon)

용산구 이촌로 245, 2층
Yongsan-gu Ichon-ro 245, 2F
instagram.com/hanppuri

Tel : 0507-1408-0103
Tel Reservierung :	O	GEÖFT	Täglich 10:00-21:00
Mitnehmen :	O	Letzt Best :	20:30
Reserv erforderlich :	X	Ruhezeit :	WE. 15:30-16:30

Ambiente: Das im zweiten Stock gelegene Restaurant ist gepflegt, aber nicht sehr geräumig, so dass es schwierig ist, große Gruppen unterzubringen.
Speisekarte: Bietet eine Vielzahl von Breisorten an, darunter Gemüsebrei, Ginseng-Hühnerbrei und Abalonenbrei.
Merkmale: Das Porridge wird mit frisch gemahlenem Reis zubereitet, um die beste Qualität zu erhalten, was zu einer besseren Textur und einem reichhaltigen Geschmack führt. Auch die Beilagen sind von hoher Qualität.
Tipp: Bei großem Andrang empfiehlt sich eine Bestellung zum Mitnehmen. Auf Wunsch kann man den Reisbrei für Gruppenbestellungen auch portionieren lassen.
Hinweis: Die Preise sind etwas höher.

Beliebte Menüoptionen

삼계죽 Samgye Juk (Ginseng & Huhn Porridge) 20.000
제주식전복죽 Jejusik Jeonbok Juk
(Abalone nach Jeju-Art Porridge) 23.000
호박죽 Hobak Juk (Kürbis Porridge) 16.000

Yeouido
여의도

Ein renommiertes Haferbrei-Spezialitätenrestaurant in Yeouido mit einer 20-jährigen Geschichte

대여죽집
Daeyeo Juk Jip

서울 영등포구 여의대방로67길 22
Yeongdeungpo-gu Yeouidaebang-ro 67-gil 22
www.02-783-6023.kti114.net

Tel : 02-783-6023
Tel Reservierung : X
Mitnehmen : O
Reserv erforderlich : X

GSCHL Feiertagen
GEÖFT WT. 07:00-21:00
WE. 08:30-20:00
Letzt Best : WT. 20:30
WE. 19:30
Ruhezeit : —

Ambiente: Ein nicht sehr geräumiges, aber dennoch nicht beengtes Restaurant, das eine gute Sicht von außen nach innen bietet.
Speisekarte: Verschiedene Porridges wie Abalone, Ginseng, Pilze, Krabben und Pinienkerne.
Merkmale: Reis aus Icheon und frische, lebende Abalonen aus Wando garantieren Qualität und Frische.
Tipp: Mit Baek Kimchi (weißes Kimchi) und Mul Kimchi (Wasserkimchi) lässt sich der Brei noch besser genießen.
Hinweis: Das Restaurant befindet sich in einem kleinen Gebäude, das in einer Gasse versteckt ist, sodass es etwas schwierig sein kann, es zu finden.

Beliebte Menüoptionen

전복죽 Jeonbok Juk (Abalone Porridge) 17.000
버섯굴죽 Beoseot Gul Juk (Pilz- und Austernbrei) 14.000
소두부죽 Sodubu Juk (Rindfleisch und Tofu Brei) 14.000

KOREANISCHES BRATHÄHNCHEN

Das koreanische Brathähnchen wird aufgrund seiner knusprigen Textur und seines zarten, schmackhaften Fleisches weithin gelobt und ist sowohl in Korea als auch weltweit ein beliebter kulinarischer Leckerbissen, der sich durch eine Vielzahl von Geschmacksrichtungen auszeichnet, wobei jede Sorte ihre eigene Würze oder Sauce hat.

Beispielsweise erfreut das Yangnyeom 양념-Hühnchen den Gaumen mit seiner süß-scharfen Soße aus Gochujang und Knoblauch, während das Knoblauch-Soja-Hühnchen eine pikante Mischung aus Sojasoße, Knoblauch und Sesamöl bietet, die dem Gericht einen reichen Geschmack verleiht. Das pikante

Buldak 불닭-Hühnchen überzeugt durch seine feurige Chilipaste und den Paprikaaufguss mit einem kräftigen und intensiven Geschmack. Die Popularität des koreanischen Brathähnchens ist generationsübergreifend. Das Aufkommen von „치맥" chimaek (Huhn + maekju, „Bier"), einem kulturellen Phänomen, bei dem Brathähnchen mit Bier kombiniert wird, hat seine Attraktivität weiter erhöht.

Chicken moo 무 („Hühnerrettich") - ist ein unverzichtbarer Begleiter zu koreanischem Brathähnchen und wird wegen seines süßen, würzigen Geschmacks und seiner knusprigen Konsistenz geschätzt. Verfeinert mit Essig, Zucker, Salz und gelegentlich Chiliflocken oder Knoblauch dient er als erfrischender Kontrast zum herzhaften Hühnerfleisch, erfrischt den Gaumen und bietet eine Abwechslung zu den schärferen Varianten.

JEON 전

Jeon 전 vereint eine breite Palette an schmackhaften Pfannkuchen, die tief in der koreanischen kulinarischen Tradition verwurzelt sind. Hergestellt werden diese Pfannkuchen aus einem Teig, der aus Mehl, Eiern, Wasser oder Brühe und einer Auswahl an Zutaten wie Gemüse, Meeresfrüchten, Fleisch oder Kimchi besteht. Sobald sie gemischt sind, werden sie fachmännisch in der Pfanne gebraten, bis sie eine herrliche goldene Farbe annehmen und eine verlockende Kombination aus knusprigem Äußeren und zartem Inneren bieten.

An regnerischen Tagen, so sagt ein koreanisches Sprichwort, sollte man sich die klassische Kombination aus Pajeon 파전, einem Pfannkuchen mit grünen Schalotten, und Makgeolli 막걸리, einem traditionellen Reiswein, gönnen. Diese Paarung ist bei den Koreanern seit langem beliebt, auch wenn über die genauen Ursprünge noch spekuliert wird. Nach manchen Theorien rührt die Assoziation zwischen Regen und Pfannkuchen von der Ähnlichkeit der Brutzelgeräusche her, die bei den Liebhabern eine instinktive Reaktion hervorrufen. Eine weitere Theorie geht auf landwirtschaftliche Traditionen zurück, bei denen die Bauern während der regenbedingten Ausfallzeiten Trost in Pajeon und Makgeolli suchten und damit eine saisonale kulinarische Tradition begründeten, die sich bis heute hält. Lasst euch von der Tradition leiten und genießt die Köstlichkeiten!

Koreanisches Brathähnchen

**① Apgujeong / Cheongdam / Garosu-gil
압구정 / 청담 / 가로수길**

Ein großräumiges Hähnchen-Restaurant, ideal für ein geselliges Beisammensein

깐부치킨 압구정역점
Kkanbu Chicken
(Filiale Apgujeong Station)

강남구 압구정로32길 11, 1층 103호
Gangnam-gu Apgujeong-ro 32-gil 11, #103

Tel : 0507-1428-9283		GSCHL Jeden ersten So. im Monat	
Tel Reservierung : X		GEÖFT Täglich 15:00-24:00	
Mitnehmen : O		Letzt Best : X	
Reserv erforderlich : X		Ruhezeit : —	

Ambiente: Gepflegtes Äußeres, trendiges Inneres, geräumig mit vielen Tischen und einer Außenterrasse.
Speisekarte: Bietet eine Vielzahl von Hähnchenvariationen, darunter klassisch gebratene und gewürzte Varianten wie Knoblauch und Sojasauce.
Merkmale: Das Hähnchen wird nach einem speziellen Doppelgarverfahren zubereitet. Sämtliche Gerichte werden auf Bestellung frisch zubereitet, daher muss man mit einer Wartezeit von 15-20 Minuten rechnen.
Tipp: Das Hähnchen- und Bier-Set ist sehr preiswert. Wer kein gebratenes Hähnchen möchte, kann die Variante mit Elektrogrill wählen. Alternativ kann man das normale Brathähnchen bestellen und verschiedene Soßen dazu probieren.
Hinweis: Die lebhafte Atmosphäre macht es weniger geeignet für ungestörte Unterhaltungen.

Beliebte Menüoptionen

크리스피 순살치킨 Crispy Sunsal Chicken (Tender) 21.000
마늘간장 순살치킨 Maneul Ganjang Sunsal (Knoblauch-Soja-Hühnerbeinfleisch) 22.000

**③ Hannam-dong / Itaewon
한남동 / 이태원**

Ein gesundheitsorientiertes Hähnchen-Restaurant mit deutlich weniger Fett

해방촌닭
Haebangchon Dak

용산구 신흥로 97-5
Yongsan-gu Sinheng-ro 97-5
instagram.com/haebangchondak

Tel : 0507-1399-2037			
Tel Reservierung : O		GEÖFT WT. 17:00-24:00	
Mitnehmen : O		WE. 16:00-24:00	
Reserv erforderlich : X		Letzt Best : X	
		Ruhezeit : —	

Ambiente: In einer engen Gasse des Haebangchon Sinheung Market gelegen, nur 1 Minute Fußweg vom Eingang entfernt. Die Räumlichkeiten sind klein, mit meist 2-Personen-Tischen und einem 4-Personen-Tisch. Zudem gibt es einen Stehtisch.
Speisekarte: Angeboten werden ganze Kräuterhühner, darunter elektrisch gegrillte und Knoblauch-Kräuter-Varianten.
Merkmale: Das Huhn ist ein Haushuhn, gefüllt mit Ginseng, Jujube und Klebreis, und wird 1,5 Stunden lang auf einem Elektrogrill langsam gegart, um überschüssiges Öl zu entfernen, was zu einem leichten und gesunden Slow-Food-Erlebnis führt.
Tipp: Bei Bestellung des ganzen Huhns wird es mit scharfer Sauce, Senfsauce und eingelegtem Rettich serviert.
Hinweis: Die Öffnungszeiten des Restaurants sind an Wochenenden eine Stunde früher als an Wochentagen. Die Wartezeiten sind lang und werden per Hand notiert. Die gemeinschaftliche Toilette ist nicht sonderlich sauber.

Beliebte Menüoptionen

전기구이 한방통닭 Jeongi Gui Hanbang Tongdak (Elektrisch gegrilltes Kräuterhähnchen im Ganzen) 20.000
전기구이 마늘한방통닭 Jeongi Gui Maneul Hanbang Tongdak (Elektrisch gegrilltes Knoblauch-Heilkräuter-Huhn im Ganzen) 24.000

8 Hongdae
홍대

Hähnchen genießen und dabei Sportspiele auf einem großen Bildschirm verfolgen

더블플레이치킨 홍대점
Double Play Chicken (Filiale Hongdae)

마포구 동교로 201, 2층
Mapo-gu Donggyo-ro 201, 2F
instagram.com/doubleplay_chicken

Tel : 0507-1401-9042

Tel Reservierung : O	**GEÖFT** Mo.-Do. 17:00 - 02:00
Mitnehmen : O	Fr. 17:00 - 02:30
Reserv erforderlich : X	Sa.16:30 - 02:30
	So. 14:00 - 01:00
	Letzt Best : X
	Ruhezeit : —

Ambiente: Im zweiten Stock eines Gebäudes gelegen, ist der geräumige Innenraum mit Leuchtreklamen und Erinnerungsstücken zum Thema koreanischer und amerikanischer Profibaseball dekoriert. Die zahlreichen großen Bildschirme schaffen eine typische Sportkneipenatmosphäre, in der man verschiedene Sportspiele verfolgen kann.
Speisekarte: Eine Vielzahl von Brathähnchen-Variationen, aber auch Beilagen wie Tteokbokki werden angeboten.
Merkmale: Dank jahrelanger Bemühungen verfügt das Restaurant über einen perfekten goldenen Schnitt für Gewürze und Soßen. Bestellungen können über Tablets aufgegeben werden, die an jedem Tisch installiert sind.
Tipp: Wer ein wenig Hintergrundwissen über den koreanischen Profibaseball mitbringt, kann das Restaurant noch besser kennen lernen. Die Baseball-Saison dauert von März bis Oktober, wobei montags keine Spiele stattfinden, so dass ein Besuch in der spielfreien Zeit weniger spannend sein könnte. Probiere die Halb-halb-Option. Für Bestellungen zum Mitnehmen gibt es einen Sonderrabatt.
Hinweis: Bei den Namen der Menüs handelt es sich um Begriffe, die mit dem Baseball zu tun haben und die daher vielleicht nicht geläufig sind. Bitte achte auf die Details der Menüs.

Beliebte Menüoptionen

더플 핫 오리지널 치킨 Double Play Hot Original Chicken 16.900
오리지널 / 양념 Original / Mariniertes Fried Chicken 18.9000

9 Yeouido
여의도

Ein Brathähnchen-Restaurant, das auf langsame Reifungstechniken und schnellen Service setzt

둘둘치킨 여의도공원점
Dul Dul (Two Two) Chicken (Filiale Yeouido Park)

서울 영등포구 의사당대로 38
Yeongdeungpo-gu Uisadang-daero 38
22chicken.co.kr

Tel : 02-2090-7223

Tel Reservierung : O	**GEÖFT** WT. 15:00 - 01:00
Mitnehmen : O	WE. 14:00-23:00
Reserv erforderlich : X	**Letzt Best :** O
	Ruhezeit : —

Ambiente: Bekannt für seinen geräumigen Saal, in dem häufig Gruppenreservierungen und Hochzeitsempfänge stattfinden.
Speisekarte: Außer den gebratenen und gewürzten Varianten gibt es eine Vielzahl von Hähnchengeschmacksrichtungen.
Merkmale: Statt eines nassen Teigs wird ein „trockenes Pulver" verwendet, was eine schnellere Zubereitung des Hähnchens ermöglicht.
Tipp: Ein hervorragender Ort, um neben dem Hähnchen ein Getränk mit verschiedenen Beilagen zu genießen. Bei Sportspielen werden oft gemeinsame Anfeuerungsaktionen veranstaltet.
Hinweis: Gleich neben der KBS Broadcasting Station gelegen, ist es für Studiopublikum gut erreichbar. Die Lage gegenüber dem Yeouido-Park ist ideal, um an den Tischen im Freien zu sitzen, sich zu entspannen und in aller Ruhe Hühnchen und Bier (Chimaek) zu genießen.

Beliebte Menüoptionen

양념치킨 Yangnyeom Mariniertes Fried Chicken 22.000
마늘치킨 Maneul (Knoblauch) Fried Chicken 23.000

⑩ Jamsil
잠실

Ein Hähnchen-, Burger- und Pizzarestaurant in der Nähe des Seokchon-Sees, in dem Roboter das Essen servieren

BBQ치킨 빌리지 송리단길점
BBQ Chicken Village
(Filiale Songlidan-gil)

서울 송파구 석촌호수로 284
Songpa-gu Seokchonhosu-ro 284
m.bbq.co.kr/menu/menuList2.asp

Tel : 02-2203-8292

Tel Reservierung : X	**GEÖFT** Täglich 10:00 - 02:00
Mitnehmen : O	**Letzt Best :** X
Reserv erforderlich : X	**Ruhezeit :** —

Ambiente: Die Einrichtung ist geräumig und angenehm, mit einem caféähnlichen Design. An schönen Tagen kann man sein Essen auf der Terrasse genießen.
Speisekarte: Bietet eine Auswahl an Hähnchen, Pizza, Burgern und Beilagen.
Merkmale: Getreu seinem Namen steht „BBQ" für „Best of the Best Quality", und es wird nur Hühnchen von höchster Qualität verkauft. Jeder Tisch ist mit einem Tablet ausgestattet, das das Bezahlen erleichtert, und man kann den Robotern beim Servieren der Speisen zusehen!
Tipp: Am Abend kann man auf der Außenterrasse mit Blick auf die Lichter des Lotte Tower essen.
Hinweis: Beliebte Speisen sind oft ausverkauft, also am besten früh kommen!

Beliebte Menüoptionen

바사칸 윙 Basakan (Knusprig) Flügel 23.000
황금올리브치킨 Hwanggeum (Goldenes) Olive Fried Chicken 23.000
BBQ Chicken Burger (mild oder scharf) 5.000
Peperoni Chicago Pizza 11.000

Jeon - Koreanischer Pfannkuchen 전

① Apgujeong / Cheongdam / Garosu-gil
압구정 / 청담 / 가로수길

Ein koreanisches Gasthaus, das eine Vielfalt von Makgeolli und köstlichen Beilagen serviert

묵전
Mukjeon

강남구 언주로 168길 22
Gangnam-gu Eonju-ro 168-gil 22

Tel : 02-548-1461

Tel Reservierung : O	**GEÖFT** Täglich 11:30~24:00
Mitnehmen : O	Feiertagen 11:30~22:00
Reserv erforderlich : X	**Letzt Best :** 22:30
	Ruhezeit : —

Ambiente: Ein restauriertes Familienhaus mit einzigartigem Ambiente und einem Innenhof, der oft von jungen Besuchern bevölkert wird.
Speisekarte: Zahlreiche koreanische Gerichte, darunter verschiedene Pfannkuchen, gedämpfte Gerichte, Gegrilltes und Suppen.
Merkmale: Zusätzlich zur koreanischen **Speisekarte** gibt es eine große Auswahl an Reisweinen.
Tipp: Unbedingt die verschiedenen Pfannkuchen in Kombination mit dem Reiswein probieren.
Hinweis: Die Toilette befindet sich oben auf der Treppe, also bitte vorsichtig sein, wenn du nach der Benutzung herunterkommst.

Beliebte Menüoptionen

시골장터모둠전 (소) Sigol Jangteo Modum Jeon
(Diverse Pfannkuchen (klein)) 20.000
모둠 해물파전 Modum Haemul Pajeon
(Pfannkuchen mit Meeresfrüchten) 27.000
동그랑땡 Donggeurang Ttaeng
(Rindfleischpfannkuchen) 16.000

Hannam-dong / Itaewon
한남동 / 이태원

Jongno / Gwanghwamun / Insa-dong
종로 / 광화문 / 인사동

Ein perfekter Ort, um koreanische Pfannkuchen mit Makgeolli zu genießen, besonders nach einer Party

Ein Nudelrestaurant, bekannt für seine Perillasamen-Kalguksu

전지전능
Jeonji Jeonneung

체부동잔치집
Chebudong Janchi Jip

용산구 보광로60길 14
Yongsan-gu Bogwang-ro 60-gil 14

서울 종로구 자하문로1길 16
Jongno-gu Jahamun-ro 1-gil 16

Tel : 02-792-1400
Tel Reservierung : X
Mitnehmen : O
Reserv erforderlich : X

GSCHL So.
GEÖFT Mo.-Fr. 18:00 - 05:00
Sa. 19:00 - 07:00
Letzt Best : Mo.-Fr. 04:00
Sa. 06:00
Ruhezeit : —

Tel : 02-730-5420
Tel Reservierung : X
Mitnehmen : O
Reserv erforderlich : X

GEÖFT Täglich 11:00-22:30
Letzt Best : 22:00
Ruhezeit : —

Ambiente: Die Räumlichkeiten sind nicht groß, aber sauber mit charmanten runden Tischen aus Edelstahl. Der weit geöffnete Eingang vermittelt ein Gefühl von Offenheit.
Speisekarte: Die Hauptspeise sind verschiedene Pfannkuchen (jeon), dazu gibt es tteokbokki, Tofu-Kimchi, Sundubu jjigae und mehr.
Merkmale: Man kann verschiedene Arten von Pfannkuchen genießen, die gut zu Makgeolli passen.
Tipp: Die Sitzplätze sind mit Deckeln versehen, in denen man seine Kleidung aufbewahren kann. Man sollte lieber die gemischten Pfannkuchen als einzelne Sorten bestellen.
Hinweis: Da die Hocker keine Rückenlehne haben, sind sie für Menschen mit Rückenproblemen möglicherweise nicht geeignet. Das Lokal wird oft von Leuten besucht, die in den nahe gelegenen Clubs gefeiert haben.

Ambiente: Die Tische sind klein und der Raum ist eng, aber die Besucherzahlen sind hoch.
Speisekarte: Im Hauptgebäude und im Nebengebäude werden unterschiedliche Gerichte angeboten, daher sollte man sich vor dem Besuch genau informieren.
Merkmale: Neben Nudeln gibt es auch eine große Auswahl an Beilagen.
Tipp: Seitlich gibt es einen separaten Kimchi-Behälter, aus dem man sich so viel nehmen kann, wie man möchte.
Hinweis: Aufgrund der großen Anzahl von Wanderern kann es zu langen Wartezeiten kommen.

Beliebte Menüoptionen

모둠전 Modeum Jeon (Verschiedene Pfannkuchen) 28.000

Beliebte Menüoptionen

콩모밀 Kong Momil (Buchweizennudeln: 8.000
손칼국수 Son Kalguksu (handgefertigte messergeschnittene Nudeln) 6.000
손수제비 Son Sujebi (Handgerissene Teigsuppe) 6.000

8 Hongdae
홍대

Ein Ort, wo man verschiedene Jeon und Jjigae zusammen in einer Mahlzeit genießen kann

잔치회관
Janchi Hoegwan

서울 마포구 도화2안길 2-4 1층
Mapo-gu Dohwa 2an-gil 2-4
instagram.com/janchi_hoekwan

Tel : 0507-1389-4788
Tel Reservierung : O
Mitnehmen : O
Reserv erforderlich : X

GSCHL So.
GEÖFT Mo.-Sa. 11:00-22:00
Letzt Best : 21:00
Ruhezeit : 15:00-17:00

Ambiente: Direkt an einer gut sichtbaren Hauptstraße gelegen, mit Tischen und einem sauberen, angenehmen Interieur mit dem Konzept eines traditionellen koreanischen Hauses. Die Atmosphäre ist belebt und erinnert an ein festliches Beisammensein.
Speisekarte: Bietet eine Vielzahl von Gerichten an, darunter Galbitang (Kurzrippensuppe), Jeon (Pfannkuchen) mit Jjigae (Eintopf), Yukhoe (gewürztes rohes Rindfleisch).
Merkmale: Mit Stolz präsentiert das Restaurant eine vielfältige Auswahl an saisonalen Meeresfrüchten und saisonalen Gerichten vom Bauernhof, die im Laufe der Jahreszeiten genossen werden.
Tipp: Es lohnt sich, die saisonalen Gerichte zu probieren, die mit den Jahreszeiten wechseln. Die großzügigen Portionen von Wang Galbitang sind sehr preiswert. Bestellt man das Set aus verschiedenen Pfannkuchen und Pfannkuchen Eintopf, kann man übrig gebliebene Pfannkuchen und Gemüse zusammen in einem Kochtopf genießen, ein traditionelles Gericht aus der Provinz Gyeongsang. Außerdem gibt es eine große Auswahl an Makgeolli, so dass es Spaß macht, verschiedene Sorten zu probieren.
Hinweis: Alle Pfannkuchen Gerichte werden in Öl frittiert und sind daher recht kalorienhaltig.

Beliebte Menüoptionen

왕갈비탕 Wang Galbitang 12.000
모듬전+전찌개 Modeum Jeon (verschiedene Pfannkuchen) + Jeon Jjigae (Eintopf) 38.000

HANJEONGSIK
한정식

Hanjeongsik 한정식 („Koreanisch Table d'hôte") bietet ein traditionelles koreanisches Ganzjahresmenü, das sorgfältig zusammengestellt und als Menü mit einer Vielzahl von Gerichten präsentiert wird. Es ist für seine detailgetreue Zubereitung, geschmackliche Ausgewogenheit und kulturelle Bedeutung bekannt. Diese kulinarische Reise umfasst Banchan 반찬 (kleine Beilagen), Reis, Suppe und verschiedene Hauptgerichte und bietet den Gästen einen köstlichen Einblick in die reiche Vielfalt der koreanischen Küche.

Hier ist ein interessanter historischer Leckerbissen: Die koreanischen Könige nahmen fünf Mahlzeiten am Tag ein, zwei davon waren die großen 12 (shibi) cheop bansang, auch bekannt als surasang 수라상 oder das „königliche Mahl". Wer in die Essenz der koreanischen Banchan-Kultur eintauchen und wie ein koreanischer König speisen möchte, ist in einem Hanjeongsik-Restaurant genau richtig!

ZEITGENÖSSISCHE KOREANISCHE KÜCHE

In den letzten Jahren hat sich die zeitgenössische koreanische Küche zu einem dynamischen und einfallsreichen kulinarischen Trend entwickelt, der die komplexe koreanische Kultur widerspiegelt und gleichzeitig moderne kulinarische Konzepte einbezieht. Der Wunsch, die traditionelle koreanische Küche auf innovative Art und Weise neu zu interpretieren und dabei den sich verändernden Geschmacksvorstellungen sowohl auf lokaler als auch auf globaler Ebene gerecht zu werden, ist die treibende Kraft hinter dieser Entwicklung in der Gastronomie. Modernes koreanisches Essen legt den Schwerpunkt auf frische, lokal bezogene Zutaten, innovative Kochmethoden und künstlerische Präsentation, um das Esserlebnis zu verbessern. Seine Bedeutung liegt in der Fähigkeit, die Vielfalt und Komplexität der koreanischen Geschmacksrichtungen zu präsentieren und gleichzeitig globale kulinarische Einflüsse zu integrieren.

Hanjeongsik - Koreanisch Table d'hôte 한정식

 Apgujeong / Cheongdam / Garosu-gil
압구정 / 청담 / 가로수길

Ein feines Hanjeongsik-Restaurant mit herrlichem Blick auf die Stadt, perfekt für ein Zusammensein mit den Liebsten

동화고옥
Dong Hwa Go Ok

서울 강남구 테헤란로 337, 14층
Gangnam-gu Teheran-ro 337, 14F
openine.com/동화고옥
instagram.com/donghwagohok

Tel : 0507-1382-8324
Tel Reservierung : O **GEÖFT** Täglich 11:30-22:00
Mitnehmen : X **Letzt Best** : 21:00
Reserv erforderlich : O **Ruhezeit** : 15:00-17:00

Ambiente: Modernes, trendiges Interieur im westlichen Stil mit gemütlicher Beleuchtung. Im Hauptsaal gibt es mehrere Tische für vier Personen, und im Obergeschoss befindet sich eine Nische, die wie eine Nische aussieht. Darüber hinaus gibt es zwei Kabinenplätze für vier Personen.
Speisekarte: Neben den Hauptgerichten werden auch andere Speisen wie Goldongmyeon (Nudeln mit Perillaöl) und Bibimmyeon (würzige Nudeln) angeboten.
Merkmale: Moderne Interpretation der „königlichen Küche" zur Wiederbelebung unserer herrlichen koreanischen Esskultur.
Tipp: Sollte die Anzahl der Mittagsgerichte zu üppig erscheinen, dann wähle ein Nudelgericht pro Person und teile dir das Bulgogi, dann ist es genau richtig.
Hinweis: Das Bibimmyeon kann etwas scharf sein, aber die Schärfe kann auf Wunsch angepasst werden. Die Kabinen bieten Privatsphäre, haben aber keinen Blick nach draußen.

Beliebte Menüoptionen

동화 골동면 Donghwa Goldongmyeon (Perillaöl-Nudeln) 15.000
동화 비빔면 Donghwa Bibimmyeon (Pikante Nudeln) 15.000
Lunch A Course 29.000
Dinner A Course 79.000

---

5 Jongno / Gwanghwamun / Insa-dong
종로 / 광화문 / 인사동

Ein auf Tempelgerichte spezialisiertes Restaurant, das Gesundheit und Wohlbefinden fördert

발우공양
Balwoo Gongyang

서울 종로구 우정국로 56, 5층
Jongno-gu Ujeongguk-ro 56, 5F
balwoo.or.kr/

Tel : 02-733-2081 **GSCHL** So.
Tel Reservierung : O **GEÖFT** Mo.-Sa. 11:30-21:00
Mitnehmen : X **Letzt Best** : 19:40
Reserv erforderlich : O **Ruhezeit** : 15:00-18:00

Ambiente: Nobelrestaurant, in dem man in einem privaten Raum Tempelgerichte genießen kann, wobei ein veganes Gericht erklärt und serviert wird.
Menü: Aufgeteilt in Seon/Won/Maeum/Hee Course, so dass man sein bevorzugtes Menü wählen kann.
Merkmale: Die Speisen sind gesund, da keine fünf scharfen Gewürze (Knoblauch, Zwiebel, Frühlingszwiebel, Schnittlauch und Lauch) und keine künstlichen Würzmittel verwendet werden. Das Restaurant wird direkt vom Jogye-Orden des koreanischen Buddhismus betrieben. Es werden keine Eier oder Milchprodukte verwendet.
Tipp: Jede Person hat die Möglichkeit, verschiedene Gänge zu bestellen.
Hinweis: Für den Hee Course ist eine Reservierung über Naver erforderlich, da es sich um ein Vorbestellungsmenü handelt. Der Seon Course wird nur an Wochentagen zur Mittagszeit angeboten. Vielleicht nicht die beste Wahl für diejenigen, die proteinreiche Mahlzeiten wünschen.

Beliebte Menüoptionen

선식 Seon Course 30.000 (nur WT. Lunch)
원식 Won Course 30.000
마음식 Maeum Course 70.000
희식 Hee Course 120.000 (nur auf Vorbestellung)

Jongno / Gwanghwamun / Insa-dong
종로 / 광화문 / 인사동

Ein seit über 40 Jahren über Generationen hinweg beliebtes Hanjeongsik-Restaurant

하나로회관
Hanaro Hoegwan

Ein traditionelles koreanisches Restaurant mit einer 25-jährigen Geschichte

인사동 촌
Insadong Chon

서울 종로구 인사동5길 25, 지하 1층
Jongno-gu Insadong 5-gil 25, B1

서울 종로구 인사동14길 19
Jongno-gu Insadong 14-gil 19

Tel : 02-732-7451	**GSCHL** So.
Tel Reservierung : O	**GEÖFT** WT. 11:30-21:30
Mitnehmen : X	Sa. 11:30-21:00
Reserv erforderlich : X	**Letzt Best :** WT. 20:00
	WE. 19:30
	Ruhezeit : 15:00-17:00

Tel : 02-720-4888	**GSCHL** So.
Tel Reservierung : O	**GEÖFT** Mo.-Sa. 11:30-21:00
Mitnehmen : O	**Letzt Best :** 20:00
Reserv erforderlich : X	**Ruhezeit :** 15:00-17:30

Ambiente: Das Restaurant verfügt über 160 Sitzplätze, einschließlich privater Räume für verschiedene Zusammenkünfte, von kleinen bis hin zu großen Partys.
Speisekarte: Ein vielfältiges Menü mit Salat, Suppe, Pfannengerichten, Sashimi und Pfannkuchen.
Merkmale: Als Vorspeise wird frisch gemahlener Kürbisbrei serviert.
Tipp: Alle Gerichte werden in der Reihenfolge kalt bis heiß serviert, so dass die Kombination mit Reis das Esserlebnis noch verstärkt.
Hinweis: Wenn man in einem traditionellen Privatzimmer speist, müssen die Gäste ihre Schuhe ausziehen, und es sind keine Stühle mit Rückenlehne vorhanden - bitte entsprechend planen.

Ambiente: Ein traditionelles Hanok und ein Garten verleihen dem Lokal eine elegante Atmosphäre.
Speisekarte: Die vorgegebenen Menüs sind in Namchon, Seochon und Bukchon unterteilt, so dass man je nach Anzahl der Personen bestellen kann.
Merkmale: Es gibt eine Vielzahl von Gerichten, darunter Bulgogi, Kimchi Jeon und Muschelsalat, sowie zahlreiche Beilagen.
Tipp: In der Nähe von Ssamziegil gelegen, ist es ein toller Ort für einen Besuch mit ausländischen Freunden, da es viel zu sehen gibt.
Hinweis: Einige Beilagen sind kostenpflichtig, also bitte vorher nachfragen.

Beliebte Menüoptionen

하나로정식 Hanaro Jeongsik (Basis) 33.000
하나로한정식 Hanaro Hanjeongsik (Regulär) 40.000
하나로특정식 Hanaro Teuk Jeongsik (Spezial) 50.000

점심한정식 Jeom Shim (Lunch) Hanjeongsik 27.000

Beliebte Menüoptionen

남촌정식 Namchon Set-Menü 20.000
서촌정식 Seochon Set-Menü 30.000
북촌정식 Bukchon Set-Menü 40.000

⑤ Jongno / Gwanghwamun / Insa-dong
종로 / 광화문 / 인사동

Tempelküche, die durch natürliche Zutaten Körper und Geist wohltut

마지
Maji

종로구 자하문로5길 19
Jongno-gu Jahamun-ro 5-gil 19

Tel : 0507-1418-5228
Tel Reservierung : X
Mitnehmen : X
Reserv erforderlich : O

GSCHL Di.
GEÖFT Mo.,Mi.-So.
11:30-20:00
Letzt Best : 19:10
Ruhezeit : 15:00-17:30

Ambiente: Dieses in einer Gasse gelegene Restaurant ist bescheiden mit einem renovierten Hanok eingerichtet und bietet eine gemütliche und intime Atmosphäre. Es besticht durch die harmonische Mischung aus koreanischen Artefakten und heimeliger Atmosphäre.
Speisekarte: Im Angebot sind À-la-carte-Gerichte wie Reis mit verschiedenen Belägen und Sojabohnenpastensuppe, aber auch Gerichte wie Salate und verschiedene Beilagen.
Merkmale: Die Mittags- und Abendmenüs sind preislich identisch und bieten die gleichen Speisen. Ausgewiesen als muslimfreundliches Restaurant.
Tipp. Für 3.000 Won pro Gericht können zusätzliche Beilagen bestellt werden, so dass es nicht notwendig ist, ein Set zu bestellen, wenn man nur bestimmte Beilagen möchte.
Hinweis: Reservierungen sind obligatorisch, nur telefonisch, und manchmal werden auch Einzelgäste akzeptiert. Das Essen wird relativ schnell serviert.

Beliebte Menüoptionen

오늘의마지 Oneul-eui Maji (Heutiges Angebot) 11.000
런치디너세트 Lunch-Dinner-Set 23.000

Course (Voranmeldung erforderlich) von 35.000 - 65.000

Ein Restaurant mit Tempelküche, in dem gesunde Wildgemüsegerichte angeboten werden

산촌
San Chon

서울 종로구 인사동길 30-13
Jongno-gu Insadong-gil 30-13
www.sanchon.com

Tel : 02-735-0312
Tel Reservierung : X
Mitnehmen : X
Reserv erforderlich : X

GEÖFT Täglich 11:30-22:00
Letzt Best : X
Ruhezeit : —

Ambiente: Der Innenraum ist mit diversen Pflanzen und exotischen Dekorationsgegenständen geschmückt.
Speisekarte: Genieße Haferbrei, gemischtes Wildgemüse, saisonale Beilagen und Japchae aus dem Bergdorf.
Merkmale: Im Herzen der Stadt erlebt man eine gesunde und schlichte Tempelküche.
Tipp: Zur Begrüßung gibt es einen Tee aus Tannennadeln als Aperitif.
Hinweis: Die Bezahlung ist im Voraus erforderlich. Nach dem Essen lohnt es sich, die Galerie zu besuchen.

Beliebte Menüoptionen

비빔밥 Bibimbap 15.000
정식 Jeongsik (Set-Menü) 29.000

Jongno / Gwanghwamun / Insa-dong
종로 / 광화문 / 인사동

Kultiviertes und gesundes koreanisches Hanjeongsik-Restaurant

수운
Soowoon

종로구 우정국로 26 센트로폴리스 2층
Jongno-gu Ujeongguk-ro 26, Centropolis, 2F
haevichi.com/soowoon   instagram.com/haevichidining

Tel : 0507-1360-4310

Tel Reservierung : O	**GEÖFT** Täglich 11:30-22:00
Mitnehmen : O	**Letzt Best :** 14:00/20:30
Reserv erforderlich : O	**Ruhezeit :** 14:30-17:30

Ambiente: Das modern und luxuriös gestaltete Restaurant befindet sich im 2. Stock des Centropolis-Gebäudes. Im Speisesaal gibt es lange Tische mit über 20 Plätzen und einige kleinere Tische für 4 Personen, der Rest besteht aus privaten Räumen.
Speisekarte: Zusätzlich zu den Menüs mit festen Gängen werden auch verschiedene Spezialitäten angeboten.
Merkmale: Moderne Neuinterpretation der eleganten koreanischen Küche, die auf raffinierte und anspruchsvolle Weise präsentiert wird.
Tipp: Abgesehen von den Hauptgerichten sind auch die einzelnen Gerichte ausgezeichnet. Zu den Gerichten gibt es eine große Auswahl an erstklassigen Weinen, deren Kombination sehr empfehlenswert ist.
Hinweis: Im Vergleich zu typischen koreanischen Restaurants sind die Preise etwas höher. Es ist ein idealer Ort, um jemand Besonderen zu verwöhnen. Zimmerreservierungen erfordern eine Mindestbestellung von 70.000 Won. Insgesamt sind die Aromen gut ausgewogen, aber für manche mögen sie etwas fade sein.

Beliebte Menüoptionen

수육과 들기름 막국수 Suyuk & Deulgireum Makguksu (Gekochte Schweineschnitzel & kalte Sesamölnudeln) 23.000
떡갈비 비빔밥 Tteokgalbi (Marinierte Rindfleischpastete) Bibimbap 24.000
낙지 쌈밥 Nakji Ssambap (Oktopus in Salat gewickelt) 24.000

Lunch Course 85.000
Dinner Course 110,00

Ein traditionelles koreanisches Restaurant, spezialisiert auf getrocknete gelbe Fische mit Gerste und in Sojasauce marinierte Krabben

양반댁
Yangban Daek

서울 종로구 인사동길 19-18
Jongno-gu Insadong-gil 19-18
instagram.com/yangbandeck

Tel : 02-733-5507	**GSCHL** So.
Tel Reservierung : O	**GEÖFT** Mo.-Sa. 11:30-22:00
Mitnehmen : O	**Letzt Best :** 21:00
Reserv erforderlich : X	**Ruhezeit :** 15:00-17:30

Ambiente: Genieße eine authentische Atmosphäre in einer traditionellen Hanok-Umgebung.
Speisekarte: Es wird ein Topf-Reis-Menü mit in Sojasauce marinierten Krabben, getrocknetem gelben Seehecht und Schweinerippchen angeboten.
Merkmale: Mit Zutaten, die direkt in Eumseong, Chungbuk, angebaut werden, und einheimischen weiblichen Krabben wird ein frischer Geschmack mit Sojasauce erzeugt.
Tipp: Runde deine Mahlzeit mit Nurungji ab, nachdem du den Topfreis gegessen hast.
Hinweis: Je nach Verfügbarkeit der Zutaten kann es vorkommen, dass das Menü frühzeitig ausverkauft ist.

Beliebte Menüoptionen

간장게장 솥밥정식 Ganjang Gejang Sotbap Jeongsik (Sojasauce marinierte Krabbe Steintopf Set-Menü) 38.000
보리굴비 솥밥정식 Borigulbi Sotbap Jeongsik (Getrockneter Gelber Krokodil mit Gerste, Steintopf Set-Menü) 28.000
돼지갈비 솥밥정식 Dwaeji Galbi Sotbap Jeongsik (Schweinerippchen Heißes Steintopf Set-Menü) 28.000

⑥ Samcheong-dong 삼청동

Gesundes Hanjeongsik mit Honig statt Zucker

꿀밥상
Kkul Bapsang

종로구 삼청로 101
Jongno-gu Samcheong-ro 101

Tel : 0507-1417-9801

Tel Reservierung : O	**GEÖFT** Täglich 10:20-20:00
Mitnehmen : O	**Letzt Best :** 19:15
Reserv erforderlich : X	**Ruhezeit :** 15:30-16:30

Ambiente: Das Interieur ist in schlichten Holztönen gehalten und bietet eine gemütliche Atmosphäre zum Essen. Zudem gibt es Tische im Freien, die ein charmantes und gemütliches Ambiente schaffen. Das Lokal ist bei Ausländern sehr beliebt, obwohl die Sitzplätze begrenzt sind.
Speisekarte: Das Angebot umfasst eine Vielzahl von Gerichten, darunter Menüs mit mehr als 10 von den Köchen zubereiteten Beilagen, à la carte Optionen wie Bibimbap und zusätzliche Gerichte wie Bulgogi.
Merkmale: Gesundheitsbewusste Menüpunkte, hergestellt mit reduziertem Zucker, stattdessen wird Honig verwendet. Großformatige Fotos der Speisen im Außenbereich helfen beim Verständnis des Angebots.
Tipp: Beim Bestellen von Menüs ist eine Mindestanzahl von zwei Personen erforderlich. Es empfiehlt sich, verschiedene Menüs zu wählen, um Abwechslung zu haben. Die Beilagen sind nachfüllbar.
Hinweis: Pro Person muss mindestens ein Menüpunkt bestellt werden. Da das Personal lautstark kommuniziert und mit Lieferaufträgen beschäftigt ist, entsteht eine laute Atmosphäre, die nicht gerade ideal für Gespräche ist. Es kann schwierig sein, allein speisen zu wollen.

Beliebte Menüoptionen

꿀밥상특정식 Kkul Bapsang Teuk Jeongsik (Hanjeongsik Set) 17.000
꿀밥상비빔밥 Kkul Bapsang Bibimbap 13.000

Ein bei Touristen beliebtes, sauberes und traditionelles koreanisches Restaurant für Fertiggerichte

소선재
So Seon Jae

종로구 삼청로 113-1
Jongno-gu Samcheong-ro 113-1

Tel : 02-730-7002

Tel Reservierung : X	**GEÖFT** Täglich 11:30-21:00
Mitnehmen : X	**Letzt Best :** 14:00, 20:30
Reserv erforderlich : X	**Ruhezeit :** 14:30-17:00

Ambiente: Mit etwa 25 Plätzen ist das Restaurant im Hanok-Stil nicht sonderlich groß. Die Räume und Tische sind individuell gestaltet.
Speisekarte: Angeboten werden repräsentative koreanische Gerichte wie gegrillte kurze Rippchen mit Reis, gegrillter Fisch mit Gerste und eingelegtes Gemüse Bossam mit Reis.
Merkmale: Nur minimale Verwendung von künstlichen Gewürzen, Verwendung von hausgemachten Enzymen und Sojabohnenpaste für einen sauberen und gesunden Geschmack in allen Gerichten. Es wird eine Vielzahl von Beilagen angeboten.
Tipp: Empfehlenswert sind Set-Menüs. Vorsicht bei gegrilltem Fisch, da der Geruch auf der Kleidung verbleiben kann.
Hinweis: An Wochenenden kann die Essenszeit auf eine Stunde begrenzt sein, sofern es spätere Reservierungen gibt. Der kleine Raum eignet sich möglicherweise nicht für wichtigere Gespräche.

Beliebte Menüoptionen

한우떡갈비와 식사 Hanwoo Tteokgalbi-wa Siksa (Beef Ddok Galbi (Beef Patties) with Rice) 19.000

Sosonjae Fisch-Course 49.000
Sosonjae Rohe Krabb-Course 55.000

8 Hongdae 홍대

Ein Ort, an dem man täglich wundervolle traditionelle koreanische Musikaufführungen genießen kann

조선초가한끼 마포점
Chosun Choga Hankki (Filiale Mapo)

서울 마포구 독막로 288
Mapo-gu Dokmak-ro 288

Tel : 0507-1334-0183	**GSCHL** Chuseok / Seollal
Tel Reservierung : X	**GEÖFT** Täglich 11:30-21:00
Mitnehmen : X	**Letzt Best :** 14:00
Reserv erforderlich : X	**Ruhezeit :** 15:00-17:00

Ambiente: Das Äußere ähnelt einem traditionellen koreanischen Reetdachhaus, so dass man das Gefühl hat, in die Joseon-Dynastie. In der Mitte des Saals befinden sich Tische und an den Seiten eine traditionelle koreanische Sitzgruppe mit bequemen Hochlehner-Stühlen.
Speisekarte: Eine Vielzahl von Gerichten, darunter ein königliches Festtagsmenü mit Galbi, Yukjeon, Yukhoe und Sinseollo (Hot Pot).
Merkmale: Man fühlt sich in die Joseon-Dynastie zurückversetzt, wo einem königliche Speisen serviert werden.
Tipp: Ein einzigartiges Erlebnis sind die Live-Gayageum-Vorführungen in zentraler Lage des Restaurants (wochentags abends um 19 und 20 Uhr (30-minütige Shows) und am Wochenende um 18 und 19 Uhr).
Hinweis: Für größere Gruppen empfiehlt es sich, ein Set-Menü zu bestellen. Wer im traditionellen Sitzbereich speist, muss die Schuhe ausziehen.

Beliebte Menüoptionen

진수성찬 2인 세트 Jin Su Seong Chan Set für 2 Personen 78.000
조선왕대갈비 Joseon Wang (Jumbo-Größe) Dae Galbi 36.000
갈비밥 Galbi-Reis 16.000

9 Yeouido 여의도

Premium-Restaurant mit koreanischer Küche, spezialisiert auf eine Vielzahl von Menüs mit Hanwoo-Rindfleisch

경복궁 블랙 여의도IFC점
Gyeongbokgung Black (Filiale Yeouido IFC)

영등포구 국제금융로 10 콘래드호텔 L1층 경복궁블랙
Yeongdeungpo-gu Gukjegeumyung-ro 10, Conrad Hotel, L1F

Tel : 02-6137-3050	
Tel Reservierung : O	**GEÖFT** Täglich 11:30-22:00
Mitnehmen : X	**Letzt Best :** X
Reserv erforderlich : X	**Ruhezeit :** WT. 15:00-17:00

Ambiente: Mit seiner modernen und geradlinigen Einrichtung mit koreanischen Akzenten umfasst das Restaurant ausschließlich Tischzimmer, die den Gästen ein privates Esserlebnis bieten.
Speisekarte: Angeboten werden eine Vielzahl von gegrillten Rindfleischgerichten und Tagesgerichten sowie Mittagsoptionen.
Merkmale: Spezialisiert auf verschiedene Rindfleischgerichte mit Hanwoo (koreanisches Rindfleisch). Bietet eine Vielzahl von Beilagen an.
Tipp: Es empfiehlt sich, das Mittagsmenü an Wochentagen zu probieren.
Hinweis: Das Restaurant ist bequem über den Aufzug im Conrad Hotel zu erreichen. Für bestimmte Galbi-Gerichte und begrenzte Menüs wird amerikanisches Rindfleisch anstelle von Hanwoo verwendet. Wenn man nicht speziell Hanwoo bevorzugt, kann man ohne Bedenken wählen. Die Preise sind in der Regel etwas gehobener.

Beliebte Menüoptionen

한우 양념불고기 한정식 Hanwoo Yangnyeom Bulgogi Hanjeongsik (Mariniertes koreanisches Rindfleisch Bulgogi Traditional Set) (WT.) 50.000

Course 93.000-200.000

Jamsil
잠실

Ein Hanjeongsik-Restaurant mit ausgezeichnetem Preis-Leistungs-Verhältnis, ideal für Familientreffen

산들해 송파점
Sandlehae (Filiale Songpa)

서울 송파구 위례성대로 6, 2층
Songpa-gu Wiryeseong-daero 6, 2F
sdhfood.co.kr

Tel : 02-448-3457
Tel Reservierung : O   GEÖFT Täglich 11:30-21:00
Mitnehmen : X   Letzt Best :   20:40
Reserv erforderlich : O   Ruhezeit :   15:00-17:00

Ambiente: Großzügig und ordentlich eingerichtet, ideal für Gruppenveranstaltungen.
Speisekarte: Eine Vielfalt von Gerichten wie Bossam, gegrillter Fisch, in Sojasauce marinierte Krabben und eine Reihe von Beilagen.
Merkmale: Der servierte Reis wird aus Icheon-Reis hergestellt, einer hochwertigen Sorte, die früher den Königen angeboten wurde.
Tipp: Hanjeongsik verlangt eine Mindestbestellung für zwei Personen. Wenn man den heißen Steinreis isst, schöpft man etwa 3/4 davon ab, gießt das Wasser aus dem mitgelieferten Krug in die Steinschale und genießt den verbrannten Reis am Ende der Mahlzeit.
Hinweis: Sämtliche Beilagen im Set sind unbegrenzt, werden aber nur auf Anfrage nachgefüllt, sodass man das Personal fragen sollte, wenn man mehr braucht. Bei der Bestellung von Hanjeongsik bringt das Personal das gesamte Set auf einmal aus der Küche an Ihren Tisch. Bitte nicht vor dem Essen persönliche Gegenstände auf den Tisch legen, damit die Abläufe reibungsloser ablaufen.

Beliebte Menüoptionen

한정식 Hanjeongsik 23.000
한돈 돼지불고기 Handon Dwaeji
(Koreanisches Schweinefleisch) Bulgogi 20.000
한우 소불고기 Hanwoo So Bulgogi
(Koreanisches Rindfleisch) 27.000

Zeitgenössische koreanische Küche

 Apgujeong / Cheongdam / Garosu-gil
압구정 / 청담 / 가로수길

Koreanisches Fine Dining mit modernem Touch vom australischen Chefkoch neu interpretiert

에빗
Evett

서울 강남구 도산대로45길 10-5
Gangnam-gu Dosan-daero 45-gil 10-5
restaurantevett.com   instagram.com/restaurantevett

Tel : 0507-1399-1029   GSCHL Mo./So.
Tel Reservierung : O   GEÖFT Di.-Mi. 17:30-22:30
Mitnehmen : X   Do.-Sa. 12:00-22:30
Reserv erforderlich : O   Letzt Best :   X
                              Ruhezeit :   14:30-17:30

Ambiente: Das in warmen Tönen gehaltene, modern eingerichtete Restaurant zeichnet sich durch hohe Decken und hervorragende natürliche Beleuchtung aus. Die offene Küche erlaubt es den Gästen, den Köchen bei der Arbeit zuzusehen.
Speisekarte: Das Menü besteht aus verschiedenen Mittags- und Abendgerichten, zu denen auch eine Weinbegleitung angeboten wird. Die ästhetisch ansprechenden Gerichte enthalten von der koreanischen Natur inspirierte Elemente.
Merkmale: Das Degustationsmenü interpretiert koreanische Zutaten mit Ideen und Techniken aus der ganzen Welt neu.
Tipp: Zusätzlich gibt es die Möglichkeit, Spirituosen zu kombinieren, darunter koreanische Alkohole, die das Menü ergänzen. Wer vorher die Menübeschreibungen auf der Website liest, kann sein Erlebnis noch intensivieren.
Hinweis: Die Portionen sind, wie bei den meisten gehobenen Restaurants, klein, also sollte man sich auf das Erlebnis konzentrieren und sich nicht zu sehr vollstopfen. Die Menükarte kann sich saisonal ändern, daher lohnt sich ein Blick auf die Website vor dem Besuch. Einige Gerichte enthalten essbare Ameisen, was bei einer Reservierung zu beachten ist.

Beliebte Menüoptionen

Lumch Course 150.000
Dinner Course 250.000

❶ Apgujeong / Cheongdam / Garosu-gil
압구정 / 청담 / 가로수길

Ein Gastro-Lokal, das einzigartig neu interpretierte, koreanische Gerichte anbietet, perfekt kombiniert mit traditionellen koreanischen Getränken

구들
Gudeul

서울 강남구 선릉로155길 26, 3층
Gangnam-gu Seolleung-ro 155-gil 26, 3F

Tel : 0507-1485-1592
Tel Reservierung : O
Mitnehmen : X
Reserv erforderlich : O
GSCHL So.
GEÖFT Mo.-Sa. 17:30-23:00
Letzt Best : 22:00
Ruhezeit : —

Ambiente: Elegantes Interieur mit gemütlichem und intimem Ambiente. Auf der schönen kleinen Gartenterrasse, deren Fenster geöffnet werden können, kann man sich wunderbar entspannen. Die Sitzplätze an der Bar bieten ein geselliges Erlebnis.
Speisekarte: Das häufig als „koreanisches Omakase" bezeichnete Restaurant bietet eine Vielzahl koreanischer Gerichte, die gut mit Alkohol harmonieren. Der Kurs „Gudeul Juansang / Banju Charim" umfasst eine breite Palette von Gerichten der koreanischen Küche bis hin zum Dessert.
Merkmale: Das Bestellen von Alkohol ist obligatorisch, so dass man sein Essen mit einem Getränk genießen kann.
Tipp: Das Menü lässt sich ausgezeichnet mit den traditionellen koreanischen Spirituosen kombinieren. Wer nicht weiß, was er trinken soll, sollte das empfohlene Getränk des Monats probieren.
Hinweis: In dieser Speisebar muss Alkohol bestellt werden. Die Mindestbestellmenge beträgt eine Flasche für zwei Personen oder ein Bier oder einen Cocktail pro Person.

Beliebte Menüoptionen

구들 주안상 / 반주 차림 Gudeul Juansang / Banju Charim 79.000

Moderne koreanische Spitzenküche mit Inspirationen aus Seoul und New York

정식당
Jeongsikdang

서울 강남구 선릉로158길 11
Gangnam-gu Seolleung-ro 158-gil 11
jungsik.kr   instagram.com/jungsik_inc

Tel : 02-517-4654
Tel Reservierung : O
Mitnehmen : X
Reserv erforderlich : O
GEÖFT Täglich 12:00-22:00
Letzt Best : 13:15 / 19:15
Ruhezeit : 15:00-17:30

Ambiente: Die Räumlichkeiten bestehen aus einem Café im ersten Stock, einem großen Speisesaal im zweiten Stock und privaten Räumen im dritten Stock. Im Falle einer Wartezeit werden die Gäste in der ersten Etage platziert. Familien mit Kindern erhalten automatisch und ohne Aufpreis ein Zimmer im dritten Stock.
Speisekarte: Zu Mittag werden 9 saisonale koreanische Gerichte mit Zutaten angeboten, zum Abendessen gibt es 11 Menüoptionen.
Merkmale: Moderne Interpretationen der koreanischen Küche werden in Gängen serviert, wobei die Desserts koreanische Elemente enthalten.
Tipp: Wer seinen Geburtstag im Voraus ankündigt, kann mit einem besonderen Überraschungsservice rechnen.
Hinweis: Wir empfehlen eine Reservierung über Catchtable. Reservierungen werden am 1. der geraden Monate (Februar, April, Juni, August, Oktober, Dezember) um 11 Uhr für Buchungen bis zu zwei Monate im Voraus entgegengenommen (z. B. am 1. April um 11 Uhr für Mai und Juni). Telefonische Anfragen sind nur werktags von 11 bis 20 Uhr möglich; am Wochenende werden keine Anrufe angenommen. Anfragen können auch an reservation@jungsik.kr gesendet werden.

Beliebte Menüoptionen

Signature Lunch 195.000
Signature Dinner 290.000

Jongno / Gwanghwamun / Insa-dong
종로 / 광화문 / 인사동

Ein koreanisches Fusion-Restaurant, bekannt für seine köstlichen Makgeolli-Slushies

주유별장 D타워점
Juyu Byeoljang (Filiale D Tower)

종로구 종로3길 17, 4층
Jongno-gu Jong-ro 3-gil 17, 4F
instagram.com/juyubyeoljang_ghm

Tel : 0507-1430-8485

Tel Reservierung : O	GEÖFT Täglich 11:30-22:00
Mitnehmen : X	Letzt Best : WT. 20:50
Reserv erforderlich : X	Feiertagen 19:50
	Ruhezeit : 15:00-17:00

Ambiente: Im 4. Stock des D-Towers gelegen. Trotz des kleinen Eingangs ist der Innenraum geräumig und luxuriös, mit langen Tischen und Kronleuchtern. Man sitzt dort mit Blick auf das Innere des D-Towers und die Stadt draußen.
Speisekarte: Das Restaurant bietet eine Vielzahl von Fusionsgerichten aus der koreanischen und westlichen Küche. Besonders beliebt sind die verschiedenen Makgeolli-Slushie-Varianten.
Merkmale: Einmalige Fusion-Gerichte und Makgeolli in gehobener Atmosphäre genießen.
Tipp: Zu empfehlen sind die Abalone-Sesamöl-Capellini und die Käse-Kartoffelpuffer. Die Makgeolli-Slushies sind ein Muss. Mit einer Reservierung erhält man einen besseren Sitzplatz.
Hinweis: Die Preise sind relativ hoch im Verhältnis zu den Portionsgrößen. Aufgrund der Akustik des Gebäudes kann es laut sein, weshalb es für Geschäftstreffen weniger geeignet ist.

Beliebte Menüoptionen

바삭치즈 반달감자전 Basak Cheese Bandal Gamja Jeon (Knusprige Käse-Kartoffelpuffer) 23.000
전복 들기름 카펠리니 Jeonbok Deulgireum (Abalone Perilla Oil Capellini) 22.000
미나리 파스타 Minari (Wasser-Petersilie) Nudeln 20.000

Ein umweltbewusstes Restaurant mit gesunden und ästhetisch ansprechenden Gerichten

꽃밥에피다
Kkot Bap E Pida

서울 종로구 인사동16길 3-6
Jongno-gu Insadong 16-gil 3-6
goodbab.co.kr   instagram.com/flowerrice_official

Tel : 0507-1362-0276

Tel Reservierung : O	GEÖFT Täglich 11:30-21:00
Mitnehmen : O	Letzt Best : 14:00 / 20:00
Reserv erforderlich : O	Ruhezeit : 15:00-17:30

Ambiente: Das Äußere strahlt eine lebendige Café-Atmosphäre aus, während das Innere ein geräumiges und angenehmes Hanok-Design bietet.
Speisekarte: Es werden Gerichte mit braunem Reis, biologischem und pestizidfreiem Gemüse, pestizidfreiem koreanischem Weizen, traditionellen Sojasaucen aus heimischer Produktion, antibiotikafreiem natürlichem Schweinefleisch und koreanischem Bio-Rindfleisch zubereitet. Die saisonalen Menüvariationen sind besonders beeindruckend (bitte vor dem Besuch auf der Homepage informieren).
Merkmale: Über 90 % der Zutaten stammen aus umweltfreundlichem Anbau.
Tipp: Es gibt auch ein vegetarisches Gericht, so dass es auch für Veganer geeignet ist.
Hinweis: Das „Bojagi Bibimbap Set" bietet eine gut abgerundete Auswahl, ist aber nur mittags erhältlich. Die Portionen sind eher klein.

Beliebte Menüoptionen

보자기 비빔밥 세트 Bojagi Bibimbap Set 24.000 (nur Lunch)
Saisonale Sonderkurse 42.000 - 89.000

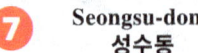

Seongsu-dong
성수동

Ein modernes koreanisches Fusion-Restaurant mit einzigartigen saisonalen Menüs

다반
Daban

Ein raffiniertes koreanisches BBQ-Restaurant mit sorgfältig abgestimmten Gerichten

서울로인 서울숲점
Seouloin
(Filiale Seoul Forest)

성동구 서울숲4길 18-10
Seongdong-gu Seoulsup 4-gil 18-10
instagram.com/daban_seoul

성동구 서울숲2길 32-14, 102동 2층 203-2호
Seongdong-gu Seoulsup 2-gil 32-14, Building 102, 2F, #203-2
instagram.com/seouloin_official

Tel : 070-8844-2262

Tel Reservierung :	O	**GEÖFT**	WT. 11:30-22:00
Mitnehmen :	X		WE. 11:30-22:00
Reserv erforderlich :	O	**Letzt Best :**	WT. 14:45, 21:15
			WE. 21:15
		Ruhezeit :	15:30-17:00

Tel : 02-466-0329

Tel Reservierung :	O	**GEÖFT**	Täglich 11:30-22:00
Mitnehmen :	O	**Letzt Best :**	20:30
Reserv erforderlich :	X	**Ruhezeit :**	15:00-17:00

Ambiente: Auch wenn das Schild angibt, dass es sich im ersten Stock befindet, muss man eine kurze Treppe hinaufsteigen, um dorthin zu gelangen. Das Lokal ist klein und gemütlich und verfügt über einen Tresen. Das moderne Interieur und die warme Beleuchtung machen es zu einem beliebten Ort für Verabredungen.
Speisekarte: Zusätzlich zu einer Vielzahl von koreanischen Fusionsgerichten à la carte gibt es auch saisonale Menüs.
Merkmale: Es werden eine Reihe von einzigartigen Gerichten angeboten, die man in typischen koreanischen Restaurants nicht unbedingt findet.
Tipp: Wenn man sich für ein Hansang (gemeinsames Menü) oder Bansang (1-Personen-Menü) entscheidet, erhält man einen Einblick in die traditionelle koreanische Küche, während man mit einer Bestellung à la carte mehr Fusionsgerichte entdecken kann. Das Makgeolli-Eis ist sehr zu empfehlen.
Hinweis: Das Bansang-Menü wechselt saisonal und ist nur bis 20:30 Uhr erhältlich. Für diejenigen, die ausschließlich traditionelles koreanisches Essen suchen, ist es möglicherweise nicht geeignet.

Ambiente: Das im zweiten Stock eines Geschäftshauses gelegene Restaurant verfügt über eine moderne und luxuriöse Einrichtung. An den meisten Tischen sitzen vier Personen, zwischen denen reichlich Platz ist. Durch die Glasscheiben kann man den Blick auf den Seouler Wald und die nahe gelegenen Hochhäuser genießen.
Speisekarte: Das Menü bietet traditionelle koreanische Gerichte, die modern interpretiert werden, sowie koreanische BBQ-Gerichte in einer guten Auswahl. Eine große Auswahl an alkoholischen Getränken ist ebenfalls erhältlich.
Merkmale: Mit elegantem und farbenfrohem Geschirr präsentiert das Restaurant die koreanische Küche auf elegante und raffinierte Weise, die sowohl den Gaumen als auch das Auge anspricht, insbesondere bei jüngeren Gästen. Bevor die Gerichte serviert werden, werden die Zutaten präsentiert.
Tipp: Wer sich für die Kursmenüs (A/B/Signatur) entscheidet, hat ein vielfältigeres Esserlebnis als bei einer Bestellung à la carte. Sowohl die Mittags- als auch die Abendmenüs bieten ein gutes Preis-Leistungs-Verhältnis.
Hinweis: Die Preise für die einzelnen Gänge variieren je nach der Menge des Fleisches. Das Restaurant bietet eine Flasche Wein pro Tisch ohne Aufschlag an.

Beliebte Menüoptionen

반상 Bansang (saisonal) 21.000-23.000
매생이 굴 라비올리 - Maesaeng-i Gul (Seegras-Auster) Ravioli 14.000
묵은지 갓태김밥 Muguenji Gamtae (Gealtertes Kimchi mit getrockneter Ecklonia Cava) Kimbap 15.000

Beliebte Menüoptionen

서울 밀면 Seoul Milmyeon (Weizennudeln) 14.000
육회 갓태 Yukhoe Gamtae (Gewürztes rohes Rindfleisch mit getrockneter Ecklonia Cava) 18.000

Lunch Special A 59/69.000 B 79/89/99.000
Dinner Course A 69/79.5000 B 99/109/119.000
Signature 119/129/139.000

9 Yeouido
여의도

Modernes koreanisches Feinschmeckerrestaurant - ein einzigartiges Erlebnis

수티문
Sutimun

영등포구 국제금융로8길 27-8, 지하1층
Yeongdeungpo-gu Gukjegeumyung-ro 8-gil 27-8, B1F
instagram.com/sutimoon_official

Tel : 0507-1383-7323

Tel Reservierung : O	**GEÖFT** Täglich 11:30-22:00
Mitnehmen : X	**Letzt Best :** 21:30
Reserv erforderlich : X	**Ruhezeit :** 15:00-18:00

Ambiente: Das luxuriöse Interieur mit schwarz getönten Möbeln, hellen Fußböden und gedämpfter Beleuchtung bietet ein klares und elegantes Erscheinungsbild. Zum Restaurant gehören sowohl private Räume als auch ein großer Speisesaal.
Speisekarte: Das Angebot an Gerichten variiert zwischen Wochentagen und Wochenenden. À-la-carte-Gerichte sind nicht erhältlich.
Merkmale: Es werden vier verschiedene Menüs in unterschiedlichen Atmosphären angeboten, die ein sinnliches und einzigartiges Esserlebnis bieten.
Tipp: Alle Gäste müssen bei der Bestellung des Abendessens den gleichen Gang wählen.
Hinweis: Bei Reservierungen für 2-3 Personen ist eine telefonische Voranmeldung erforderlich. Das Restaurant arbeitet auf der Grundlage einer 100%igen Reservierung. Minderjährige unter 14 Jahren sind nicht zugelassen, wobei Gäste ab 14 Jahren das gleiche Menü bestellen müssen.

Beliebte Menüoptionen

WT. Course 39.000 / 59.000
Dinner Course 130.000 / 200.000

10 Jamsil
잠실

Ein Spitzen-Restaurant der koreanischen Küche, das Tradition und Moderne harmonisch miteinander vereint

비채나
Bicena

서울 송파구 올림픽로 300 롯데월드타워 81층
Songpa-gu Olympic-ro 300, Lotte World Tower, 81F
www.bicena.com   instagram.com/bicena_seoul

Tel : 02-3213-1261

Tel Reservierung : O	**GEÖFT** WT. 11:30-22:00
Mitnehmen : X	WE. 10:00-22:00
Reserv erforderlich : O	**Letzt Best :** X
	Ruhezeit : 14:30-18:00

Ambiente: Im 81. Stock des Signiel Seoul gelegen, bietet es einen atemberaubenden Blick aus luftiger Höhe. Dies ist das höchstgelegene koreanische Restaurant der Welt. Neben den Tischen in der Lounge gibt es auch private Räume, die auf Reservierung gebucht werden können.
Speisekarte: Gemäß dem Konzept „den langen Weg der koreanischen Küche zurückverfolgen, um neue Erinnerungen zu schaffen" werden Gänge wie Begrüßung, Vorspeisen, Hauptgerichte, sättigende Gerichte, Beilagen und abschließende Gerichte angeboten. Im Gegensatz zu anderen Feinschmeckerlokalen wird hier ein traditioneller koreanischer Stil beibehalten.
Merkmale: Bietet saisonale Gerichte an. Vegetarische, glutenfreie und Halal-Optionen sind nicht verfügbar. Ideal für Verabredungen und besondere Anlässe.
Tipp: Je nach Wochentag, Wochenende und Abendessen variiert die **Speisekarte**, so dass es ratsam ist, das Restaurant entsprechend der bevorzugten **Speisekarte** zu besuchen.
Hinweis: Reservierungen sind jeweils am 1. eines Monats möglich, 1 Monat im Voraus. Anfragen für größere Gruppen können über bicena@gkwangjuyo.com gestellt werden. Das gesamte Geschirr stammt von Kwangjuyo, der Muttergesellschaft, und kann auf deren Webseite erworben werden.

Beliebte Menüoptionen

산천코스 Sancheon Course (WT. Lunch) 135.000
산천코스 Sancheon Course (WE./Feiertagen Lunch) 160.000
일월코스 Ilwol Course (WT. Dinner) 220.000

KOREANISCHE SNACKS

KIMBAP 김밥

Kimbap 김밥 gilt als köstliches und leicht zugängliches koreanisches Gericht, das Neulinge in die kulinarische Szene des Landes einführt. Der Begriff „Kimbap" bedeutet übersetzt „Seetang-Reis" und verdeutlicht die wichtige Rolle des Seetangs in diesem Gericht. Aus dem mit Sesamöl und Salz gewürzten Reis und verschiedenen Füllungen wie eingelegtem Rettich, Gurken, Karotten und Proteinen wie Rindfleisch, Schinken oder Ei entsteht ein sättigendes und individuell anpassbares Erlebnis. Kimbap ist ein praktischer und tragbarer Snack oder eine Mahlzeit, perfekt für Ausflüge unterwegs. Auch wenn Kimbap Ähnlichkeiten mit japanischen Sushi-Rollen aufweist, sind die Unterschiede bemerkenswert. So wird der Kimbap-Reis mit Sesamöl und Salz gewürzt, während für Sushi-Reis eine Mischung aus Reisessig, Zucker und Salz verwendet wird. Außerdem bietet Kimbap eine größere Auswahl an Zutaten und kann gekochte oder eingelegte Produkte enthalten, während bei Sushi traditionell roher Fisch im Vordergrund steht. Eine erwähnenswerte Variante ist Chungmu Kimbap 충무김밥, abgeleitet von dem alten Ortsnamen „Chungmu" in Tongyeong, Gyeongsangnam-do, und unterscheidet sich vom typischen Kimbap dadurch, dass der Reis und die Beilagen separat serviert werden. Dazu wird der Reis in Seetang gerollt und in längliche Stücke geschnitten. Als Beilagen gibt es Tintenfischsalat, gebratene Fischfrikadellen und eingelegten Rettich.

TTEOKBOKKI 떡볶이

Tteokbokki 떡볶이 („unter Rühren gebratener Reiskuchen") gehört zu den koreanischen Straßengerichten, die mit ihren verlockenden Aromen von allen geliebt werden. Im Mittelpunkt des Gerichts stehen Garaetteok 가래떡, lange stabförmige, zähe Reiskuchen, die in einer köstlichen Mischung aus süßer und scharfer Gochujang-Sauce (rote Chilipaste) gebadet werden. Mit Zutaten wie Fischfrikadellen, gekochten Eiern und Frühlingszwiebeln bildet 떡볶이 eine köstliche Symphonie aus Geschmack und Textur.

SUNDAE 순대

Sundae 순대 ist eine Blutwurst aus einer Mischung von Schweinedarm oder Rinderblut, Süßkartoffelnudeln, Gerste und Klebreis, die mit verschiedenen Gewürzen abgeschmeckt wird, um ein unverwechselbares Geschmacksprofil zu schaffen. Es gibt verschiedene regionale Zubereitungsarten, bei denen sowohl die Zutaten als auch die Zubereitungsmethoden variieren. So gibt es beispielsweise den Ojingeo-Sundae 오징어순대 mit Tintenfisch als Hülle und den Baek-Sundae 백순대, der für seine hellere Farbe und seinen milderen Geschmack ohne Blut bekannt ist.

Kimbap 김밥 Tteokbokki 떡볶이 Sundae 순대

1. Apgujeong / Cheongdam / Garosu-gil
압구정 / 청담 / 가로수길

Leckeres Keto-Essen für einen gesunden Lebensstil

보슬보슬 압구정본점
Boseulboseul (Hauptfiliale Apgujeong)

서울 강남구 압구정로 216, 지상 1층 16, 17, 18, 19호
Gangnam-gu Apgujeong-ro 216
instagram.com/boseulboseul

Tel : 0507-1365-1261

Tel Reservierung : X	GEÖFT Täglich 08:00-21:00
Mitnehmen : O	Letzt Best : 20:30
Reserv erforderlich : X	Ruhezeit : —

Ambiente: Das Interieur ist sauber und geräumig und bietet Platz für eine große Anzahl von Gästen, wobei auf die Mitnahme von Gästen Rücksicht genommen wird. Es eignet sich auch ideal für Alleinreisende, die eine schnelle Mahlzeit suchen.
Speisekarte: Zahlreiche Kimbap-Varianten wie Namdo Mukeunji (gealtertes Kimchi), Thunfisch und Makrele.
Merkmale: In diesem auf Keto spezialisierten Restaurant stehen Ernährung und Gesundheit im Mittelpunkt, zudem hat es eine ausgezeichnete Hygienebewertung.
Tipp: Eine Bar zur Selbstbedienung bietet Suppe, eingelegten Rettich, Kimchi und mehr. Übrig gebliebene Reste können in den bereitgestellten Verpackungsmaterialien mit nach Hause genommen werden.
Hinweis: Angesichts des hohen Gästeaufkommens an Wochenenden oder während der Mittagszeit wird eine Reservierung empfohlen. Die **Speisekarte** kann sich je nach Saison und Verfügbarkeit der Zutaten ändern.

Beliebte Menüoptionen

남도무켄지 참치 고등어 Namdo Mukeunji Chamchi Godeungeo (Thunfischmakrele) 9.500
남도무켄지 멸치 양념김 Namdo Mukeunji Myeolchi Yangnyeom Gim (mit Sardellen gewürzter Seetang) 9.500
묵참 키토 마요 Mookcham Keto Mayo (Mukeunchi + Thunfisch + Mayonnaise) 8.500

2. Seocho / Seorae Village
서초 / 서래마을

Ein populäres Tteokbokki-Restaurant in der Nähe des Expressbus-Terminals

빌라드스파이시 파미에스테이션점
Villa de Spicy (Filiale Famille Station)

서초구 사평대로 205 파미에스테이션
Seocho-gu Sapyeong-daero 205, Famille Station
www.villadespicy.com

Tel : 0507-1358-1973

Tel Reservierung : X	GEÖFT Täglich 11:00-21:30
Mitnehmen : O	Letzt Best : X
Reserv erforderlich : X	Ruhezeit : 15:00-17:00

Ambiente: Die geräumigen Räumlichkeiten bieten reichlich Tische und eine moderne Einrichtung mit Induktionskochfeldern an jedem Tisch.
Speisekarte: Die Spezialität sind Instant-Tteokbokki mit zusätzlichen Varianten wie Royal Court Tteokbokki und Carbonara Tteokbokki.
Merkmale: Als die erste Premium-Tteokbokki-Marke in Korea bekannt, die eine breite Palette von Tteokbokki-Gerichten anbietet, die man in normalen Tteokbokki-Läden nicht findet.
Tipp: Wähle deine bevorzugte Größe, den Schärfegrad, die Beläge und füge optional weitere Beläge hinzu, um deine Bestellung individuell zu gestalten.
Hinweis: Es ist immer viel los und man muss mit Wartezeiten rechnen. Die gebratenen Menüpunkte sind eher teuer.

Beliebte Menüoptionen

즉석떡볶이 Jeukseok (Instant) Tteokbokki 2인분 16.000
레드 쉬림프 떡볶이 Rote Garnele Tteokbokki 12.000
궁중 떡볶이 Gungjung (Sojasoße) Tteokbokki 12.000

Myeongdong
명동

Chungmu Kimbap - eine stimmige Mischung aus Tintenfisch und eingelegtem Rettich

Ein Kimbap-Restaurant, bekannt dafür, dass es dem Präsidenten schmeckt

명동충무김밥
Myeongdong Chungmu Kimbap

통통김밥 회현점
Tong Tong Kimbap (Filiale Hoehyeon)

서울 중구 명동10길 16
Jung-gu Myeongdong 10-gil 16

Tel : 02-755-8488
Tel Reservierung : X
Mitnehmen : O
Reserv erforderlich : X
GEÖFT Täglich 09:30-22:00
Letzt Best : X
Ruhezeit : —

서울 중구 퇴계로2길 1
Jung-gu Toegye-ro 2-gil 1
instagram.com/tongtong_gimbab

Tel : 0507-1391-4833
Tel Reservierung : X
Mitnehmen : O
Reserv erforderlich : X
GSCHL Sa., So.
GEÖFT Mo.-Fr. 07:30-19:00
Letzt Best : 18:50
Ruhezeit : 14:30-15:30

Ambiente: Das Restaurant ist recht geräumig und verfügt über zahlreiche Tische. Es gibt auch viele Sitzplätze, die für Einzelgäste geeignet sind.
Speisekarte: Es gibt nur ein einziges Gericht auf der
Speisekarte - Chungmu Kimbap mit zwei Beilagen und Sardellenbrühe.
Merkmale: Der unvergleichliche, unwiderstehliche Geschmack von würzigem und nussigem Sesamöl im Kimbap sorgt dafür, dass man immer wieder zurückkommt.
Tipp: Beim ersten Mal ist die Nachbestellung der Beilage Tintenfisch kostenlos, aber ab der zweiten Portion wird eine Gebühr von 2.000 Won erhoben. Weitere Beilagen (z. B. Kimchi) können kostenlos nachbestellt werden. Eine Thermoskanne mit Sardellenbrühe, die man zum Kimbap genießen kann, steht auf jedem Tisch. Da die Speisen eher einfach sind, wird das Essen schnell serviert. Man bestellt und bezahlt direkt am Tisch über einen Kiosk.
Hinweis: Wer auf der Suche nach Abwechslung ist, wird vielleicht enttäuscht sein, da nur ein einziges Gericht angeboten wird.

Ambiente: Von außen fällt die leuchtend gelbe Fassade ins Auge, während der Innenraum zwar nicht sehr geräumig ist, aber zahlreiche Tische dicht an dicht stehen.
Speisekarte: Hauptsächlich wird Kimbap nach Wunsch angeboten, aber auch Udon, Ramen und Tteokbokki. Jeder Tisch ist mit einem Tablet ausgestattet, das die Bestellung erleichtert.
Merkmale: Die großzügigen Portionen sind vollgepackt mit Zutaten, so dass jeder Bissen ein Genuss ist.
Tipp: Für Bestellungen zum Mitnehmen sollte man den Kiosk draußen nutzen, der für Mitnahmebestellungen vorgesehen ist.
Hinweis: Selbstbedienung für Suppe und Beilagen. Nach dem Essen müssen die Gäste ihr Geschirr selbst zurückbringen. Die Soßen werden im Kühlschrank aufbewahrt.

Beliebte Menüoptionen

충무김밥 1set Chungmu Kimbap 1 Set 11.000

Beliebte Menüoptionen

참치김밥 Chamchi Kimbap (Thunfisch) 5.500
통통 현미김밥 Tong Tong Hyunmi Kimbap (Brauner Reis) 4.500
불오징어 Bul Ojingeo (Scharfer Tintenfisch) 6.000

5 Jongno / Gwanghwamun / Insa-dong
종로 / 광화문 / 인사동

10 Jamsil
잠실

Ein Ort, der einfaches Kimbap und Toast für schnelle Mahlzeiten anbietet

팔판동꼬마김밥 앤 토스트
Palpandong Kkoma Gimbap & Toast

종로구 팔판길 36
Jongno-gu Palpan-gil 36

Tel : 02-3210-2554
Tel Reservierung : X
Mitnehmen : O
Reserv erforderlich : X

GSCHL Mo.
GEÖFT Di.-So. 09:00-19:00
Letzt Best : X
Ruhezeit : —

Ambiente: Der Vintage-Stil des Restaurants wird durch seine weiße Fassade mit gemalten Bildern und einem klaren koreanischen Logo hervorgehoben. Obwohl der Innenraum klein ist, verfügt er über etwa vier Sitzplätze, darunter auch Sitze an der Wand, die sich für ein Essen allein eignen.
Speisekarte: Verkauft werden Kimbap und Toast, darunter auch Mini-Kimbap für Kinder.
Merkmale: Das mit Eiern und Fischfrikadellen reichlich gefüllte Kimbap ist wegen seiner Dicke besonders beliebt.
Tipp: Ebenfalls empfehlenswert sind die Toasts mit Gemüse-Omelett und reichlich Ketchup. Perfekt für eine schnelle Mahlzeit, wenn man viel zu tun hat.
Hinweis: Außerdem werden Fischfrikadellen-Spieße verkauft, aber für die Mitnahme ist eine Mindestbestellung von drei Spießen erforderlich.

Beliebte Menüoptionen

꼬마김밥 Kkoma (Kleines) Gimbap 3.500
팔판김밥 Palpan Gimbap 4.500
참치김밥 Chamchi (Thunfisch) Gimbap 5.000

Von Kritikern gepriesenes Restaurant für Tteokbokki und frittierte Speisen

맛쟁이떡볶이 본점
Mat Jaeng I Tteokbokki (Hauptfiliale)

서울 송파구 석촌호수로 134 108호
Songpa-gu Seokchonhosu-ro 134, #108
instagram.com/official_handsome_tteokbokki

Tel : 0507-1388-3307
Tel Reservierung : X
Mitnehmen : O
Reserv erforderlich : X

GEÖFT Täglich 11:00-21:00
Letzt Best : X
Ruhezeit : —

Ambiente: Das in einer Gasse gelegene Restaurant fällt durch sein ansprechendes rotes Äußeres ins Auge. Im Inneren gibt es nur vier Tische in einem gemütlichen Raum.
Speisekarte: Im Angebot sind Hauptgerichte wie Tteokbokki und handgemachte frittierte Speisen sowie Sundae (koreanische Würstchen).
Merkmale: Die Spezialität des Lokals ist Tteokbokki, welches auch als Mahlzeitenset angeboten wird, und man kann es auch mitnehmen. Zum Dessert wird ein Mini-Joghurtgetränk serviert, das den perfekten Abschluss bildet.
Tipp: Am besten bestellt man Tteokbokki mit ein paar frittierten Teilen und dippt sie in die Tteokbokki-Sauce.
Hinweis: Die Sitzplätze sind begrenzt, daher ist die Bestellung zum Mitnehmen vielleicht die bessere Wahl.

Beliebte Menüoptionen

Altmodische Tteobokki - Original Tteobokki 6.500
Cheddarkäse-Tteobokki - Cheddarkäse-Tteobokki 6.000
Jjolgit Jjolgit Chal Sundae (Klebereis-Eisbecher) 5.000

CHINESISCH

Das chinesische Essen in Korea ist eine Geschichte des kulturellen Austauschs und der Anpassung über Jahrhunderte hinweg. Anfänglich der Elite vorbehalten, wurde die chinesische Küche mit dem Ausbau der kulturellen Beziehungen zwischen China und Korea allmählich zugänglicher. So entstanden ikonische Gerichte wie jajangmyeon 짜장면 („Nudeln mit schwarzen Bohnen"), jjamppong 짬뽕 („scharfe Nudelsuppe mit Meeresfrüchten") und tangsuyuk 탕수육 („süß-saures Rind- oder Schweinefleisch"). Diese Gerichte sind fester Bestandteil des koreanischen Lebensstils und werden bei Familientreffen und zwanglosen Mahlzeiten genossen. Dank des effizienten Liefersystems, zu dem auch Motorräder gehören, haben sich diese Gerichte weit verbreitet und sind landesweit zu einem beliebten Speiseangebot geworden. Die zunehmende Beliebtheit von Hot-Pot-Gerichten wie Huoguo 훠궈 und Malatang 마라탕 ist ein weiterer Beweis für die Entwicklung des Geschmacks und spiegelt die wachsende Wertschätzung der Koreaner für die verschiedenen chinesischen Geschmacksrichtungen wider. In jüngster Zeit sind amerikanisch-chinesische Restaurants in Korea immer beliebter geworden, was vor allem auf Personen zurückzuführen ist, die im Ausland studiert oder die USA besucht haben und die amerikanisierte Version der chinesischen Küche zu schätzen gelernt haben.

JAPANISCH

Im Wandel der Zeit haben sich die koreanische und die japanische Küche durch Handel, Diplomatie und kulturellen Austausch miteinander verflochten und schätzen gemeinsam Grundnahrungsmittel wie Reis, Meeresfrüchte und fermentierte Lebensmittel. Mit der Einführung des Buddhismus wurde der Austausch von vegetarischen Gerichten und kulinarischen Techniken zwischen Korea und Japan weiter gefördert. Die Einbindung der japanischen Küche in den koreanischen Lebensstil war ein allmählicher Prozess, der von historischen Ereignissen, der Globalisierung und den sich verändernden Ernährungsgewohnheiten beeinflusst wurde. Während der japanischen Kolonialzeit (1910-1945) wurde die japanische Küche in Korea populär, da die kulinarischen Traditionen Japans leichter zugänglich wurden. Seit kurzem ist Sushi-Omakase bei der jüngeren koreanischen Generation sehr beliebt und spiegelt das wachsende Interesse an kulinarischen Entdeckungen und feinen Essenserlebnissen wider. Mit diesem Trend wird der Wunsch der koreanischen Millennials deutlich, sich mit verschiedenen Essenskulturen auseinanderzusetzen und authentische kulinarische Erlebnisse zu genießen, ohne ihr Heimatland zu verlassen.

Amerikanisch-chinesische

❷ Seocho / Seorae Village
서초 / 서래마을

Eine führende Adresse für amerikanische chinesische Küche

차알 파미에스테이션점
Cha'R (Famille Station)

서울 서초구 사평대로 205 파미에스테이션 2층
Seocho-gu Sapyeong-daero 205, Famille Station, 2F
char2012.com   instagram.com/cha_r_official

Tel : 02-6282-3218

Tel Reservierung :	X	GEÖFT	Täglich 11:00 - 9:30
Mitnehmen :	O	Letzt Best :	20:30
Reserv erforderlich :	X	Ruhezeit :	15:00-17:30

Ambiente: Das Restaurant befindet sich auf der 2. Etage der Famille Station. Die geräumige Einrichtung ist eher leger gehalten und hell beleuchtet.
Speisekarte: Es werden amerikanisch-chinesische Gerichte wie General Tso's Chicken, Orange Chicken und Mongolian Beef sowie traditionelle chinesische Küche angeboten.
Merkmale: Interpretiert die amerikanisch-chinesische Küche neu, um sie dem koreanischen Gaumen anzupassen. Bestellungen können über Tablets an jedem Tisch aufgegeben werden.
Tipp: Statt eines festen Menüs empfiehlt es sich, mehrere Gerichte à la carte zu bestellen.
Hinweis: Die Geschmacksrichtungen sind leicht an koreanische Vorlieben angepasst, man sollte also nicht den exakten Geschmack der amerikanischen chinesischen Küche erwarten. Die Gerichte sind in der Regel recht würzig. An den Wochenenden wird ohne Unterbrechung gearbeitet.

Beliebte Menüoptionen

제너럴 쏘 치킨 General Tso's Chicken 17.500
오렌지 치킨 Orange Chicken 18.000
몽골리안 비프 Mongolian Beef 22.000

❸ Hannam-dong / Itaewon
한남동 / 이태원

Ein auf chinesische Küche im amerikanischen Stil spezialisiertes Restaurant, das sogar schon im Fernsehen zu sehen war

H5NG

서울 용산구 신흥로 95-17
Yongsan-gu Sinheng-ro 95-17
instagram.com/h5ng_hbc

Tel : 02-3789-4165		GSCHL	Mo.,Di.
Tel Reservierung :	X	GEÖFT	Mi.-Fr. 18:00-23:00
Mitnehmen :	O		Sa. 12:00-24:00
Reserv erforderlich :	X		So. 10:00-23:00
		Letzt Best :	Mi.-Fr. 22:00
			Sa. 23:00
			So. 22:00
		Ruhezeit :	WE. 15:00-18:00

Ambiente: Das kleine Lokal befindet sich im Haebangchon Shinheung Market und verfügt über Thekenplätze und Stehtische am Fenster.
Speisekarte. Neben den gängigen chinesischen Gerichten gibt es auch einzigartige Speisen wie mongolisches Rindfleisch, chinesisches Grünzeug und General Tso's Huhn.
Merkmale: Dieses im amerikanischen Stil eingerichtete chinesische Restaurant bietet viele besondere Gerichte. Jeder Tisch verfügt über einen QR-Code für die Bestellung per Smartphone.
Tipp: Die Cremeshrimps machen regelrecht süchtig, also unbedingt bestellen.
Hinweis: Man muss sich auf eine Warteliste setzen lassen. An Wochenenden sollte man mit einer Wartezeit von über einer Stunde rechnen, da viele Gäste zum Trinken kommen, was zu einem langsameren Service führt.

Beliebte Menüoptionen

몽골리안 비프 Mongolian Beef 18.000
크림새우 Cream Saewoo (Shrimps) 20.000
레몬치킨 Lemon Chicken 16.000

Dimsum | Chinesisches - allgemein

 Apgujeong / Cheongdam / Garosu-gil
압구정 / 청담 / 가로수길

Ein luxuriöses chinesisches Restaurant, bekannt für seine köstlichen Dim Sum

Ein chinesisches Restaurant mit Peking-Küche und einem guten Preis-Leistungs-Verhältnis

몽중헌 청담점
Mongjungheon
(Filiale Cheongdam)

대려도
Dae Ryeo Do

서울 강남구 도산대로 445, 지하 1층
Gangnam-gu Dosan-daero 445, B1F
www.mongjungheon.co.kr

서울 강남구 역삼로 118
Gangnam-gu Yeoksam-ro 118
www.daeryudo.com

Tel : 02-3446-7887
Tel Reservierung :   O
Mitnehmen :   O
Reserv erforderlich :   X

GEÖFFT WT. 11:30-22:00
WE./Feiertagen 11:30-21:30
Letzt Best :   WT. 14:00/21:00
                       WE. 14:00/20:30
Ruhezeit :   15:00-17:30

Tel : 02-555-0550
Tel Reservierung :   O
Mitnehmen :   O
Reserv erforderlich :   X

GEÖFFT Täglich 11:30-22:00
Letzt Best :   14:30/21:30
Ruhezeit :   15:00 ~ 17:30

Ambiente: Das Interieur des Restaurants ist inspiriert von der mythischen Welt der chinesischen Unsterblichen und erinnert an ein Traumhaus.
Speisekarte: Die Hauptattraktion sind die Dim Sum mit Optionen wie Har Gow und Gow Choi Gau sowie einer großen Auswahl an anderen chinesischen Gerichten.
Merkmale: Mehr als 30 Arten von Dim Sum werden von renommierten chinesischen Köchen zubereitet, die die authentischen Aromen Hongkongs originalgetreu wiedergeben.
Tipp: Auch wenn man andere Gerichte bestellt, sollte man unbedingt Dim Sum zu den Speisen hinzufügen, denn sie sind die Spezialität des Restaurants.
Hinweis: Als Franchise-Unternehmen bietet das Restaurant auch in anderen Filialen die gleichen qualitativ hochwertigen Gerichte an, falls du dieses Lokal nicht besuchen kannst.

Ambiente: Das kürzlich renovierte Restaurant verfügt über verschiedene private Räume und Bankettsäle, was es zu einem empfehlenswerten Veranstaltungsort für Firmenfeiern macht. Im Hauptsaal herrscht jedoch ein reges Treiben, da viele Tische aneinandergereiht sind, was ein etwas beengtes Gefühl vermitteln kann.
Speisekarte: Das Angebot der **Speisekarte** ist in Mittag- und Abendessen unterteilt, wobei sowohl à la carte als auch feste Gänge angeboten werden. Die Menüs sind sehr abwechslungsreich.
Merkmale: Die Spezialität dieses Restaurants mit Pekinger Küche sind besondere Gerichte wie Haifischflosse und geschmorte Seegurke.
Tipp: Die verschiedenen Gänge sind gut zusammengestellt und bieten ein gutes Preis-Leistungs-Verhältnis. In der Gegend um Gangnam kosten vergleichbare Menüs zwischen 20.000 und 30.000 KRW mehr.
Hinweis: Es wird empfohlen, eher die Hauptgerichte als die Nudelgerichte zu bestellen.

Beliebte Menüoptionen

Signature Dim Sum (하교 Har Gow / 구채교 Gow Choi Gau) 3 Stück 14.000

Lunch Course 65.000-115.000
Dinner Course 85.000-14.000
Dimsum Special Course - Lunch 75.000 Dinner 95.000

Beliebte Menüoptionen

잡탕밥 Japtangbap (Reis gemischt mit verschiedenen Meeresfrüchten) 22.000
간소큰새우 Ganso Keun Saewoo (Geschmorte Garnelen „Large Size" in Knoblauch- und Tomatensoße) 20.000

Lunch Course ab 38.000
Dinner Course ab 70.000

Apgujeong / Cheongdam / Garosu-gil
압구정 / 청담 / 가로수길

Ein erstklassiges chinesisches Restaurant, bekannt für sein süß-saures Schweinefleisch mit einer watteartigen Textur

Ein trendiges chinesisches Restaurant, beliebt für sein Trüffelsteak Jjajangmyeon

JS 가든 압구정점
JS Garden
(Filiale Apjugeng)

서울 강남구 언주로174길 13
Gangnam-gu Eonju-ro 174-gil 13
www.jsgarden.co.kr   instagram.com/jsgarden.official

Tel : 0504-1400-4677

Tel Reservierung : O	GEÖFT Täglich 11:30-22:00
Mitnehmen : O	Letzt Best : 14:00.21:00
Reserv erforderlich : X	Ruhezeit : 15:00-17:00

Ambiente: Das im zweiten Stock eines Gebäudes gelegene Restaurant verfügt über eine moderne und stilvolle Einrichtung mit einem geräumigen Saal und privaten Räumen. Dank der großen Abstände zwischen den Tischen lässt es sich hier bequem speisen. Die chinesische Dekoration unterstreicht die Atmosphäre.
Speisekarte: Eine Auswahl traditioneller chinesischer Gerichte, darunter Peking-Ente, koreanisch-chinesische Küche und einzigartige Gerichte wie süß-saures Schweinefleisch, das außen eine baumwollartige Textur hat.
Merkmale: Auch wenn es sich um ein Franchiseunternehmen handelt, wird jede Filiale direkt geführt, um eine gleichbleibende Qualität zu gewährleisten.
Tipp: Wir empfehlen, ein Menü mit mehreren Gängen, statt einzelner Gerichte zu wählen. Auf Wunsch können die Speisen in halben Portionen serviert werden. Die Getränke sind kostenlos.
Hinweis: Um die für JS-Garden typische Peking-Ente zu genießen, sollte man das Restaurant einen Tag vorher anrufen, um zu reservieren.

Beliebte Menüoptionen

새우볶음밥 Saewoo Bokkeumbap
(Gebratener Reis mit Shrimps) 21.000
목화솜 탕수육 Mokhwasom Tangsuyuk (Süß-saures Schweinefleisch (S/R)) 45.000/60.000
북경오리 Peking-Ente (halb) 80.000

Lunch Course 50.000 - 70.000
Dinner Course 88.000-200.000

무탄 압구정본점
Mutan
(Hauptfiliale Apjugeong)

서울 강남구 논현로176길 22
Gangnam-gu Nonhyeon-ro 176-gil 22

Tel : 02-549-9339

Tel Reservierung : O	GEÖFT Täglich 11:00-22:00
Mitnehmen : O	Letzt Best : 2:50
Reserv erforderlich : X	Ruhezeit : —

Ambiente: Das Äußere bietet große Fenster zur Straße hin, während das Innere sauber und gut gepflegt ist. Die Gaststätte bietet einen geräumigen Saal und private Räume für die Bequemlichkeit der Kunden.
Speisekarte: Fusion-Gerichte wie Filetsteak und Trüffel-Jjajangmyeon sowie verschiedene koreanisch-chinesische Gerichte, die in typischen chinesischen Restaurants selten zu finden sind.
Merkmale: Bekannt für seinen Geschmack und die gehobene Atmosphäre, empfiehlt sich die Mutan Apgujeong Hauptfiliale für Dates in Apgujeong oder Gangnam
Tipp: Sehr empfehlenswert ist das süß-saure Schweinefleisch. Im Allgemeinen sind die Portionen großzügig.
Hinweis: Das Warten im Inneren des Restaurants ist nicht erlaubt; die Kunden müssen am Eingang des Gebäudes warten, wo im Winter Heizungen bereitgestellt werden.

Beliebte Menüoptionen

스테이크 트러플 자장면 Steak Truffle Jjajangmyeon (Nudeln mit schwarzer Bohnensauce mit Trüffel und Filetsteak) 33.000
제주 흑돼지 볶음탕수육 Jeju Heukdweji Bokkeum Tangsuyuk (Gebratenes schwarzes Schweinefleisch süß-sauer) 45.000

❷ Seocho / Seorae Village
서초 / 서래마을

Ein Boutique-Restaurant mit chinesischer Küche im Stil der 1930er Jahre von Shanghai

모던눌랑 센트럴시티점
Modern Nullang (Filiale Central City)

서울 서초구 사평대로 205
Seocho-gu Sapyeong-daero 205
www.modernnulang.com   instagram.com/sunatfood.official

Tel : 02-6282-5005

Tel Reservierung : O	**GEÖFT** Täglich 11:30-22:00
Mitnehmen : O	**Letzt Best** : —
Reserv erforderlich : X	**Ruhezeit** : 21:00

Ambiente: Die luxuriöse Einrichtung des Restaurants verbindet die Opulenz Chinas mit modernen westlichen Elementen. Es bietet viele Sitzgelegenheiten, und die Tische sind großzügig voneinander entfernt.
Speisekarte: Das Angebot an Vorspeisen, Hauptgerichten und Cocktails ist breit gefächert, so dass es Spaß macht, Gerichte auszuwählen und zu kombinieren. Die Menüs sind gut zusammengestellt, und es gibt viele chinesische Gerichte im Fusion-Stil, die man anderswo nicht findet.
Merkmale: Neben einer einzigartigen Atmosphäre, die an die Straßenzüge Shanghais in den 1930er Jahren erinnert, bietet das Restaurant eine Fülle von köstlichen Speisen.
Tipp: Probiere unbedingt die einzigartigen Fusionsgerichte des Modern Nulang, die du in anderen typischen Restaurants nicht finden wirst.
Hinweis: Da es keine Pausenzeiten gibt, kann man einfach hineingehen und sofort einen Platz bekommen, sobald ein Platz frei wird. Der große Teller auf dem Tisch ist zum Abstellen anderer Gerichte gedacht, nicht zum direkten Servieren von Speisen.

Beliebte Menüoptionen

모던눌랑 케이지 Modern Nulang Cage 45.000
민트&라임 슈림프 Mint & Lime Shrimp 40.000
크랩 타워 라이스 Crab Tower Rice 23.000

❹ Myeongdong
명동

Ein Restaurant, das kantonesische Küche mit einzigartigen Elementen aus Hongkong, Taiwan und Korea vereint

팔레드신
Palais de Chine

서울 중구 퇴계로 67 레스케이프 호텔 6층
Jung-gu Toegye-ro 67, L'Escape Hotel, 6F
lescapehotel.com

Tel : 02-317-4001

Tel Reservierung : O	**GEÖFT** Täglich 1:30-22:00
Mitnehmen : O	**Letzt Best** : 14:30 / 21:30
Reserv erforderlich : X	**Ruhezeit** : 15:00-17:00

Ambiente: Das im L'Escape Hotel gelegene Restaurant bietet eine geräumige und saubere Umgebung, in der die Gäste die Aromen und die Eleganz des Orients erleben können. Die leuchtend roten chinesischen Design-Akzente sorgen für einen Hauch von Glamour.
Speisekarte: Von Peking-Ente bis hin zu einer Mischung aus Dim Sum und traditionellen kantonesischen Gerichten mit moderner Note bietet die **Speisekarte** eine Vielzahl von Möglichkeiten.
Merkmale: Das Restaurant hat sich auf die kantonesische Küche spezialisiert, die mit unverwechselbaren Elementen aus Hongkong, Taiwan und Korea angereichert wird, um raffinierte und innovative Gerichte zu kreieren, bei denen die Essenz jeder Zutat erhalten bleibt.
Tipp: Berühmt für seine Dim Sum und Peking-Ente, die die regionalen Aromen Chinas widerspiegeln.
Hinweis: Hotelgäste erhalten einen Rabatt von 10 %. Eine Vorbestellung, insbesondere für Peking-Ente und einige andere Gerichte, wird 3-4 Tage im Voraus empfohlen.

Beliebte Menüoptionen

북경오리 Peking-Ente 160.000
(3 Tage Vorbestellung erforderlich)
라탕면 La Tang Myeon (Venusmuschel, Seegurke, Tintenfisch, verschiedene Gemüsesorten, pikante Nudelsuppe) 32.000
소홍주 칠리 새우 Soheungju Chili Saewoo (Riesengarnelen, chinesischer Reiswein, Essig, Chili) 53.000

⑤ Jongno / Gwanghwamun / Insa-dong
종로 / 광화문 / 인사동

Ein modernes chinesisches Restaurant, dass die natürlichen Aromen seiner Zutaten hervorhebt

차이797 을지로점
Chai797 (Filiale Euljiro)

서울 중구 청계천로 100, 지하1층
Jung-gu Cheonggyecheon-ro 100, B1F
instagram.com/chai797_   www.chai797.co.kr

Tel : 0507-1421-0301

Tel Reservierung : O	**GEÖFT** WT. 11:30-22:00
Mitnehmen : O	WE. 12:00-22:00
Reserv erforderlich : X	**Letzt Best :** 21:00
	Ruhezeit : 15:00-17:30

Ambiente: Das moderne Interieur hat einen subtilen chinesischen Touch. Hier gibt es eine Vielzahl von Sitzmöglichkeiten, darunter Tische, Kabinen und private Räume, die eine große Anzahl von Gästen aufnehmen können.
Speisekarte: Das Menü bietet traditionelle chinesische Gerichte, koreanisches chinesisches Essen und moderne Fusionsküche. Man kann zwischen Menüs und A-la-carte-Optionen wählen. Dim Sum ist ebenfalls erhältlich.
Merkmale: Die Gerichte heben die natürlichen Aromen der Zutaten hervor und verwenden frische und gesunde Produkte aus der Region.
Tipp: Chinesisches Essen passt hervorragend zu Bier. Empfehlenswert ist die Nurungji-Suppe (knuspriger Reis), ein Gericht, das in anderen chinesischen Restaurants kaum zu finden ist.
Hinweis: Zwar sind die Preise etwas höher. Da es keine langen Wartezeiten gibt, kann man schnell einen Platz bekommen.

Beliebte Menüoptionen

고기짬뽕 Gogi Jjamppong (Würzige Nudelsuppe mit viel gegrilltem Schweinefleisch) 12.500
해산물 누룽지탕 Haesanmul Nurungjitang (Geschmorte Meeresfrüchtesuppe mit knusprigem Reis und Gemüse) 48.000
토종 마늘볶음밥 Tojong Maneul Bokkeumbap (Gebratener Reis mit ausgewähltem Knoblauch aus der Region) 15.000

Ein chinesisches Restaurant, berühmt für seine Rindfleischnudeln und Eintöpfe mit Brühe nach Qingdao-Art

진중 우육면관 광화문
Jin Joong Uyuk Myeon Gwan Gwanghwamun

서울 종로구 종로7길 29-14
Jongno-gu Jong-ro 7-gil 29-14
instagram.com/niuroumian_guan/

Tel : 0507-1313-4830

Tel Reservierung : O	**GEÖFT** Täglich 11:00-22:00
Mitnehmen : X	**Letzt Best :** 21:00
Reserv erforderlich : X	**Ruhezeit :** 14:00-17:00

Ambiente: Neu gebaut mit Bartischen in der ersten Etage und Einzeltischen in der zweiten Etage.
Speisekarte: Das Restaurant unterscheidet sich von typischen chinesischen Restaurants durch eine spezielle **Speisekarte** mit Gerichten wie Rindfleischnudeln, Rindereintopf, Auberginen nach Sichuan-Art, Mapo-Tofu mit grünen Bohnen und gekochte Teigtaschen nach chinesischer Art.
Merkmale: Es ist bekannt für seine herzhaften Suppen mit verschiedenen Rindfleischsorten und reichlich Gemüse, die an medizinische Tonika erinnern, wärmend und sättigend sind.
Tipp: Bei einer Bestellung von Rindfleisch-Eintopf gibt es die Möglichkeit, Auberginen nach Sichuan-Art und Mapo-Tofu zu ermäßigten Preisen zu bestellen. Der Geschmack wird durch die Kombination mit dem speziell ausgewählten Kaoliang-Likör, den der Meister der Rindfleischnudeln empfiehlt, noch verstärkt.
Hinweis: Bestellungen werden im Voraus aufgegeben und bezahlt. Das Essen wird umgehend serviert. Auf Wunsch kann bei der Bestellung von Rindfleischnudeln zusätzlicher Koriander hinzugefügt werden.

Beliebte Menüoptionen

우육전골 Wooyuk Jeongol (Rindfleischeintopf) 24.000
우육면 Wooyuk Myeon (Rindfleischnudeln) 19.000
마파연두부 Mapo Yeondubu (Mapo Seidentofu) 17.000

Huogo / Malatang

1 Apgujeong / Cheongdam / Garosu-gil
압구정 / 청담 / 가로수길

Authentisches Hot-Pot-Restaurant im Yunnan-Stil

인량훠궈
Illyang Huoguo

서울 강남구 강남대로140길 9 비피유빌딩 지하 1층
Gangnam-gu Gangnam-daero 140-gil 9, B1
renliang.co.kr   instagram.com/renliang_fishhotpot

Tel : 02-516-8777	GSCHL	Mo.
Tel Reservierung : O	GEÖFT	Di.-So. 11:30-23:00
Mitnehmen : X	Letzt Best :	22:00
Reserv erforderlich : X	Ruhezeit :	14:30-17:00

Ambiente: Die Einrichtung des Restaurants ist im gehobenen chinesischen Stil gehalten und erinnert an ein traditionelles chinesisches Restaurant. Es bietet einen geräumigen und komfortablen Bereich mit zahlreichen Tischen.
Speisekarte: Eine Vielzahl von Zutaten, darunter dünn geschnittener Schlangenkopffisch und verschiedene Pilze, mit insgesamt über 60 Optionen für ein individuelles Hot Pot-Erlebnis. Über ein Tablet können die Bestellungen am Tisch aufgegeben werden.
Merkmale: Dies ist das erste Restaurant in Südkorea, das den traditionellen Schlangenkopf-Fisch-Hot Pot nach Yunnan-Art anbietet, welcher durch langjährige Entwicklungsarbeit entstanden ist.
Tipp: Man sollte unbedingt den einzigartigen Hot Pot mit Schlangenkopffisch probieren, der anderswo nur selten angeboten wird. Für weitere 3.000 KRW kann man die Selbstbedienungsbar mit Soßen und Früchten nutzen.
Hinweis: Zusätzliche Gemüsebestellungen sind möglich, allerdings sind die Portionen klein. Für den Eintopf lassen sich bis zu drei verschiedenen Brühen wählen.

Beliebte Menüoptionen

훠궈 Huoguo 8.900
가물치 Gamulchi (Schlangenkopffisch) 15.000
1++최상급 한우 Hanwoo (Koreanisches Premium-Rindfleisch) 35.000

---

5 Jongno / Gwanghwamun / Insa-dong
종로 / 광화문 / 인사동

Authentisches chinesisches Hot-Pot- und Mala-Tang-Restaurant

마라중독
Mala Jung Dok

서울 종로구 삼일대로 391, 2층
Jongno-gu Samil-daero 391, 2F

Tel : 02-736-8880		
Tel Reservierung : O	GEÖFT	Täglich 10:00-22:00
Mitnehmen : O	Letzt Best :	X
Reserv erforderlich : X	Ruhezeit :	—

Ambiente: Dank seiner geräumigen Innenausstattung eignet sich das Restaurant perfekt für Gruppen und Firmenveranstaltungen.
Speisekarte: Zu den Hauptgerichten im Angebot gehören Hot Pot (Huoguo), Mala Tang, Mala Xiang Guo und Guo Bao Rou. Als Beilagen werden gebratener Reis und Menbosha angeboten, und als leichte Ergänzung gibt es Mini-Pfannkuchen.
Merkmale: Den Hot Pot, Mala Tang oder Mala Xiang Guo kann man individuell mit seinen bevorzugten Zutaten zusammenstellen. Es gibt auch eine All-you-can-eat-Hot-Pot-Option, die ein gutes Preis-Leistungs-Verhältnis bietet.
Tipp: Die Schärfe des Mala Tang lässt sich auf Wunsch des Personals anpassen.
Hinweis: Für Gäste, die sich für den All-you-can-eat-Hot-Pot entscheiden, gibt es eine Selbstbedienungsbar. Bitte vergesst nicht, keine Lebensmittel zu verschwenden, denn für Essensreste wird ein Umweltzuschlag von 5.000 KRW erhoben.

Beliebte Menüoptionen

마라탕 Mala Tang: 7.000
훠궈 Huoguo (All-you-can-eat): 18.800
꿔바로우 Guo Bao Rou: 10.000

Japanisch - Ramen / Soba

 Apgujeong / Cheongdam / Garosu-gil
압구정 / 청담 / 가로수길

Ein Ort, wo man authentische handgezogene japanische Soba probieren kann

호무랑 (청담)
Homuran (Cheongdam)

Ein authentisch japanisches, ruhiges Ramen-Restaurant

멘츠루 신사점
Menchuru (Filiale Sinsa)

서울 강남구 도산대로 442
Gangnam-gu Dosan-daero 442
josunhotel.com/retail/homurang.do

Tel : 02-6947-1279		GSCHL	Seollal, Chuseok
Tel Reservierung : O		GEÖFT	Täglich 11:30-17:30
Mitnehmen : X		Letzt Best :	15:30, 20:00
Reserv erforderlich : X		Ruhezeit :	16:30-17:30

서울 강남구 강남대로162길 21, 1층 102호
Gangnam-gu Gangnam-daero 162-gil 21, 1F #102
instagram.com/menchuru_sinsa/

Tel : 0507-1306-6465		GEÖFT	Täglich 11:00-21:30
Mitnehmen : O		Letzt Best :	21:00
Reserv erforderlich : X		Ruhezeit :	—

Ambiente: Der Innenbereich ist geräumig und luxuriös und bietet Platz für große Gruppen. Es ist auch ein beliebter Ort für Verabredungen.
Speisekarte: Durch die Zusammenarbeit mit einem 220 Jahre alten japanischen Soba-Meister erlebt man hier den authentischen Geschmack von handgeschöpften japanischen Soba.
Merkmale: Die Raumlichkeiten verleihen dem traditionellen japanischen **Ambiente** einen modernen Anstrich und bieten eine elegante Verschmelzung von japanischem Geschmack und Ästhetik. Das Restaurant wird vom Chosun Hotel betrieben.
Tipp: Ein Muss sind die Soba, die von einem Soba-Handwerker hergestellt werden, und auch die Udon sind ausgezeichnet. Das Sushi-Set bietet eine gute Auswahl. Auch die Brötchen sind gut.
Hinweis: Wer mit dem Auto kommt, sollte sich auf eine lange Warteschlange einstellen. Die Sashimi-Portionen können für den Preis recht klein sein.

Ambiente: Dieses etwas abseits der Hauptstraße von Garosugil gelegene, ruhige Lokal verfügt über einen barähnlichen Sitzbereich für etwa 10 Personen sowie einige 2-Personen-Tische.
Speisekarte: Innovative japanische Nudelgerichte für die unterschiedlichsten Geschmäcker.
Merkmale: Zahlreiche Liebhaber der japanischen Nudelkuche haben das Restaurant für seine jahrelange Erfahrung ausgezeichnet.
Tipp: Auf Anfrage kann die Brühe in ihrem Salzgehalt angepasst werden. Es ist ein geeigneter Ort, um allein zu essen, und man bekommt kostenlos Reis, wenn man danach fragt.
Hinweis: Bevor man sich setzt, sollte man am Kiosk am Eingang bestellen. Nach der Mittagspause gibt es normalerweise keine Wartezeiten.

Beliebte Menüoptionen

자루 소바 Zaru Soba 23.000
스시 세트 Sushi Set 69.000

Lunch Course ab 85.000

Beliebte Menüoptionen

쇼유라멘 Shoryu Ramen 10.000
토리파이탄 Tori Paitan 10.500
아부라소바 Abura Soba 14.500

Seongsu-dong 성수동

 Hongdae 홍대

Ein Tonkotsu-Ramen-Restaurant für koreanische Gaumen

 록멘
Rongmen

서울 성동구 성수일로3길 2
Seongdong-gu Seongsuil-ro 3-gil 2

Tel : 0507-1339-9857

Tel Reservierung : X	GEÖFT Täglich 11:30-21:00
Mitnehmen : X	Letzt Best : X
Reserv erforderlich : X	Ruhezeit : 15:00-17:00

Ambiente: Das Lokal verfügt über einen „ㄷ"-förmigen Tisch im Stil einer Sushi-Bar, an dem etwa 14 Personen Platz finden. Der Innenraum ist klein und daher ideal für schnelle Mahlzeiten zu zweit.
Speisekarte: Abgesehen von den klassischen Tonkotsu-Ramen in milden und scharfen Geschmacksrichtungen bietet die **Speisekarte** eine Vielzahl von Optionen wie Ramen ohne Brühe mit Perillaöl.
Merkmale: Genieße Ramen mit milden, pikanten und scharfen Geschmacksrichtungen.
Tipp: Für Kunden mit langen Haaren werden Haargummis bereitgestellt, damit sie bequem essen können. Die Schärfe ist in vier Stufen eingeteilt. Weitere Beilagen wie Eier, Fleisch und Nudeln können bestellt werden.
Hinweis: Da es sich um ein Restaurant handelt, das nur von einer Person betrieben wird, kann es manchmal zu Wartezeiten kommen.

Beliebte Menüoptionen

돈코츠라멘 Donkotsu Ramen 9.000
매운 돈코츠라멘 Scharfe Donkotsu Ramen 9.000
들기름 라멘 Deul Gireum (Perillaöl, ohne Brühe) Ramen 9.000

Ein Paita-Ramen Restaurant, bekannt für seine reichhaltige Hühnerbrühe

오레노라멘 본점
Oreno Ramen (Hauptfiliale)

서울 마포구 독막로6길 14
Mapo-gu Dokmak-ro 6-gil 14
instagram.com/oreramen/

Tel : 02-322-3539

Tel Reservierung : X	GEÖFT Täglich 11:00-22:00
Mitnehmen : X	Letzt Best : 21:00
Reserv erforderlich : X	Ruhezeit : —

Ambiente: Es gibt verschiedene Sitzmöglichkeiten, darunter Zweier- und Vierertische sowie eine Bar. Die Bedienung ist schnell.
Speisekarte: Der Fokus liegt auf zwei Arten von Tori Paitan Ramen, die sich durch eine reichhaltige und cremige Hühnerbrühe auszeichnen, die zu einem cappuccinoähnlichen Schaum verarbeitet wird. Zur Auswahl stehen das milde Tori Paitan Ramen und das scharfe Kara Paitan Ramen. Zusätzliche Toppings sind erhältlich.
Merkmale: Die Qualität der Ramen ist dem Restaurant sehr wichtig, da die Brühe und die Nudeln täglich frisch zubereitet und ständig getestet werden.
Tipp: Bei Bedarf können Nudeln, Reis und Brühe kostenlos nachgefüllt werden, also zögere nicht, bei der Bedienung um Nachschub zu bitten.
Hinweis: An Werktagen ist das Restaurant weniger überfüllt, wenn man es eine Stunde vor Ladenschluss besucht. Wenn viel los ist, wird deine Nummer aufgerufen, also halte dich in der Nähe auf, damit du deinen Platz nicht verpasst.

Beliebte Menüoptionen

토리 파이탄 라멘 Tori Paitan Ramen 12.000
카라 파이탄 라멘 Kara Paitan Ramen (Pikant) 12.000

⑨ Yeouido 여의도

Ein Soba-Restaurant, berühmt für seine beeindruckende hausgemachte Brühe und Sojasauce

소몽
Somong

서울 영등포구 여의나루로 113 공작상가 2층 212, 213호
Yeongdeungpo-gu Yeouinaru-ro 113, 2F, #212, 213
instagram.com/so___mong   blog.naver.com/somong_yeouido

Tel : 0507-1475-8893
Tel Reservierung :   X
Mitnehmen :   O
Reserv erforderlich :   X
GEÖFT   Täglich 11:00- 20:30
Letzt Best :   22:30
Ruhezeit :   15:00-17:00

Ambiente: Dieses gemütliche und stimmungsvolle Restaurant befindet sich in einer kleinen Ecke im zweiten Stock zwischen dem Han-Fluss und dem Hyundai-Kaufhaus und bietet ein charmantes Esserlebnis.
Speisekarte: Das Menü umfasst Soba-Nudeln und Reisschüsseln wie Uni-Soba, Lachs-Reisschale und Seeigel-Reisschale. Für die Zubereitung der Soba-Nudeln und Reisschüsseln verwendet das Restaurant sorgfältig ausgewählte und von Hand zubereitete Zutaten. Ein weiteres Highlight ist Tempura.
Merkmale: Mit großer Hingabe bereitet das Restaurant Soba-Nudeln und Reisschalen mit erlesenen und handgefertigten Zutaten zu. Ein weiteres Highlight ist Tempura.
Tipp: Empfehlenswert sind die Soba-Nudeln mit hausgemachter Brühe und Sojasauce, die die Hauptattraktion darstellen. Die Kombination aus kalten Soba und Inari-Sushi ist bei den Kunden sehr beliebt.
Hinweis: Wer direkt nach Ende der Pausenzeit kommt, hat bessere Chancen, ohne Wartezeit einen Platz zu bekommen.

Beliebte Menüoptionen

냉소바 Kalte Soba 10.000
우니소바 Uni Soba 16.000
연어덮밥 Yeoneo Deop Bap (Lachs-Reis-Schale) 16.000

Sushi / Sashimi / Donburi

① Apgujeong / Cheongdam / Garosu-gil 압구정 / 청담 / 가로수길

Ein trendiges japanisches Restaurant, das bereits im Fernsehen zu sehen war

갓포아키 삼성점
Kappo Akii
(Filiale Samseong)

서울 강남구 테헤란로 610 B2
Gangnam-gu Teheran-ro 610, B2
instagram.com/kappo_akii

Tel : 02-6203-8660
Tel Reservierung :   O
Mitnehmen :   X
Reserv erforderlich :   X
GEÖFT Mo.-Fr. 12:00 - 00:30
Sa. 17:30 - 00:30
So. 17:00 - 23:00
Letzt Best :   X
Ruhezeit :   Mo.-Fr. 14:30 - 17:30

Ambiente: Nur 50 Meter vom Ausgang 1 der Samseong Station entfernt, im Untergeschoss 2 des Glad Hotels. Als japanische Ess-Bar kann man dem Koch bei der Zubereitung der Speisen direkt zuschauen. Die Atmosphäre ist eher gedämpft, so dass sie sich weniger für laute Gesellschaften eignet. Die Räumlichkeiten sind groß und verfügen über Barplätze, Tische, Sitznischen und private Räume.
Speisekarte: Verschiedene Gerichte, darunter Sashimi, Uni, Udon und Tempura, sowie eine große Auswahl an Beilagen.
Merkmale: An der Bar werden hochwertige Speisen serviert, die gut mit Alkohol harmonieren. Für Nichttrinker gibt es auch alkoholfreies Bier.
Tipp: Das Restaurant ist bekannt für seine köstlichen Futomaki, die Sie unbedingt probieren sollten. Wenn du im Glad Hotel übernachtest, erhältst du einen Rabatt auf ausgewählte Speisen.
Hinweis: Das Schild ist nicht sehr auffällig. Falls du Schwierigkeiten hast, es zu finden, frag den Parkservice nach dem Weg. Da es sich nicht um ein Sushi-Spezialitätenrestaurant handelt, ist die Sushi-**Speisekarte** begrenzt. Für eine größere Sushi-Auswahl empfiehlt sich eher ein Besuch in einem speziellen Sushi-Restaurant.

Beliebte Menüoptionen

사시미 Sashimi (2 Personen) 49.000
후토마키 Futomaki 29.000

① Apgujeong / Cheongdam / Garosu-gil
압구정 / 청담 / 가로수길

Ein originalgetreues Sushi-Restaurant, betrieben von einem renommierten japanischen Chefkoch

스시코우지
Sushi Koji

Ein modernes Kaisen-don-Restaurant, renommiert für seine frischen Meeresfrüchte

특별한 오복수산
Teukbyeolhan Obok Susan

서울 강남구 도산대로 318 SB타워 어넥스B동 3층
Gangnam-gu Dosan-daero 318 (Building B), 3F

Tel : 02-541-6200
Tel Reservierung : O	**GEÖFT** Täglich 11:00-22:00
Mitnehmen : X	**Letzt Best** X
Reserv erforderlich : X	**Ruhezeit :** 14:00-18:30

서울 강남구 도산대로 150, 3층
Gangnam-gu Dosan-daero 150, 3F
instagram.com/oboksusan_official

Tel : 0507-1355-8570
Tel Reservierung : O	**GEÖFT** Täglich 11:30-21:30
Mitnehmen : O	**Letzt Best** 14:30 / 20:30
Reserv erforderlich : X	**Ruhezeit :** 15:00-17:30

Ambiente: Am Tresen des Restaurants können die Gäste dem Chefkoch bei der Zubereitung der Gerichte zusehen.
Speisekarte: Das Angebot reicht von Vorspeisen über Sushi bis hin zu Desserts.
Merkmale: Angeboten werden Omakase-Gerichte der Spitzenklasse, zubereitet von einem Chefkoch eines mit einem Michelin-Stern ausgezeichneten Restaurants in Tokio.
Tipp: Die Preise für die Mittags- und Abendmenüs unterscheiden sich, weshalb man je nach Vorliebe wählen sollte. Mehrere Köche arbeiten nach einem Zeitplan, jeder mit seinem eigenen einzigartigen Stil.
Hinweis: Man sollte etwa 1 Stunde 30 Minuten bis 2 Stunden einplanen, wenn man alle Gänge genießen möchte. Wer mit Omakase nicht vertraut ist, sollte sich mit der Umgangsform bekannt machen. Das Fotografieren ist mit vorheriger Genehmigung aus Höflichkeit erlaubt. Reservierungen werden bei mehr als 5 Minuten Verspätung storniert, daher ist Pünktlichkeit sehr wichtig.

Ambiente: Das Restaurant verfügt über ein modernes, weiß gehaltenes Interieur und bietet private Räume für ein intimeres Esserlebnis. Die geräumige Einrichtung ist ideal für Verabredungen, und die Sauberkeit ist bemerkenswert.
Speisekarte: Das Angebot an japanischen Gerichten ist vielfältig und umfasst Hauptgerichte, Kaisen-don, Sashimi und Reisschalen. Die Portionen sind großzügig.
Merkmale: Um Frische und gleichbleibenden Geschmack zu gewährleisten, betreibt das Unternehmen ein eigenes Lebensmittelentwicklungszentrum, in dem Fisch live zubereitet und Soßen entwickelt werden. Die Bestellungen werden per Tablet am Tisch aufgegeben.
Tipp: Für spezielle 10-Gänge-Menüs empfiehlt es sich, einen Raum oder eine Kabine für eine gemütliche Familienfeier, ein Geschäftsessen oder ein Date zu reservieren.
Hinweis: In Zusammenarbeit mit verschiedenen Spirituosenherstellern bietet das Restaurant einzigartige Highball-Menüs an, die man unbedingt probieren sollte.

Beliebte Menüoptionen

Lunch Counter Sushi Omakase 150.000
Dinner Counter Omakase 27.000

Beliebte Menüoptionen

카이센동 Kaisen-don 22.000
사케 우니 이쿠라동 Sake Uni Ikura-don 28.000
우니 아보카도 오일 파스타 Uni Avocado Oil Pasta 35.000

Course (ganztägig) 89.000

Hannam-dong / Itaewon
한남동 / 이태원

 Yeouido
여의도

Ein Omakase-Erlebnis, das japanische Küche und koreanische Einflüsse in Einklang bringt

초승달
Cho Seung Dal

Ein Omakase-Restaurant mit ausgezeichneter Qualität zum günstigen Preis

스시미소 국회의사당점
Sushi Miso
(Filiale National Assembly)

서울 용산구 회나무로26길 12
Yongsan-gu Hoenamu-ro 26-gil 12

서울 영등포구 국회대로 750, 1층 114호
Yeongdeungpo-gu Gukhoe-daero 750, #114

Tel : 02-749-6444	GSCHL Mo.
Tel Reservierung : O	GEÖFT Di.-So. 12:00-21:30
Mitnehmen : X	Letzt Best : 20:00
Reserv erforderlich : O	Ruhezeit : 15:30-17:00

Tel : 0507-1388-7734	
Tel Reservierung : O	GEÖFT Täglich 12:00-21:00
Mitnehmen : X	Letzt Best : X
Reserv erforderlich : O	Ruhezeit : Feiertagen 13:30-17:00
	WT. 15:00-19:00

Ambiente: Es zeichnet sich durch ein sauberes, in Brauntönen gehaltenes Interieur aus. Trotz seiner überschaubaren Größe bietet es Platz für Thekenplätze und Tische für vier oder mehr Personen.
Speisekarte: Ein kostengünstiges Omakase-Menü und eine Auswahl an traditionellen koreanischen alkoholischen Getränken.
Merkmale: Das Restaurant kombiniert japanische Küche mit koreanischen Einflüssen und bietet das Beste aus beiden Welten.
Tipp: Zu den Speisen werden traditionelle koreanische Getränke gereicht. Es empfiehlt sich auch, das Katsu-Sandwich als zusätzlichen Menüpunkt zu probieren.
Hinweis: Aufgrund der Lage auf einem Hügel empfiehlt es sich, den Weg vom Grand Hyatt hinunterzunehmen. Abends ist die Bestellung von alkoholischen Getränken mitinbegriffen.

Ambiente: Das im 1. Stock eines Gebäudes gelegene Restaurant verfügt über eine kleine, U-förmige Thekenbestuhlung, die Platz für bis zu 14 Personen bietet.
Speisekarte: Zum Angebot gehören Mittagsgerichte am Wochenende, Omakase zum Abendessen und Omakase zum Mittagessen an Wochentagen.
Merkmale: Das Restaurant bietet qualitativ hochwertige Gänge zu einem guten Preis-Leistungs-Verhältnis.
Tipp: Das Mittagsmenü an Wochentagen zeichnet sich durch ein angemessenes Preis-/Leistungsverhältnis aus. Für persönliche Gegenstände und Mäntel gibt es Ablagemöglichkeiten.
Hinweis: Für diejenigen, die in der Schlange stehen, werden die Sitzplätze in der Reihenfolge ihres Eintreffens 5 Minuten vor der Reservierungszeit zugewiesen. Einen bestimmten Sitzplatz kann telefonisch reserviert werden. Die Reservierungszeit variiert zwischen Wochentagen und Wochenenden/Feiertagen.

Beliebte Menüoptionen

초승달 오마카세 Omakase 69.000
카츠산도 Katsu Sand 14.000

Beliebte Menüoptionen

Lunch Omakase 50.000
Dinner Omakase 100.000

THAILÄNDISCH

Ende des 20. Jahrhunderts öffnete die Globalisierung in Korea die Türen für einen größeren kulturellen Austausch und den Zugang zu internationalen Küchen, einschließlich der thailändischen Küche. Die Thai-Küche mit ihren vielfältigen Geschmacksrichtungen, aromatischen Gewürzen und abwechslungsreichen Zutaten hat den koreanischen Gaumen schnell erobert. Klassische thailändische Gerichte wie Pad Thai, grünes Curry, rotes Curry, Tom Yum Kung und Mango-Sticky Rice wurden aufgrund ihrer harmonischen Mischung aus süßen, sauren, salzigen und scharfen Aromen sowie der Verwendung frischer Zutaten und aromatischer Kräuter sehr beliebt. Heutzutage ist die thailändische Küche zu einer beliebten kulinarischen Wahl in Korea geworden, und thailändische Restaurants und Gaststätten sind landesweit in vielen Städten zu finden.

VIETNAMESISCH

Die vietnamesische Kochkunst hat in Korea an Popularität gewonnen, was zum Teil auf das Entstehen vietnamesischer Gemeinschaften im Land zurückzuführen ist. So eröffneten viele vietnamesische Einwanderer Restaurants und Gaststätten, um ihre kulinarischen Traditionen hervorzuheben und authentische Gerichte anzubieten, die mit traditionellen Methoden und Zutaten zubereitet werden. Koreanische Gäste ließen sich von der Frische, den aromatischen Kräutern und dem kräftigen Geschmack der vietnamesischen Küche anlocken, insbesondere von Gerichten wie Pho (Nudelsuppe), Banh Mi (Baguette-Sandwiches), Frühlingsrollen und Bun Cha (gegrilltes Schweinefleisch mit Nudeln). Mit diesen Angeboten bot sich den Koreanern ein einzigartiges kulinarisches Erlebnis, das das reiche, kulinarische Erbe Vietnams zum Ausdruck brachte.

Thailändisch

Hannam-dong / Itaewon
한남동 / 이태원

Ein Restaurant mit Top-Zertifizierung der thailändischen Regierung

부다스벨리
Buddha's Belly

서울 용산구 녹사평대로40길 48
Yongsan-gu Noksapyeong-daero 40-gil 48
instagram.com/buddhasbelly_official

Tel : 1666-2753

Tel Reservierung : O	**GEÖFT** Täglich 11:30-23:00
Mitnehmen : X	**Letzt Best :** 22:00
Reserv erforderlich : O	**Ruhezeit :** 15:00-16:30

Ambiente: Die Atmosphäre des Restaurants ist exotisch und erinnert an ein gehobenes südostasiatisches Resort mit Pflanzen im gesamten Innenraum. Auf der Terrasse gibt es raumhohe Fenster, die ein Gefühl von Offenheit vermitteln.
Speisekarte: Hauptsächlich werden thailändische Gerichte angeboten, darunter Pad Thai Yam Woonsen Tale und Poo Nim Pad Pong Garee.
Merkmale: Ein Team von thailändischen Köchen stellt die traditionellen Köstlichkeiten Thailands originalgetreu nach.
Tipp: Das einmalige **Ambiente** wird durch Buddha-Gemälde, traditionelle thailändische Wandmalereien auf den Menütafeln und Statuen noch verstärkt.
Hinweis: Während des Sommers können die Sitzplätze auf der Terrasse viele fliegende Insekten anlocken, die Ihr Essvergnügen stören können. Die Preise sind etwas höher.

Beliebte Menüoptionen

팟타이 Pad Thai 14.300
얌운센 딸레 Yam Woonsen 26.400
뿌 님 팟 퐁 커리 Poo Nim Pad Pong Garee 28.600

Fusion-Küche in einem Lokal, das nach dem Vorbild der französischen Botschaft in Vietnam gestaltet ist

살라댕앰버시
Saladaeng Embassy

서울 용산구 회나무로35길 26
Yongsan-gu Hoenamu-ro 35-gil 26
instagram.com/saladaeng.series

Tel : 0507-1431-2218

Tel Reservierung : O	**GEÖFT** Täglich 11:30-21:30
Mitnehmen : X	**Letzt Best :** 20:30
Reserv erforderlich : X	**Ruhezeit :** 15:00-17:00

Ambiente: In Anlehnung an die französische Botschaft in Vietnam gestaltet, verfügt dieser Ort über einen schönen Garten und einen beeindruckenden Swimmingpool. Dank der exotischen Atmosphäre ist es ein beliebter Ort für Verabredungen und Fotobegeisterte.
Speisekarte: Vorwiegend asiatisch-französische Fusion Gerichte, eine Kombination aus vietnamesisch-thailändischer Küche und westlichen Elementen.
Merkmale: Eine gelungene Mischung aus östlicher und westlicher Kultur, sowohl in den Räumlichkeiten als auch in den Speisen.
Tipp: Man sollte sich lieber für das Set-Menü als für einzelne Gerichte entscheiden. Besonders empfehlenswert sind der Wassermelonen-Slush und die Tangmo-Pfanne.
Hinweis: Je nach Wetterlage können Reservierungen für Plätze im Freien automatisch storniert werden.

Beliebte Menüoptionen

아시아 2인 세트 Asia Set (2 Personen) 79.000
프렌치 2인 세트 French Set (2 Personen) 89.000
앰버시 2인 세트 Embassy Set (3 Personen) 95.000
땡모반 Tangmo Pan 13.000

Seongsu-dong
성수동

 **Jamsil**
잠실

Ein Ort, um die Leidenschaft für authentische thailändische Küche zu stillen

마하차이 성수본점
Maha Chai (Hauptfiliale Seongsu)

서울 성동구 뚝섬로 399, 2층
Seongdong-gu Ttukseom-ro 399, 2F
mahachai.modoo.at instagram.com/mahachai_thaifood

Tel : 0507-1317-5678
Tel Reservierung : O
Mitnehmen : O
Reserv erforderlich : X

GEÖFT WT. 11:00-21:00
WE./Feiertagen 11:30-21:00
Letzt Best : 20:20
Ruhezeit : 15:30-17:00

Ambiente: Das Interieur ist im industriellen Stil gehalten und bietet eine saubere und aufgeräumte Atmosphäre.
Speisekarte: Es werden verschiedene thailändische Gerichte wie Omelette Pad Thai, Pu Pad Pong Curry, thailändische Nudelsuppe und Tom Yum Goong angeboten, die alle mit alkoholischen Getränken genossen werden können.
Merkmale: Die Nudelsuppe zeichnet sich durch ihre reichhaltige Brühe und die bissfesten Nudeln aus.
Tipp: Im Angebot sind verschiedene thailändische Biersorten wie Singha, Tiger, Chang und Leo, die gut zu den Speisen passen.
Hinweis: An Wochentagen muss man ab 11:55 Uhr mit Wartezeiten rechnen, an Wochenenden kann es ebenfalls zu Wartezeiten kommen.

Beliebte Menüoptionen

오믈렛 팟타이 Omelette Pad Thai 12.000
똠양꿍 & 면 Tom Yum Kung & Noodle (Scharfe & saure Garnelensuppe) 12.000

Ein Thai-Restaurant, geführt von einem Solo-Koch mit jahrelanger Erfahrung in Thailand

방콕언니
Bangkok Eonni

서울 송파구 송파대로48길 7
Songpa-gu Songpa-daero 48-gil 7
instagram.com/bangkokunni

Tel : 0507-1387-0566
Tel Reservierung : O
Mitnehmen : O
Reserv erforderlich : X

GSCHL Mo.
GEÖFT WT. 11:30-21:00
WE./Feiertagen 11:30-20:00
Letzt Best : WT. 20:00
WE. 19:00
Ruhezeit : 14:30-17:00

Ambiente: Das charmante gelbe Äußere ist ein Blickfang im Stil eines Cafés, obwohl es im Inneren nur wenige Sitzplätze gibt. Es liegt versteckt in einer versteckten Gasse.
Speisekarte: Die Küche ist auf thailändische Gerichte spezialisiert und bietet eine Vielzahl von Speisen, darunter viele, die man in typischen thailändischen Restaurants in Korea nicht findet.
Merkmale: Die Chefköchin, die über ein Jahrzehnt in Thailand gelebt hat, legt großen Wert darauf, die authentischen Aromen wiederzugeben, in die sie sich während ihrer Zeit in Thailand verliebt hat.
Tipp: Zu einigen Gerichten werden Reis oder Nudeln gereicht, während andere allein serviert werden. Bitte achte auf die Angaben auf der **Speisekarte**, damit du die richtige Portionsgröße bestellst.
Hinweis: Da das Restaurant von einem einzigen Koch geführt wird, kann es länger dauern, bis das Essen ankommt, also sollte man entsprechend planen, wenn man einen engen Zeitplan hat.

Beliebte Menüoptionen

얌운센 Yam Woon Sen 15.000
푸팟퐁커리 Poo Pad Pong Curry 17.000
카이룩커이 Kai Look Keuy (Spiegeleier) 9.000

Vietnamesisch

 Apgujeong / Cheongdam / Garosu-gil
압구정 / 청담 / 가로수길

Ein Pho-Restaurant mit täglich frisch zubereiteter köstlicher Brühe

미아사이공
Mia Saigon

서울 강남구 도산대로30길 29
Gangnam-gu Dosan-daero 30-gil 29
instagram.com/mia_saigon_nhyun

Tel : 0507-1377-8793	**GSCHL** WE./Feiertagen Mo.-Fr. 11:30-22:00
Tel Reservierung : X	**Letzt Best :** 21:00
Mitnehmen : O	**Ruhezeit :** 14:30-17:00
Reserv erforderlich : X	

Ambiente: In einem halb unterkellerten Raum mit niedriger Decke, die Stühle sind niedriger gestellt.
Speisekarte: Angeboten wird eine Vielzahl vietnamesischer Gerichte, darunter Pho, Pho Bo, Bun Cha und Com Suon.
Merkmale: Das im Jahr 2009 eröffnete Restaurant wurde im Juni 2021 neu renoviert und bietet nur die beliebtesten Speisen an.
Tipp: Es gibt viele Beilagen, die gut zur Pho passen, also sollte man unbedingt einige Beilagenmenüs bestellen.
Hinweis: Die Pho-Bouillon wird täglich frisch zubereitet und so lange serviert, bis sie aufgebraucht ist. Daher kann es sein, dass das Restaurant früher schließt, wenn die Brühe aufgebraucht ist.

Beliebte Menüoptionen

퍼보 Phở Bò 11.000
분짜 Bún Chả 14.000
고이꾸온 Gỏi Cuốn (Frühlingsrollen) 13.500

Ein vietnamesisches Restaurant in Apgujeong Rodeo, bekannt für sein köstliches Bun Bo Xao

리틀사이공 압구정점
Little Saigon (Apgujeong Station)

서울 강남구 언주로 174길 26
Gangnam-gu Eonju-ro 174-gil 26
littlesaigon.co.kr

Tel : 02-547-9050	**GEÖFT** Täglich 11:30-22:00
Tel Reservierung : X	**Letzt Best :** 21:00
Mitnehmen : O	**Ruhezeit :** —
Reserv erforderlich : X	

Ambiente: Die Außenterrasse und der geräumige Innenraum mit seiner sauberen und gepflegten Einrichtung eignen sich hervorragend für Gruppenveranstaltungen.
Speisekarte: Das Restaurant bietet eine große Auswahl an Nudeln, Reisgerichten und anderen Speisen, ideal zum Ausprobieren verschiedener Gerichte.
Merkmale: Für die Brühe werden sieben traditionelle Heilkräuter verwendet, die einen kräftigen und doch erfrischenden Geschmack bieten. Der Geschmack ist im Vergleich zu anderen vietnamesischen Restaurants eher authentisch.
Tipp: Es gibt eine große Auswahl an Gerichten, aber es empfiehlt sich, das Bun Bo Xao zu probieren.
Hinweis: Zu Stoßzeiten kann es zu Verzögerungen bei der Bedienung kommen.

Beliebte Menüoptionen

퍼보2 Phở Bò 2 (Mittel) 13.500
짜조 Chả Giò (Spiegeleirolle)10.500
분보싸오 Bún Bò Xào (Mittel) 14.900

Hannam-dong / Itaewon
한남동 / 이태원

 Jongno / Gwanghwamun / Insa-dong
종로 / 광화문 / 인사동

Ein traditionell vietnamesisches Restaurant mit einer tollen Atmosphäre

Ein Restaurant, das den typisch vietnamesischen Geschmack und die Atmosphäre perfekt verkörpert

꾸잉
Kkuing

냐항in안국
Nyahang in Anguk

서울 용산구 이태원로 189
Yongsan-gu Itaewon-ro 189
instagram.com/quynh_official

서울 종로구 윤보선길 34-1
Jongno-gu Yunboseon-gil 34-1
instagram.com/nhahang_anguk

Tel : 02-796-1244

Tel Reservierung :	O	**GEÖFT**	Täglich 10:00-21:30
Mitnehmen :	O	**Letzt Best**	21:30
Reserv erforderlich :	X	**Ruhezeit :**	—

Tel : 0507-1334-6510

Tel Reservierung :	O	**GEÖFT**	Mo.-Fr. 11:30-21:00
			WE. 11:30-20:30
Mitnehmen :	O		
Reserv erforderlich :	X	**Letzt Best** :	WT.20:00
			WE.19:30
		Ruhezeit :	WT. 14:00-17:00
			WE. 15:30-16:30

Ambiente: Das geräumige Restaurant ist in Grün- und Holztönen gehalten, die das Wesen Vietnams auf moderne Weise widerspiegeln. Zudem gibt es mit Sonnenschirmen überdachte Außenplätze.
Speisekarte: Angeboten wird eine Vielzahl vietnamesischer Gerichte, darunter phở, bún riêu und bún chả.
Merkmale: Das Lokal ist bekannt für seine authentischen vietnamesischen Gerichte wie nem lụi und nam định gebratener Reis. Der vietnamesische Kaffee ist besonders lecker.
Tipp: Wer das vietnamesische phở schon anderswo probiert hat, kann hier mit nem lụi und nam định Fried Rice eine neue Erfahrung machen.
Hinweis: Es ist 24 Stunden geöffnet und daher ein beliebter Ort für eine Mahlzeit nach dem Trinken. Haustiere sind erlaubt.

Ambiente: Das in den Gassen von Anguk-dong verborgen liegende Restaurant besticht durch seine exotische Beleuchtung, die das Gefühl vermittelt, inmitten von Vietnam zu sein. Die Inneneinrichtung ist gemütlich und einladend und bietet ein unvergessliches Esserlebnis.
Speisekarte: Spezialisiert auf vietnamesische Küche mit Gerichten wie Pho, gebratener Reis mit Garnelen und Ananas und Banh Xeo.
Merkmale: Im Herzen der Stadt erwartet die Gäste ein exotisches vietnamesisches **Ambiente**. Bestellungen können bequem über einen Schalter aufgegeben werden, und das Essen wird schnell serviert.
Tipp: Unbedingt das Banh Xeo probieren, das nur unter der Woche zum Abendessen und am Wochenende angeboten wird, sowie das Banh-Mi-Sandwich, da das Reisbaguette täglich frisch gebacken wird.
Hinweis: Das Mittagsmenü ist begrenzt. Der Geschmack der Pho wurde an die koreanischen Geschmäcker der Gäste angepasst.

Beliebte Menüoptionen

양지쌀국수 Yangji (Brisket) Phở 11.000
분지우 Bún Riêu 11.000
남딩볶음밥 Nam Định Bokkeumbap (Gebratener Reis) 11.000

Beliebte Menüoptionen

불향 가득 쌀국수 Rindfleisch-Nudelsuppe 10.000
새우 파인애플 볶음밥 Gebratener Reis mit Garnelen und Ananas 10.000
반쎄오 Ban Xeo 23.000

8 Hongdae
홍대

Ein original thailändisches Nudelsuppenrestaurant, bekannt für seine reichhaltige Brühe

소이연남
Soi Yeonnam

서울 마포구 동교로 267
Mapo-gu Donggyo-ro 267
instagram.com/soi_yeonnam

Tel : 0507-1355-5130
Tel Reservierung : X
Mitnehmen : O
Reserv erforderlich : X

GEÖFT Täglich 11:00-21:20
Letzt Best : 14:30/20:50
Ruhezeit : 15:00-17:00

Ambiente: Berühmt für sein einzigartiges Interieur, das sich wie ein Stück Thailand anfühlt. Die Räumlichkeiten sind gemütlich und verfügen über mehrere 4- und 2-Personen-Tische.
Speisekarte: Das Angebot umfasst eine Vielzahl von Gerichten wie Rindfleischnudelsuppe, Tom-Yum-Nudelsuppe und Gerichte auf Sojabasis.
Merkmale: Widmet sich der Herstellung von thailändischen Nudelsuppen, die den Geschmack Thailands noch übertreffen sollen.
Tipp: Wir empfehlen, die Anweisungen des Restaurants zu befolgen, um die Nudelsuppen bestmöglich genießen zu können. Die hausgemachten Frühlingsrollen sind knusprig und saftig, so dass man sie unbedingt probieren sollte.
Hinweis: Haustiere sind nur dann erlaubt, wenn sie sich in einem Käfig befinden. Ist der Eingang geschlossen, bedeutet dies, dass im Moment keine Sitzplätze verfügbar sind.

Beliebte Menüoptionen

소고기쌀국수 Sogogi Ssalguksu (Rindfleisch-Reisnudeln) 12.000
똠얌쌀국수 Tom Yum Ssalguksu (Reisnudeln) 13.900
소이뽀삐아 Soi Popia (Frühlingsrollen) 14.000

AMERIKANISCH

In Korea ist der Einfluss der amerikanischen Küche auf die Ankunft des amerikanischen Militärs nach dem Koreakrieg in den 1950er Jahren zurückzuführen. Die Soldaten brachten klassische amerikanische Gerichte wie Hamburger, Hot Dogs, Brathähnchen und Sandwiches mit, die schnell in die lokale Küche integriert wurden.

US-amerikanische Fast-Food-Giganten wie McDonald's, KFC und Burger King verstärkten diesen Einfluss noch, indem sie ihre **Speisekarten** an die koreanischen Geschmacksrichtungen anpassten. Nach und nach wurden koreanische Adaptionen amerikanischer Klassiker wie Bulgogi-Burger und Brathähnchen auf koreanische Art populär und waren Ausdruck einer Verschmelzung kulinarischer Traditionen. Auch heute noch ist die amerikanische Küche ein fester Bestandteil der koreanischen Lebensmittelszene, was sich in der weiten Verbreitung amerikanischer Restaurants und Fast-Food-Ketten im ganzen Land zeigt.

ITALIENISCH

Während der 1960er Jahre debütierte die italienische Küche in Korea und bediente zunächst Diplomaten, Auswanderer und die Elite. Ihren wahren Durchbruch erlebte sie jedoch im späten 20. und frühen 21. Jahrhundert, beflügelt durch die Globalisierung, den wirtschaftlichen Wohlstand und den zunehmenden Tourismus. Heute erlebt die italienische Gastronomie in ganz Korea eine Blütezeit, mit beliebten Klassikern wie Pizza, Pasta, Risotto, Bruschetta und Tiramisu. Ob gemütliche Trattorien oder gehobene Restaurants - italienische Restaurants sind in den koreanischen Städten zu finden und bieten eine reizvolle Auswahl an Geschmacksrichtungen.

Aber auch italienische kulinarische Elemente fügen sich nahtlos in die koreanische Küche ein und inspirieren zu innovativen Fusionsgerichten, die italienische Essenzen mit koreanischen Zutaten und Techniken verbinden. Das TV-Drama „Pasta" spielte eine entscheidende Rolle bei der Popularisierung der italienischen Küche und trug dazu bei, dass sie beim koreanischen Publikum weithin bekannt und geschätzt wurde. Mit dem gemütlichen und romantischen **Ambiente** haben italienische Restaurants eine große kulturelle Bedeutung in Korea und werden oft als bevorzugte Orte für Verabredungen gewählt.

Amerikanische - Burger

① Apgujeong / Cheongdam / Garosu-gil
압구정 / 청담 / 가로수길

② Seocho / Seorae Village
서초 / 서래마을

Ein trendiger Ort für selbstgemachte Burger sowie Champagner

제레미버거
Jeremy Burger

서울 강남구 언주로148길 14 라동 1층 105호
Gangnam-gu Eonju-ro 148-gil 14, Building 'Ra', 1F #105
instagram.com/jeremydosan

Tel : 02-6404-0808		GSCHL	So./Feiertagen
Tel Reservierung :	X	GEÖFT	WT.11:00-20:30
Mitnehmen : O			Sa. 12:00-16:00
Reserv erforderlich :	X	Letzt Best :	WT. 14:30/20:00
			Sa. 15:30
		Ruhezeit :	15:00-17:30

Ambiente: Das Interieur ist ganz in Weiß gehalten, was eine saubere und anspruchsvolle Atmosphäre schafft. Der Raum bietet Platz für etwa 16 Personen.
Speisekarte: Angeboten werden verschiedene handgefertigte Burger, gepaart mit Mini-Flaschen Champagner. Bestellungen können am Schalter vor der Theke aufgegeben werden.
Merkmale: Die Burger zeichnen sich durch ihre frisch zubereiteten Brötchen aus.
Tipp: Der Philly-Cheesesteak-Burger ist sehr zu empfehlen, vor allem mit extra Käse. Für zusätzlich 6.000 KRW erhält man ein Getränk und eine halbe Portion Pommes. Wer eine Diät macht, kann statt des Brötchens auch einen Salatwickel bestellen.
Hinweis: Das Restaurant ist klein, weshalb es zu Wartezeiten kommen kann. Es gibt auch die Möglichkeit zum Mitnehmen.

Beliebte Menüoptionen

콘치즈버거 Corn Cheese Burger 9.400
제레미버거 Jeremy Burger 9.900
필리치즈스테이크 버거 Philly Cheese Steak Burger 13.000

Ein Burgerladen mit hausgemachten Gerichten und authentischem amerikanischen Flair

브루클린 더 버거조인트
Brooklyn The Burger Joint

서울 서초구 서래로2길 27
Seocho-gu Seorae-ro 2-gil 27

Tel : 02-533-7180			
Tel Reservierung :	X	GEÖFT	Täglich 11:00-21:30
Mitnehmen : O		Letzt Best :	21:00
Reserv erforderlich :	X	Ruhezeit :	—

Ambiente: Man fühlt sich wie in einem typisch amerikanischen Burgerladen, mit einem geräumigen Innenraum, in dem auch große Gruppen Platz finden. Die Atmosphäre ist locker und lebhaft.
Speisekarte: Im Angebot sind verschiedene Burger, Pommes frites, Beilagen und Milchshakes. Einzigartige Menüpunkte wie Lamm-Patty-Burger und Süßkartoffel-Pommes frites findet man sonst nirgendwo.
Merkmale: Hier gibt es hausgemachte Burger mit amerikanischem Flair und eine einzigartige Auswahl an Speisen.
Tipp: Versuche, die Pommes in den Milchshake zu tunken. Besonders beeindruckend ist der hausgemachte Krautsalat.
Hinweis: Man kann den Bräunungsgrad des Burgers selbst bestimmen; die Standardeinstellung ist „medium-well".

Beliebte Menüoptionen

브루클린 웍스 Brooklyn Works 12.500
램버거 Lamb Burger 14.300
코울슬로 Cole Slaw 7.500

③ Hannam-dong / Itaewon
한남동 / 이태원

Das perfekte Zusammenspiel von handgemachten Burgern und Bier vom Fass

Ein Spezialitäten-Burgerladen, besonders bekannt für seinen berühmten „Gut Buster"-Burger.

더백테라스
The 100 (Baek) Terrace

자코비버거
Jacoby Burger

서울 용산구 한강대로40길 26, 3층
Yongsan-gu Hangang-daero 40-gil 26, 3F
instagram.com/the100fnb

서울 용산구 신흥로 38
Yongsan-gu Sinheng-ro 38

Tel : 02-3785-0433

Tel : 0507-1392-3341

Tel Reservierung : O	GEÖFT Täglich 11:00-22:00
Mitnehmen : O	Letzt Best : 21:00
Reserv erforderlich : X	Ruhezeit : 15:30-17:00

Tel Reservierung : X	GEÖFT Täglich 11:00 - 01:00
Mitnehmen : O	Letzt Best : X
Reserv erforderlich : X	Ruhezeit : —

Ambiente: Die Inneneinrichtung ist modern und geräumig, das Sonnenlicht strömt durch die großen Fenster und vermittelt das Gefühl, auf einer Reise zu sein. Bei schönem Wetter kann man die schöne Terrasse und die Dachterrasse nutzen.
Speisekarte: Angeboten werden handgemachte Burger, Brunch und verschiedene Beilagen.
Merkmale: Patties, Schinken, Speck und mehr werden täglich im Haus hergestellt.
Tipp: Mit Ausnahme von Wochenenden und Feiertagen werden von 11:30 bis 15:00 Uhr Mittags-Specials angeboten, bei denen Menüs zu einem ermäßigten Preis erhältlich sind. Wir empfehlen, die Pommes frites im Set-Menü durch Süßkartoffelpommes zu ersetzen.
Hinweis: An jedem Tisch gibt es ein Tablet, das die Bestellung erleichtert, allerdings nur an den Tischen im Innenbereich.

Ambiente: Die Inneneinrichtung ist sauber und geräumig und mit schwarz getönten Stühlen und Tischen ausgestattet. Es gibt auch zwei Tische auf einer überdachten Terrasse.
Speisekarte: Neben einer Vielzahl von handgemachten Burgern stehen auch Pasta, Hot Dogs, Chicken Wings und Salate auf der Karte.
Merkmale: Die Burger-Patties sind aus 100% Chuck- und Brisket-Rindfleisch, frischem Gemüse und täglich gebackenen Brötchen hergestellt.
Tipp: Stelle deine Bestellung ganz nach deinem Geschmack zusammen, und wenn du spezielle Belagswünsche hast, gib sie einfach bei der Bestellung an.
Hinweis: Sämtliche Burger werden auf Bestellung zubereitet, was etwa 20 Minuten dauert. Die würzigen Chicken Wings sind sehr scharf. Der berühmte Gut Buster Burger ist für zwei Personen gedacht und wird nicht zum Mitnehmen angeboten.

Beliebte Menüoptionen

치즈 버거 Cheese 9.500
더백 버거 The 100 10.800
더블백 버거 Double 100 16.800

Beliebte Menüoptionen

내장파괴버거 Gut Buster Burger (für 2 Personen) 29.900
자코비버거 Jacoby Burger 10.900
블루하와이안 베이컨 버거 Blue Hawaiian Bacon Burger 12.900

Seongsu-dong
성수동

 Hongdae
홍대

Ein Burgerladen, der für seine hausgemachten Shrimp-Burger berühmt ist

Ein Lokal, spezialisiert auf hausgemachte Burger, perfekt für eine sättigende Mahlzeit

제스티살룬 성수
Zesty Saloon Seongsu

풀리너마이트 홍대
Fullinamite

서울 성동구 서울숲4길 13
Seongdong-gu Seoulsup 4-gil 13
instagram.com/zestysaloon

서울 마포구 홍익로 13-4
Mapo-gu Hongik-ro 13-4
instagram.com/fullinamite

Tel : 0507-1371-2622

Tel Reservierung : X	GEÖFT Täglich 11:30-21:00
Mitnehmen : O	Letzt Best : 20:00
Reserv erforderlich : X	Ruhezeit : —

Tel : 0507-1497-9237

Tel Reservierung : O	GEÖFT Täglich 11:00-21:00
Mitnehmen : O	Letzt Best : 20:30
Reserv erforderlich : X	Ruhezeit : —

Ambiente: Das Restaurant befindet sich in einem zweistöckigen, umgebauten Haus, wobei im ersten Stock Tische im Barstil und im Freien stehen. Die zweite Etage ist geräumiger.
Speisekarte: Das Menü ist einfach und bietet zwei Arten von Burgern - Krabben und Rindfleisch - mit verschiedenen Variationen. Man sollte sich nach den saisonalen Angeboten erkundigen. Zudem gibt es eine große Auswahl an Bieren.
Merkmale: Auch wenn die Burger nach amerikanischer Art zubereitet sind, enthalten sie doch einzigartige Zutaten wie Wasabi, Trüffel und Knoblauch.
Tipp: Zu empfehlen dank der hochwertigen, saftigen Krabbenpastete, die eine wunderbare Textur verleiht.
Hinweis: Bestellt wird im ersten Stock über ein vibrierendes Glockensystem, das anzeigt, wann der Burger fertig ist. Essiggurken werden an der Gewürztheke selbst serviert. Passe die Menge an Wasabi im Wasabi Shrimp Burger nach deinem Geschmack an.

Ambiente: Eine gemütliche Atmosphäre, die einem Einfamilienhaus ähnelt, mit einer Terrasse für ein Picknick im Freien. Im modernen und stilvollen Interieur, das an ein Café erinnert, gibt es Sitzplätze für 2 bis 8 Personen.
Speisekarte: Mit einer Vielzahl von hausgemachten Burgern gibt es genügend Auswahl, um eigene Burger-Kombinationen zusammenzustellen.
Merkmale: Genieße erstklassige hausgemachte Burger, die über Fast Food hinausgehen und mit hochwertigen Brioche-Brötchen und erstklassigen Zutaten wie ganzen Rinderpattys zubereitet werden.
Tipp: Wir empfehlen dir, dein Essen mit verschiedenen Beilagen, Limonaden oder Milchshakes zu kombinieren. Besonders beeindruckend ist der frisch gebratene, heiße und knusprige Hähnchen-Burger.
Hinweis: Reservierungen über Naver sind möglich, erfordern aber eine Mindestanzahl von 5 Personen.

Beliebte Menüoptionen

제스티 갈릭 버거 Zesty Garlic Burger 10.300
와사비 쉬림프 버거 Wasabi Shrimp Burger 11.300

Beliebte Menüoptionen

러쉬 치즈 버거 Rush Cheese Burger 8.900
핫더블치킨 버거 Hot Double Chicken Burger 9.900
(Die Schärfe kann in 3 Stufen eingestellt werden)
에그갈릭 버거 Egg Garlic Burger 9.500

Pizza - amerikanische Art

① Apgujeong / Cheongdam / Garosu-gil
압구정 / 청담 / 가로수길

③ Hannam-dong / Itaewon
한남동 / 이태원

Eine lebendige und angesagte Pizzeria im amerikanischen Stil

클랩피자 청담
Clap Pizza Cheongdam

서울 강남구 압구정로46길 71
Gangnam-gu Apgujeong-ro 46-gil 71
clappizza.co.kr   instagram.com/clappizza

Tel : 0507-1427-2528

Tel Reservierung : X	**GEÖFT** Täglich 11:30-21:30
Mitnehmen : O	**Letzt Best :** 20:30
Reserv erforderlich : X	**Ruhezeit :** —

Ambiente: Äußerlich wirkt die Pizzeria hip und trendy, ergänzt durch eine orangefarbene Innen- und Außengestaltung. Der geräumige Bereich bietet Sitzgelegenheiten an Tischen und an der Bar an den Fenstern.
Speisekarte: Angeboten werden die beliebten ofengebackenen Pizzen und auch Pasta-Gerichte.
Merkmale: Im Unterschied zu den typischen Umluftöfen werden die Pizzen hier in einem Schienenofen nach amerikanischem Vorbild von unten nach oben gebacken.
Tipp : Wenn du dich nicht für eine einzige Geschmacksrichtung entscheiden kannst, probiere die halbe Pizza. Pizza ist im Allgemeinen eine bessere Wahl als Pasta.
Hinweis: Die Portionen können etwas teuer sein. Das Selbstreinigungssystem ist kompliziert und erfordert, dass man Geschirr, Besteck, Wertstoffe und allgemeine Abfälle selbst trennt.

Beliebte Menüoptionen

Halb & Halb (8 Stück) R 17.800 / L 24.800

Eine Pizzeria, wo man Pizza nach Detroiter Art genießen kann

모터시티 이태원점
Motor City (Filiale Itaewon)

서울 용산구 이태원로 140-1, 2층
Yongsan-gu Itaewon-ro 140-1, 2F
instagram.com/motorcitykorea

Tel : 0507-1343-8916

Tel Reservierung : O	**GEÖFT** Täglich 11:30-22:30
Mitnehmen : O	**Letzt Best :** 21:55
Reserv erforderlich : X	**Ruhezeit :** —

Ambiente: Der Innenbereich ist in einem dunklen Schwarzton gehalten und mit Erinnerungsstücken aus Detroit, USA, ausgestattet. Das Restaurant bietet sowohl Stehtische als auch Tische in quadratischer Form für große Gruppen.
Speisekarte: Die Spezialität sind quadratische Pizzen im Detroiter Stil mit einer Vielzahl von Belägen, aber auch andere Speisen wie Chicken Wings und Pasta.
Merkmale: Die Pizza ist bekannt für ihre fluffige Textur auf sizilianischem Boden und bietet ein einzigartiges Pizzaerlebnis.
Tipp: Die Kombination von Pizza und Bier („Pimaek") ist in Korea berühmt und wird daher empfohlen. Der Geschmack der Jackson-5-Pizza ist näher am amerikanischen Geschmack als der der Motown-Pizza. Um zwei verschiedene Pizzen zu probieren, empfiehlt es sich, jeweils eine Hälfte beider Pizzen zu bestellen.
Hinweis: Haustiere sind erlaubt. Wir empfehlen eher Pizza als Nudelgerichte.

Beliebte Menüoptionen

Halb & Halb 23.900
JACKSON 5 26.900
MOTOWN SUPREME 26.900

Italienisch

 Apgujeong / Cheongdam / Garosu-gil
압구정 / 청담 / 가로수길

Ein Café & Restaurant, das ein friedliches Walderlebnis bietet

포레스트 청담
Forest Cheongdam

서울 강남구 선릉로 803 1, 2, 3층
Gangnam-gu Seolleung-ro 803, 1F, 2F, 3F
instagram.com/forestcheongdam_official

Tel : 0507-1350-8998

Tel Reservierung : O	**GEÖFT** Täglich 11:30-23:00
Mitnehmen : O	**Letzt Best :** 22:00
Reserv erforderlich : X	**Ruhezeit :** —

Ambiente: Es gibt drei verschiedene Stockwerke: der erste Stock ist eine natürliche, waldähnliche Umgebung, der zweite Stock ist eine luxuriöse und einzigartige Galerie und der dritte Stock ist ein privater VIP-Raum. Darüber hinaus sind Sitzplätze auf der Terrasse vorhanden.
Speisekarte: Das Angebot reicht von Grundnahrungsmitteln wie Wassermelonensaft, Bingsu, Kaffee und Kuchen bis hin zu kompletten Mahlzeiten wie Risotto, Pasta und Entenbruststeak.
Merkmale: Zu jeder Tageszeit können Gerichte, Cafe-Artikel und Wein bestellt werden.
Tipp: Das Mittagsmenü, das Suppe, Salat, Pasta, Campagna-Brot und ein Getränk umfasst, ist wegen seines günstigen Preises sehr zu empfehlen.
Hinweis: Jeden Freitagabend finden Jazzkonzerte statt. Haustiere sind mit einer Reservierung erlaubt (nur im ersten Stock). Beim Kauf einer Flasche Wein vor Ort entfällt eine Gebühr. Da es keine Ruhezeiten gibt, kann man den Besuch flexibel gestalten.

Beliebte Menüoptionen

포레스트 부르스케타 Forest Bruschetta 19.000
누들 로제 떡볶이 Noodle Rose Tteokbokki 29.000
망고 빙수 Mango Bingsu 48.000
런치 세트 메뉴 Lunch Set-Menü (11:30-16:00) 52.000 - 65.000

Ein italienisches Restaurant, das östliche und westliche Einflüsse in Einklang bringt

페어링룸
Pairing Room

서울 강남구 도산대로81길 14
Gangnam-gu Dosan-daero 81-gil 14
instagram.com/tasting_melting_pairing

Tel : 010-3100-8861

Tel Reservierung : O	**GEÖFT** WT. 11:00-22:30
Mitnehmen : O	WE./Feiertagen 11:00-23:00
Reserv erforderlich : O	**Letzt Best :** 21:30
	Ruhezeit : —

Ambiente: Dieses in einem schönen zweistöckigen Gebäude im europäischen Stil untergebrachte Restaurant verfügt über eine erfrischende Terrasse und eine einzigartige Inneneinrichtung, die eine lebendige Atmosphäre schafft. Es ist vor allem als Treffpunkt beliebt.
Speisekarte: In erster Linie basiert die **Speisekarte** auf italienischer Küche, doch werden auch koreanische Aromen zu einzigartigen Gerichten verarbeitet.
Merkmale: Neben Speisen und Weinen bietet das Restaurant auch Desserts und Tee an. Das Personal ist freundlich und hilft mit Empfehlungen. Das Menü kann bequem auf einem Tablet mit Fotos der Gerichte eingesehen werden.
Tipp: Besonders empfehlenswert sind die Nudeln mit Schweinenackenpfeffer und das Reisrisotto mit Abalone.
Hinweis: Die Abstände zwischen den Tischen sind eng. In Zeiten, in denen viel los ist, kann es zu Verzögerungen beim Essen kommen.

Beliebte Menüoptionen

발사믹 관자와 감자 퓨레 Balsamico-Muschel und Kartoffelpüree 36.000
항정살 페퍼 메주 파스타 Hangjeongsal (Schweinenacken) Pfeffer Meju (Bohnenpaste) Psta 29.000
전복 솥밥 리조또 Jeonbok Sotbap (Abalonen-Topfreis) Risotto 29.000

Apgujeong / Cheongdam / Garosu-gil
압구정 / 청담 / 가로수길

 Seocho / Seorae Village
서초 / 서래마을

Ein italienisches Restaurant, bekannt für seine Seeigel-Pasta

볼피노
Volpino

Ein italienisches Restaurant mit Blick auf den Han-Fluss

이솔라 레스토랑
Isola Restaurant

서울 강남구 도산대로45길 10-7
Gangnam-gu Dosan-daero 45-gil 10-7
instagram.com/cucciologroup

서울 서초구 올림픽대로 2085-14
Seocho-gu Olympic-daero 2085-14
somesevit.co.kr/kr/business/gavit/isola.do

Tel : 010-2249-1571
Tel Reservierung : O	**GEÖFT** Täglich 12:00-22:30
Mitnehmen : O	**Letzt Best :** 20:50
Reserv erforderlich : X	**Ruhezeit :** 15:00-18:00

Tel : 02-533-0077
Tel Reservierung : O	**GEÖFT** Täglich 11:30-21:30
Mitnehmen : O	**Letzt Best :** 14:00 / 20:30
Reserv erforderlich : X	**Ruhezeit :** 15:00-17:00

Ambiente: Das Interieur kombiniert klassische und moderne europäische Elemente und schafft eine stilvolle Atmosphäre. Es verfügt über Steh- und Tischplätze, wobei die Tische dicht beieinanderstehen. Die Beleuchtung ist gedämpft, weder zu hell noch zu schummrig.
Speisekarte: Das Angebot umfasst eine Vielzahl von Gerichten, darunter Vorspeisen, Nudelgerichte und Desserts, die für ein abwechslungsreiches Esserlebnis sorgen.
Merkmale: Im Mittelpunkt steht die authentische italienische Küche mit Pasta als Hauptattraktion. Durch die Verwendung von frischer Pasta werden die Textur und die Gesamtqualität verbessert.
Tipp: Besonders beliebt sind die Seeigel-Pasta (Uni-Pasta) und die Ragu-Pasta.
Hinweis: Die Gerichte sind eher salzig. Nudeln sind dem Steak vorzuziehen.

Ambiente: Das Restaurant liegt direkt am Sebitseom, einem bekannten Ort für nächtliche Ausblicke auf Seoul. Das Restaurant verfügt über ein geräumiges, luxuriöses Interieur. Durch große Fenster können die Gäste ihre Mahlzeiten mit Blick auf den Han-Fluss genießen, was durch ein gemütliches **Ambiente** ergänzt wird.
Speisekarte: Angeboten werden traditionelle italienische Gerichte wie Pasta, Pizza und Steak, die als Menüs und Gänge erhältlich sind.
Merkmale: Während tagsüber eine entspannte Zeit mit Blick auf den Han-Fluss genossen werden kann, kann man abends den Sonnenuntergang und die nächtliche Kulisse erleben.
Tipp: Das Mittagsgericht (Pasta oder Steak) ist sehr zu empfehlen.
Hinweis: Das Restaurant liegt etwas entfernt vom Parkplatz und der U-Bahn-Station und ist in mindestens 5 Minuten zu Fuß zu erreichen.

Beliebte Menüoptionen

트러플 아란치니 Getrüffelte Arancini (6) 19.000
탈리아탈레 라구 볼로네제 Tagliatelle al Ragu Bolognese 29.000
우니파스타 Uni (Seeigel) Pasta 34.000

Beliebte Menüoptionen

Margherita Pizza 25.000
Spaghetti Alle Vongole 27.000
Lasagna with Roasted Eggplant 29.000

Lunch Pasta/Steak Course 33.000/45.000
Dinner Pasta Course (nur WT.) 46.000
Isola Special/Premium Course 77.000/150.000

Hannam-dong / Itaewon
한남동 / 이태원

Ein original italienisches Restaurant, ausgezeichnet von der italienischen Regierung

일키아소
Il Chiasso

서울 용산구 녹사평대로40길 55-7
Yongsan-gu Noksapyeong-daero 40-gil 55-7
instagram.com/ilchiasso.seoul

Tel : 0507-1465-5648	GSCHL Mo.
Tel Reservierung : O	GEÖFT Di.-So. 18:00-22:00
Mitnehmen : X	Letzt Best : X
Reserv erforderlich : X	Ruhezeit : —

Ambiente: Das in einer hügeligen Gasse in Noksapyeong gelegene Lokal erinnert mit seiner gelb getönten Einrichtung an ein kleines italienisches Restaurant in Seoul. Zur authentischen Atmosphäre trägt auch die Anwesenheit von italienischem Personal bei.
Speisekarte: Das Angebot umfasst Vorspeisen, Pasta, Hauptgerichte, Desserts und Getränke.
Merkmale: Das Restaurant ist stolz darauf, von der italienischen Regierung als „Ospitalità Italiana" zertifiziert zu sein. Es ist bekannt für seine frische Pasta und Gnocchi nach italienischer Art.
Tipp: Die Portionen der Pasta sind großzügig. Köstlich ist es, das Parmigiano-Trüffel-Risotto von einem großen Käselaib zu schaben. Das T-Bone-Steak wird nach traditioneller Florentiner Art mit Holzkohle und Eichenholz zubereitet.
Hinweis: Mitnahme möglich (telefonische Bestellung empfohlen). Der Zutritt ist für Gäste unter 13 Jahren nicht gestattet.

Beliebte Menüoptionen

파르미자노 치즈 트러플 리조또 Risotto al Tartufo Sulla Forma di Parmiggiano 30.000
로마식 엔쵸비 스파게티 Spaghetti alla Carretiera 26.000
티본스테이크 Bistecca alla Fiorentina 96.000 (600g)

Ein traditionelles italienisches Restaurant in Namsan, das seit 1990 besteht

라쿠치나
La Cucina

서울 용산구 회나무로44길 10
Yongsan-gu Hoenamu-ro 44-gil 10
la-cucina.co.kr

Tel : 02-794-6006	GSCHL So.
Tel Reservierung : O	GEÖFT Mo.-Sa. 12:00-21:30
Mitnehmen : X	Letzt Best : 19:30
Reserv erforderlich : O	Ruhezeit : 15:00-17:00

Ambiente: Die gesamte Anlage wird genutzt, wobei die erste Etage als Halle dient und die zweite Etage private Räume bietet. Der weitläufige Innenraum bietet die Möglichkeit, den Blick nach draußen zu genießen. Die Räumlichkeiten sind elegant und übersichtlich gestaltet und eignen sich für ruhige Gespräche.
Speisekarte: Die Speisen werden in Form von Gängen serviert, wobei in den Zimmern und im Saal verschiedene Menüs angeboten werden.
Merkmale: Seit vielen Jahren serviert das Restaurant authentische italienische Küche mit den besten Zutaten.
Tipp: Besonders empfehlenswert sind die Lammkoteletts. Bei Sonnenuntergang sollte man das Restaurant besuchen, um die schöne Aussicht zu genießen.
Hinweis: Es gibt nur wenige Optionen für Kindermenüs.

Beliebte Menüoptionen

LEGACY COURSE (Dinner) 180.000
MITTAGSKURS (Halle/Saal) 50.000/85.000

Jongno / Gwanghwamun / Insa-dong
종로 / 광화문 / 인사동

Ein modernes amerikanisch-italienisches Restaurant

마이클바이해비치
Michael By Haevichi

서울 종로구 우정국로 26 센트로폴리스 B동 2층
Jongno-gu Ujeongguk-ro 26, Centropolis, Building B, 2F
michaelsbyhaevichi.com   instagram.com/haevichidining

Tel : 02-722-4300

Tel Reservierung : O	**GEÖFT** WT. 11:00-22:00
Mitnehmen : O	Sa. 10:00-22:00
Reserv erforderlich : X	So./Feiertagen 10:00-21:00
	Letzt Best : WT./Sa. 21:00
	So./Feiertagen 20:00
	Ruhezeit : 15:00-17:00

Ambiente: Im Restaurant gibt es eine moderne amerikanische Einrichtung mit hohen Decken und einer harmonischen Mischung aus luxuriösem Holz, Marmor und goldenen Akzenten. Außerdem verfügt es über geräumige Privaträume, die sich für Geschäftstreffen eignen.
Speisekarte: Das Angebot der **Speisekarte** umfasst eine Vielzahl von Gerichten, die sowohl à la carte als auch als Menüs angeboten werden. Es gibt sowohl kleine Teller als auch große Teller.
Merkmale: Dank des kulinarischen Know-hows, das durch den Betrieb eines Luxushotels erworben wurde, bietet das Restaurant eine breite Palette von Konzeptgerichten an.
Tipp: Anstatt sich für ein Menü zu entscheiden, empfiehlt es sich, mehrere Gerichte à la carte zu probieren. Die kleinen Gerichte lassen sich gut mit Wein kombinieren. Der Oktopus mit Kartoffeln ist ein Muss.
Hinweis: An Werktagen zur Mittagszeit ist das Restaurant bei Geschäftsreisenden sehr beliebt.

Beliebte Menüoptionen

마이클 시그니쳐 버거 Michael's Signature Burger 23.000
문어 & 감자 Oktopus & Kartoffel 26.000
루이지애나 쉬림프 Lousiana Shrimp 28.000
Lunch Course 75.000 / Dinner Course 105.000

Eine einzigartige Erfahrung mit Pasta-Verkostung in einem schönen Hanok-Restaurant

스미스가좋아하는한옥
The Hanok Which Smith Likes

서울 종로구 삼청로 22-7
Jongno-gu Samcheong-ro 22-7
instagram.com/smith_hanok

Tel : 02-722-7003

Tel Reservierung : O	**GEÖFT** Mo.-Sa. : 11:30-21:00
Mitnehmen : O	So./Feiertagen 11:30-20:30
Reserv erforderlich : X	**Letzt Best :** X
	Ruhezeit : Mo.-Sa. 15:00-17:00
	Feiertagen 15:00-16:30

Ambiente: Dieses aus einem Hanok renovierte Restaurant verfügt über einen charmanten großen Innenhof und bietet eine einzigartige Mischung aus koreanischen und westlichen Einflüssen. An den Tischen gibt es reichlich Sitzgelegenheiten.
Speisekarte: Auf der Karte stehen verschiedene Gerichte wie Pizza aus dem Steinofen, Pasta, Risotto und Desserts.
Merkmale: Das Restaurant bietet Gerichte in Form von Gängen an und eignet sich auch für Veranstaltungen und kleine Hochzeiten.
Tipp: Bei Sonnenuntergang und in der Nacht bietet das Restaurant ein besonders schönes und gemütliches **Ambiente**. Es liegt in unmittelbarer Nähe des Nationalmuseums für moderne und zeitgenössische Kunst.
Hinweis: Buchungen können über Catchtable vorgenommen werden. Wir empfehlen, vor dem Besuch die Betriebszeiten auf Instagram zu überprüfen. Bitte beachte, dass die Zubereitung der Speisen einige Zeit in Anspruch nimmt und die Pasta eher salzig ist. Die Pizza aus dem Steinofen ist sehr zu empfehlen.

Beliebte Menüoptionen

Vongole pasta 26.000
Nero di seppia risotto 28.000
Salami pizza 27.000

Pizza - italienische Art

 Hongdae
홍대

Ein italienisches Restaurant mit preiswerten Gerichten
오스테리아 리오
Osteria Leo

서울 마포구 어울마당로5길 50, 2층
Mapo-gu Eoulmadang-ro 5-gil 50, 2F
instagram.com/osterialeo_seoul

Tel : 0507-1336-2754
Tel Reservierung : O
Mitnehmen : X
Reserv erforderlich : O
GEÖFT Täglich 12:00-22:00
Letzt Best : 14:00 / 20:30
Ruhezeit : 15:00-17:30

Ambiente: Das im zweiten Stock eines Gebäudes in einer ruhigen Gasse gelegene Restaurant bietet eine gemütliche Atmosphäre, um die Mahlzeiten zu genießen. Der Raum ist nicht groß, aber die weiten Abstände zwischen den Tischen und die weiten Fenster machen ihn angenehm. Es gibt auch einen Stehtisch.
Speisekarte: Frische Pasta, Pizza und andere authentische italienische Gerichte.
Merkmale: Die Betonung liegt auf den natürlichen Aromen der Zutaten, und es werden sowohl À-la-carte- als auch Gänge-Menüs angeboten.
Tipp: Wenn man ein Gänge-Menü bestellt, empfiehlt es sich, die Arancini hinzuzufügen. Neben der Pasta ist auch das Entenbrustgericht ausgezeichnet.
Hinweis: Da das Restaurant von einem einzigen Chefkoch geführt wird, kann es einige Zeit dauern, bis das Essen serviert wird.

Beliebte Menüoptionen

Arancini 15.000
Vongole 23.000
Gnocchi 26.000

Degustation A 50.000
Degustation B 80.000

 Hannam-dong / Itaewon
한남동 / 이태원

Koreas Neapolitanisches Pizza-Spezialitätenrestaurant der ersten Generation
부자피자
Buzza Pizza

서울 용산구 이태원로55가길 28
Yongsan-gu Itaewon-ro 55ga-gil 28

Tel : 02-794-9474
Tel Reservierung : X
Mitnehmen : O
Reserv erforderlich : X
GSCHL Mo.
GEÖFT Di.-So. 11:30-21:20
Letzt Best : 20:50
Ruhezeit : —

Ambiente: Der Innenraum ist nicht besonders groß, die Tische für vier Personen stehen eng beieinander.
Speisekarte: Authentische Pizza nach neapolitanischer Art und Beilagen.
Merkmale: Ein großer, mit Holz befeuerter Ofen verleiht dem Teig einen wunderbaren Geschmack und Duft.
Tipp: Unbedingt die gebratenen Beilagen probieren, die mit ihrer Textur und ihrem würzigen Geschmack an Italien erinnern.
Hinweis: Oft gibt es lange Wartezeiten. Um Gedränge zu vermeiden, sollte man außerhalb der Hauptgeschäftszeiten mittags und abends kommen. Wer etwas zum Mitnehmen bestellt, muss nicht warten.

Beliebte Menüoptionen

Marinara 10.700
Margherita 15.900
Buzza Classica Pizza 24.000

Hongdae 홍대

 Jamsil 잠실

Eine Pizzeria, die für ihre Holzofenpizza bekannt ist

스파카나폴리
Spacca Napoli

서울 마포구 양화로6길 28, 2층
Mapo-gu Yanghwa-ro 6-gil 28, 2F
instagram.com/spaccanapoliseoul

Tel : 02-326-2323
Tel Reservierung : X	GEÖFT Täglich 11:30-21:30
Mitnehmen : O	Letzt Best : 20:30
Reserv erforderlich : X	Ruhezeit : 15:00-17:00

Ambiente: In diesem kleinen Raum im zweiten Stock sind italienische Film- und Fußballmemorabilien ausgestellt, die eine authentische italienische Atmosphäre schaffen. Die Qualität der Pizza wird durch den Holzofen in der Küche unterstrichen, so dass die Gäste beim Backen zusehen können. Obwohl der Raum nicht groß ist, sorgt ein durchgehendes Fenster an einer Wand für ein erfrischendes Gefühl von Offenheit.
Speisekarte: Zusätzlich zu einer Vielzahl von Holzofenpizzen bietet die **Speisekarte** auch Pasta, Salate und mehr.
Merkmale: Ein preisgekrönter neapolitanischer Pizzabäcker backt in dieser Pizzeria authentische Holzofenpizza, die viele internationale Besucher anlockt.
Tipp: Es werden sechs Pizzastücke serviert. Ein Besuch während der Kirschblütenzeit lohnt sich, um den Blick durch das Fenster zu genießen. Es gibt auch Pizzas zum Mitnehmen, und man kann sofort nach Ankunft bestellen, ohne zu warten.
Hinweis: Angesichts seiner geringen Größe nimmt das Restaurant keine Reservierungen entgegen, aber man kann sich bei der Ankunft auf eine Warteliste setzen lassen. Trotz langer Wartezeiten verlassen viele Gäste das Restaurant, bevor sie einen Platz bekommen haben, so dass sich die Gelegenheit vielleicht früher als erwartet ergibt. Die Essenszeit ist auf maximal 1,5 Stunden begrenzt.

Beliebte Menüoptionen

마르게리타 부팔라 Margherita Bufala: 26.500
아메리카나 Americana: 28.000
파리지앵 Parisienne: 29.500

Eine Pizzeria mit authentischer neapolitanischer Pizza und italienischer Küche

피제리아라고
Pizzeria Lago

서울 송파구 백제고분로41길 39 103호
Songpa-gu Baekjegobun-ro 41-gil 39, #103
instagram.com/pizzeria_lago

Tel : 0507-1434-8588
Tel Reservierung : X	GEÖFT Täglich 11:30-21:30
Mitnehmen : O	Letzt Best : X
Reserv erforderlich : X	Ruhezeit : 15:00-17:00

Ambiente: Das in der Nähe des Seokchon-Sees gelegene Restaurant bietet eine gemütliche Atmosphäre mit leicht gedämpfter Beleuchtung. Die beeindruckende, mit Pflanzen geschmückte Decke trägt zu seinem Charme bei.
Speisekarte: Das Menü ist auf Pizzen spezialisiert und bietet eine Vielzahl von Variationen wie Margherita, Prosciutto e Rucola und mehr.
Merkmale: Probiere die mehrfach preisgekrönte original neapolitanische Pizza und italienische Gerichte.
Tipp: Das Menü lässt sich gut mit Wein kombinieren, also sollte man es gemeinsam genießen.
Hinweis: Oft gibt es Wartezeiten. Die Reihenfolge des Eintreffens richtet sich nicht nach der Anzahl der wartenden Gäste, also sei nicht überrascht, wenn eine andere Gruppe zuerst einen Platz bekommt. Wir empfehlen, sich für eine andere Pizza als die Bismarck zu entscheiden.

Beliebte Menüoptionen

더블 엑스트라 마르게리따 Double Extra Margherita 21.000
콰트로 포르마지 Quattro Formaggi 23.800

MEXIKANISCH

Anfänglich wurde die mexikanische Küche nur von Auswanderern und Reisenden in Korea geschätzt, doch nach und nach zog sie die koreanischen Gäste mit ihren kühnen Aromen und vielseitigen Zutaten in ihren Bann. Rasch gewannen Tacos, Burritos, Quesadillas und Nachos an Beliebtheit, die eine köstliche Mischung aus herzhaftem Fleisch, scharfen Salsas, cremiger Guacamole und würzigem Käse bieten. Überall in den Städten entstanden mexikanische Restaurants und Imbisswagen, die sowohl authentische mexikanische Gerichte als auch originelle, von Korea inspirierte Fusionsgerichte servierten.

Heute erfreut sich die mexikanische Küche in Korea großer Beliebtheit, wobei ihre Anziehungskraft weiter zunimmt, da die Koreaner die vielfältigen und kreativen Geschmacksrichtungen der internationalen Küche zu schätzen wissen. Der Einfluss von Koreanern, die in den USA gelebt und studiert haben und dort amerikanisch geprägte mexikanische Angebote wie die Burrito-Bowls von Chipotle kennengelernt haben, hat wesentlich dazu beigetragen, dass die koreanischen Gaumen den Reichtum der mexikanischen kulinarischen Traditionen kennengelernt haben.

FRANZÖSISCH

Nachdem die französische Küche zunächst im Schatten populärerer Speisen wie der italienischen Küche stand, gewinnt sie in Korea zunehmend an Bedeutung. Koreanische Köche, die im Ausland kulinarische Künste studiert haben, haben die französische Küche den koreanischen Gästen nähergebracht und so zu ihrer wachsenden Beliebtheit beigetragen. Wenngleich sie in Sachen Popularität immer noch hinter der italienischen Küche zurückbleibt, gewinnt die französische Küche in Korea immer mehr an Bedeutung und Wertschätzung. Insbesondere koreanische Feinschmeckerlokale lassen sich von der französischen Haute Cuisine inspirieren und integrieren Elemente der französischen kulinarischen Tradition in ihre Menüs.

Vor allem aber ist es die französische Patisserie, die in der koreanischen Esskultur hervorsticht. Während sich Gerichte wie Coq au Vin und Beef Bourguignon auf koreanischen Tischen etablieren, sind französische Backwaren wie Croissants, Macarons, Eclairs und Tartes bei koreanischen Gästen seit langem sehr beliebt. Die akribische Handwerkskunst und der exquisite Geschmack französischer Backwaren haben den koreanischen Gaumen erobert und sie zu einer festen Größe in Bäckereien, Cafés und Dessertläden im ganzen Land gemacht.

Mexikanisch - authentische

 Hannam-dong / Itaewon
한남동 / 이태원

Original mexikanisches Restaurant mit traditionellen Rezepten

라 크루다
La Cruda

서울 용산구 이태원로42길 36, 2층
Yongsan-gu Itaewon-ro 42-gil 36, 2F
instagram.com/lacruda_corea   lacruda.modoo.at

Tel : 0507-1350-6445
Tel Reservierung : X	**GEÖFT** WT. 11:30-21:00
Mitnehmen : X	WE./Feiertagen 13:00-20:30
Reserv erforderlich : X	**Letzt Best :** WT. 20:30
	WE.
	Feiertagen 20:00
	Ruhezeit : 15:00-17:00

Ambiente: Verborgen zwischen Gebäuden, kann es schwer zu finden sein. Über eine weiße Treppe gelangt man in den zweiten Stock. Das Innere ist einfach und bescheiden, aber farbenfroh dekoriert. Die Atmosphäre ist sehr familiär, es gibt etwa 10 Tische.
Speisekarte: Eine Vielzahl von Gerichten, die man in Mexiko finden kann. Die Bestellungen werden über ein Tablet am Tisch aufgegeben.
Merkmale: Der Inhaber ist Chefkoch und hat eine mexikanische Kochschule absolviert. Die Tortillas werden aus mexikanischem Mais hergestellt und alle Soßen sind hausgemacht.
Tipp: An der Selbstbedienungstheke kann man sich die hausgemachte Salsa-Sauce holen.
Hinweis: An Wochenenden gibt es keine Ruhezeiten. Wer den Tex-Mex-Stil gewohnt ist, dem könnten die Aromen etwas fad erscheinen.

Beliebte Menüoptionen

Chimichanga 18.000
Nacho 15.000
Quesadilla 13.000

Ein bei Einheimischen und Ausländern gleichermaßen beliebtes koreanisch-mexikanisches Restaurant

바토스 이태원점
Vatos (Filiale Itaewon)

서울 용산구 이태원로15길 1, 2층
Yongsan-gu Itaewon-ro 15-gil 1, 2F
vatoskorea.com   instagram.com/vatoskorea

Tel : 02-797-8226
Tel Reservierung : O	**GEÖFT** Täglich 11:30-22:00
Mitnehmen : O	**Letzt Best :** 14:30, 21:30
Reserv erforderlich : X	**Ruhezeit :** 15:00-17:00

Ambiente: Das Interieur versprüht eine exotische Kneipenatmosphäre mit Schwarz- und Brauntönen. Während der Innenbereich eher dunkel ist, ist die Außenterrasse hell und entspannt.
Speisekarte: Tex-Mex-Gerichte und Fusionsgerichte sowie verschiedene Cocktails.
Merkmale: Das Restaurant stellt ein neues Konzept koreanisch-mexikanischer Fusionsküche vor, das koreanische Aromen integriert.
Tipp: Absolut empfehlenswert sind das Signature Dish, die Kimchi Carnitas Fries und der Galbi Taco. Die „Batos Rita", eine Margarita mit einer Bierflasche darin, ist ebenfalls ein kultiger Menüpunkt.
Hinweis: Durchgehend geöffnet ohne Pause an Wochenenden und Feiertagen. Das Lokal liegt leicht bergauf. Da es hauptsächlich eine Bar ist, kann es in den Abendstunden viele betrunkene Gäste geben, was für Personen mit Kindern nicht unbedingt geeignet ist.

Beliebte Menüoptionen

Kimchi Carnitas Fries 15.900
Galbi Taco 16.900

⑤ Jongno / Gwanghwamun / Insa-dong
종로 / 광화문 / 인사동

Mexikanisch - Tex-Mex

② Seocho / Seorae Village
서초 / 서래마을

Ein Ort, an dem man authentisches mexikanisches Essen in einem Hanok-Ambiente genießen kann

엘까르니따스 익선점
El Carnitas (Filiale Ikseon)

서울 종로구 수표로28길 17-13
Jongno-gu Supyo-ro 28-gil 17-13
instagram.com/elcarnitas_ikseon

Tel : 0507-1434-8229

Tel Reservierung : O	**GEÖFT** Täglich 11:30-22:00
Mitnehmen : O	**Letzt Best :** 21:00
Reserv erforderlich : X	**Ruhezeit :** —

Ambiente: Das Restaurant befindet sich in einem traditionellen Hanok-Gebäude in Ikseon-dong und strahlt ein ausgeprägtes mexikanisches **Ambiente** aus.
Speisekarte: Hier kann man eine Vielzahl von mexikanischen Gerichten wie Tacos, Platten und Burritos genießen.
Merkmale: Die Küche konzentriert sich auf authentische mexikanische Gerichte und bietet die Möglichkeit, mexikanische Aromen in Korea zu erleben.
Tipp: Die angebotenen Menüs sind gut zusammengestellt und bieten ein gutes Preis-Leistungs-Verhältnis, was sie zu einer guten Wahl für größere Gruppen macht. Die Double Quesadilla ist für ihre großzügige Füllung bekannt. Bitte beachte, dass der Shrimp Taco gebratene Garnelen enthält.
Hinweis: Das Restaurant arbeitet mit einem Rufsystem und nicht mit einer telefonischen Warteliste, daher ist es wichtig, dass man seinen Sitzplatz nicht unbeaufsichtigt lässt.

Beliebte Menüoptionen

까르니따스 따꼬 Carnitas Taco 9.900
까르니따스 부리또 Carnitas Burrito 11.900
더블 퀘사디아 Double Quesadilla 18.900

Ein traditionelles mexikanisches Restaurant, das einem das Gefühl gibt, in einem mexikanischen Haus zu speisen

슈가스컬 센트럴시티점
Sugar Skull
(Filiale Central City)

서울 서초구 사평대로 205 파미에스테이션 103호-1호
Seocho-gu Sapyeong-daero 205, Famille Station 103-1
instagram.com/sugarskull0_0

Tel : 0507-1382-8677

Tel Reservierung : O	**GEÖFT** Täglich 11:00-22:00
Mitnehmen : O	**Letzt Best :** 21:00
Reserv erforderlich : X	**Ruhezeit :** —

Ambiente: Die Räumlichkeiten sind mexikanischen Straßen und Häusern nachempfunden und bestechen durch ihr farbenfrohes und skurriles Dekor. Die Tische stehen zwar eng beieinander, aber man kann trotzdem gemütlich essen.
Speisekarte: Die Auswahl an traditionellen mexikanischen Gerichten wie Tacos, Burritos und Fajitas ist groß.
Merkmale: Das Restaurant offeriert eine Vielzahl von südamerikanischen Gerichten, so dass man ein breites Spektrum an Geschmacksrichtungen erleben kann.
Tipp: Wir empfehlen die Taco-Platte, auf der man vier verschiedene Tacos mit je zwei Stück probieren kann. Die Tortillas können auf Wunsch kostenlos nachgefüllt werden.
Hinweis: Bei Bestellungen zum Mitnehmen erhält man einen Rabatt von 10 %.

Beliebte Menüoptionen

타코 플래터 Taco Platter 43.000
바바코아 퀘사디아 Barbacoa Quesadilla 21.500

Hannam-dong / Itaewon
한남동 / 이태원

Koreas mexikanisches Restaurant aus erster Generation

코레아노스키친
Coreanos Kitchen

서울 용산구 녹사평대로40길 46
Yongsan-gu Noksapyeong-daero 40-gil 46
instagram.com/coreaskitchen

Tel : 02-795-4427
Tel Reservierung : O **GEÖFT** Täglich 12:00-22:00
Mitnehmen : O **Letzt Best :** 21:20
Reserv erforderlich : X **Ruhezeit :** —

Ambiente: Das gesamte Lokal ist im mexikanischen Stil eingerichtet und umfasst eine charmante Terrasse mit offenen Sonnenschirmen.
Speisekarte: Ein QR-Code auf der **Speisekarte** erleichtert die Auswahl der Gerichte, angefangen von den Tacos bis hin zu den Fotos.
Merkmale: Dieses Restaurant stellt den Tex-Mex-Stil in Korea vor, indem es koreanische Zutaten mit mexikanischer Küche zu Fusionsgerichten vermischt.
Tipp: Man kann Gerichte individuell anpassen, indem man Zutaten hinzufügt oder weglässt, so dass man seine Vorlieben bei der Bestellung besprechen kann. Besonders romantisch sind die Terrassenplätze bei Sonnenuntergang.
Hinweis: Die Terrasse ist freitags, samstags und sonntags auf maximal 2 Stunden begrenzt. Das Restaurant liegt in der Nähe der Noksapyeong-Station und ist daher leicht mit der U-Bahn zu erreichen.

Beliebte Menüoptionen

타코 플레터 Taco Platter (7 Stück) 39.000
치킨 퀘사디아 Chicken Quesadilla 14.000
OG 부리또 OG Burrito 14.000

 Hongdae
홍대

Ein modernes mexikanisches Restaurant im New Yorker Stil im Herzen der Stadt

익스첼
Ixchel

서울 마포구 토정로 33-1
Mapo-gu Tojeong-ro 33-1
instagram.com/ixchel.seoul

Tel : 0507-1352-1358 **GSCHL** Mo.
Tel Reservierung : O **GEÖFT** Di.-So. 11:00-21:00
Mitnehmen : X **Letzt Best :** 14:00 / 20:00
Reserv erforderlich : X **Ruhezeit :** 15:00-17:00

Ambiente: Inspiriert von den Kalksteinhöhlen tief im Dschungel Mexikos, vermittelt das Interieur das Gefühl, sich an einem Urlaubsort zu befinden. Geräumige Tische sorgen für ein komfortables Esserlebnis.
Speisekarte: Es erwarten dich Gerichte wie die Birria Tacos aus Rinderhaxen, die über 6 Stunden lang langsam gegart werden, oder die Carnitas aus Schweinebauch, der über 8 Stunden lang sous vide gegart wird.
Merkmale: Zeitgemäße Neuinterpretationen der mexikanischen Küche durch einen mit zwei Michelin-Sternen ausgezeichneten Küchenchef. Von den Soßen bis zu den Tortillas wird alles von Hand gemacht, um ein gesundes und schmackhaftes Esserlebnis ohne übermäßige Schärfe zu bieten.
Tipp: Lass dir die unverwechselbare Süßkartoffel-Guacamole nicht entgehen, ein einzigartiges Gericht, das du nirgendwo anders finden wirst.
Hinweis: Auf Wunsch sind Pommes frites gegen Aufpreis erhältlich, während Soßen ohne Aufpreis angeboten werden. Die Sanitäranlagen sind sauber und gepflegt.

Beliebte Menüoptionen

고구마 과카몰리 Goguma (Süßkartoffel) Guacamole 18.000
비리아 타코 Birria Taco 14.000
까르니타스 Carnitas 16.000

Französisch

 Apgujeong / Cheongdam / Garosu-gil
압구정 / 청담 / 가로수길

Ein entspanntes französisches Restaurant, das an eine Pariser Weinbar erinnert

부베트
Buvette

서울 강남구 논현로 854 안다즈 서울 강남 상업시설 건물 1층
Gangnam-gu Nonhyeon-ro 854
www.buvette.co.kr   instagram.com/buvetteseoul

Tel : 02-3442-7859

Tel Reservierung : O	GEÖFT Täglich 10:00-23:00
Mitnehmen : X	Letzt Best : 22:00
Reserv erforderlich : O	Ruhezeit : —

Ambiente: Das Restaurant befindet sich außerhalb des Andaz Hotels. Die rot akzentuierte Außenfassade und das einzigartige, französisch inspirierte Interieur schaffen eine besondere Atmosphäre. Es gibt Bar- und Tischplätze sowie eine Terrasse, die bei schönem Wetter geöffnet ist.
Speisekarte: Über 40 Weinsorten und 10 verschiedene Cocktails stehen auf der Karte, begleitet von kleinen Gerichten. Es gibt verschiedene Mittags-, Brunch- und Abendmenüs.
Merkmale: Wer dieses französische Bistro besuchen möchte, kann dies den ganzen Tag über tun, von morgens bis abends.
Tipp: Das Brunch-Menü wird von 10:00 bis 16:00 Uhr serviert, das Abendmenü gibt es von 16:00 bis 23:00 Uhr. Das Brunch-Menü ist sehr zu empfehlen.
Hinweis: Da die Portionen recht klein sind und auf die Kombination mit Wein ausgelegt sind, kann es sein, dass man mehrere Gerichte benötigt, um satt zu werden.

Beliebte Menüoptionen

Carottes Rapees 12.000
Salmon Rilletes 22.000
Oyster Frites 32.000

Preiswerte französische Spitzengastronomie

파씨오네
Passionne

서울 강남구 언주로164길 39
Gangnam-gu Eonju-ro 164-gil 39

Tel : 02-546-7719	GSCHL	So.
Tel Reservierung : O	GEÖFT	Mo.-Fr. 12:00-22:00
Mitnehmen : X		Sa. 12:00-21:30
Reserv erforderlich : O	Letzt Best :	X
	Ruhezeit :	15:00-18:00

Ambiente: Das Lokal befindet sich in der zweiten Etage des Gebäudes. Die antike Einrichtung ist charmant und gemütlich.
Speisekarte: Angeboten werden Mittags- und Abendgerichte, die traditionelle französische Küche interpretieren.
Merkmale: Der Küchenchef bereitet die Gerichte täglich mit den besten, handverlesenen frischen Zutaten zu.
Tipp: Für besondere Anlässe können Desserts mit Schriftzügen oder Kerzen verziert werden, daher ist es ratsam, im Voraus eine Anfrage zu stellen.
Hinweis: An kühleren Tagen kann sich der Raum etwas kalt anfühlen, und der Abstand zwischen den Tischen ist etwas eng.

Beliebte Menüoptionen

Lunch Course 65.000
Dinner Course 110.000

② Seocho / Seorae Village
서초 / 서래마을

Ein modernes französisches Esserlebnis mit saisonalen Zutaten

윤
Yoon

서울 서초구 반포동 68-1
Seocho-gu Banpo-dong 68-1
instagram.com/yoon_seorae

Tel : 02-3481-5007
Tel Reservierung : O
Mitnehmen : X
Reserv erforderlich : X
GEÖFT Täglich 11:30-22:00
Letzt Best : 20:30
Ruhezeit : 15:00-17:30

Ambiente: Das Interieur ist in schlichten schwarzen und weißen Tönen gehalten und bietet mit nur fünf Tischen eine private und intime Atmosphäre. Durch die großen Fenster wirkt der Raum nicht beengt. Es ist ein idealer Ort für Verabredungen und besondere Anlässe.
Speisekarte: Das Restaurant bietet sowohl Mittags- als auch Abendgerichte an, so dass Sie von den Hauptgerichten bis hin zu den Desserts eine breite Palette an Speisen genießen können.
Merkmale: Hier kann man raffinierte und elegante Gerichte zu einem angemessenen Preis genießen, die geschmacklich mit teureren Fine-Dining-Restaurants vergleichbar sind.
Tipp: Das Menü wechselt saisonal, daher empfiehlt es sich, vor dem Besuch nachzulesen.
Hinweis: Die Portionen mögen für den durchschnittlichen männlichen Gast etwas klein sein. Vielleicht sollte man ein zusätzliches Gericht aus der **Speisekarte** erwägen. Die Toiletten sind unisex.

Beliebte Menüoptionen

Lunch Course 49.000
Dinner Course 99.000

③ Hannam-dong / Itaewon
한남동 / 이태원

Ein entspanntes französisches Restaurant mit gemütlichem Ambiente

꼼모아
CommeMoa

서울 용산구 신흥로 56
Yongsan-gu Sinheng-ro 56
instagram.com/commemoa

Tel : 02-6217-5252
Tel Reservierung : X
Mitnehmen : X
Reserv erforderlich : X
GSCHL Di. / Mi.
GEÖFT WT. 17:30-23:00
WE./Feiertagen 12:00-23:00
Letzt Best : 21:30
Ruhezeit : 15:00-17:00

Ambiente: Das an einem steilen Hügel gelegene Restaurant zeichnet sich durch sein helles weinrotes Äußeres und einen intimen Innenraum aus. Es gibt auch einen Tisch auf der Terrasse.
Speisekarte: Angeboten werden traditionelle französische Gerichte wie Escargot und Entenkeulen-Confit, aber auch einzigartige Speisen wie Crème brûlée mit Seeigel.
Merkmale: Dank seines authentischen französischen Geschmacks und seiner Atmosphäre ist das Restaurant ein charmanter Ort für ein gemütliches Date.
Tipp: Das unverwechselbare Beef Wellington erfordert eine Reservierung einen Tag im Voraus (über die App CatchTable und in der Reservierungsnotiz erwähnen, Mindestbestellmenge für zwei Personen). Sehr zu empfehlen ist auch das einzigartige Dessertsoufflé des Chefkochs. Beliebte Gerichte sind die Crème brûlée von Gänseleber und die Pâté en croûte.
Hinweis: Der Raum ist recht klein. Aufgrund der Hanglage ist er für Gehbehinderte möglicherweise nicht geeignet. Pro Person ist eine Mindestbestellung von einem Getränk erforderlich. Das Restaurant ist für Kinder nicht zugänglich.

Beliebte Menüoptionen

Beef Wellington 80.000
Escargot 21.000
Sea Urchin (Seeigel) Crème Brûlée 21.000

③ Hannam-dong / Itaewon
한남동 / 이태원

Ein legeres französisches Restaurant, das auf frische Zutaten setzt

쎄오
Seo

서울 용산구 이태원로54길 74
Yongsan-gu Itaewon-ro 54-gil 74
instagram.com/seo_hannam

Tel : 0507-1360-4795		GSCHL Mo.	
Tel Reservierung : X		GEÖFT Di. 17:00-22:00	
Mitnehmen : X		Mi.-So. 12:00-22:00	
Reserv erforderlich : X		Letzt Best : 20:50	
		Ruhezeit : 15:00-17:00	

Ambiente: Die moderne und ungezwungene Atmosphäre des Restaurants ist ideal für Gruppen von 3 bis 4 Personen, die sich gerne treffen und unterhalten. Es verfügt über ein angenehmes **Ambiente** mit einer ansprechenden Inneneinrichtung und einer offenen Küche, in der man die Zubereitung beobachten kann.
Speisekarte: Vor allem französische Küche, darunter Gerichte wie Flammkuchen und Entenbruststeak, aber auch exotische Speisen wie Shimesaba.
Merkmale: Die Gerichte werden mit frischen Zutaten zubereitet, die täglich von Bauernhöfen und Fischmärkten bezogen werden.
Tipp: Wer einen Fensterplatz haben möchte, sollte reservieren.
Hinweis: Auch wenn man das Schild vom Gebäude aus sehen kann, muss man ins Innere gehen, um den Eingang zu finden. Das Lokal befindet sich im zweiten Stock eines Backsteingebäudes. Es gibt genügend Sitzplätze, so dass es sich lohnt, das Restaurant zu besuchen.

Beliebte Menüoptionen

Tarte Flambée 21.000
Duck Breast with Duck Jus 42.000

④ Myeongdong
명동

Ein charmantes, zeitgenössisches französisches Feinschmecker-Restaurant

라망시크레
L'Amant Secret

서울 중구 퇴계로 67 레스케이프 호텔 26층
Jung-gu Toegye-ro 67, L'Escape Hotel, 26F
instagram.com/lamant_secret

Tel : 02-317-4003	
Tel Reservierung : O	GEÖFT Täglich 12:00-22:00
Mitnehmen : X	Letzt Best : X
Reserv erforderlich : X	Ruhezeit : 15:00-18:00

Ambiente: Im 26. Stock des Escape Hotels gelegen, bietet dieses Restaurant eine geheimnisvolle Atmosphäre mit einer überwiegend karminroten Einrichtung im Belle-Epoque-Stil. Es ist ein beliebter Ort für romantische Verabredungen.
Speisekarte: Es interpretiert die „westliche Küche mit koreanischem Einschlag" auf moderne Weise. Geboten werden nur Standardmenüs mit begrenzten Möglichkeiten zur individuellen Gestaltung.
Merkmale: Je nach Jahreszeit und Verfügbarkeit der Zutaten variiert die **Speisekarte** auf subtile Weise, wobei der Fokus auf einer sorgfältigen und dekorativen Anrichtung mit einer Prise Witz liegt.
Tipp: Zu jedem Gericht gibt es eine einzigartige Hintergrundgeschichte, die das Esserlebnis bereichert. Wer beim Genießen auf diese Geschichten achtet, kann das Erlebnis noch steigern.
Hinweis: Es wird empfohlen, sich schick zu machen. Sollte es sich um einen besonderen Anlass handeln, empfiehlt es sich, dies vorher zu erwähnen, um das Erlebnis noch individueller zu gestalten.

Beliebte Menüoptionen

Lunch Course 160.000
Dinner Course 250.000

INDISCH

Japanisches Curry ist in Korea schon seit langem beliebt. Mit dem Aufkommen des internationalen Tourismus tauchten jedoch in Städten wie Seoul immer mehr indische Restaurants auf, die traditionelle Gerichte wie Curry, Biryani, Tandoori und Naan anbieten. Dieses Aufkommen spiegelt die wachsende Nachfrage der koreanischen Gäste nach authentischen indischen Gerichten wider. Die gewagten Geschmacksrichtungen und die vielen vegetarischen Optionen der indischen Küche sprachen die einheimischen Gaumen an und trugen zu ihrer allgemeinen Popularität bei. Des weiteren wurden indische Restaurants für ihr vielfältiges vegetarisches Angebot geschätzt, das den Ernährungsgewohnheiten vieler koreanischer und ausländischer Gäste in Korea entgegenkommt.

SPANISCH

Auch die spanische Küche gewinnt in Korea immer mehr an Anerkennung und zieht immer mehr Gäste an. Insbesondere Tapas erfreuen sich zunehmender Beliebtheit, da sie eine Vielzahl von kleinen Tellern bieten, die sich ideal zum Teilen unter den Gästen eignen. Angesichts der wachsenden Begeisterung für die Weinkultur florieren die Tapas-Bars und -Restaurants in den Städten und machen die koreanischen Gäste mit einer breiten Palette spanischer Köstlichkeiten bekannt. Ob Charcuterie, Patatas Bravas, Tortilla Española, Gambas al Ajillo, Croquetas oder Iberico-Steaks - koreanische Gäste schätzen die reichhaltigen und vielfältigen Aromen der spanischen Küche.

MEDITERRAN & NAHOST

Zu Beginn der 2000er Jahre begannen mediterrane/nahöstliche Restaurants in Großstädten wie Seoul Fuß zu fassen. Anfangs richteten sie sich an muslimische Gäste, gewannen aber schnell an Zugkraft unter koreanischen Restaurantbesuchern. Diese Lokale brachten authentische Köstlichkeiten wie Kebab und köstliche Süßigkeiten wie Baklava in die lokale Gastronomieszene. Ihre einzigartigen Geschmacksrichtungen und aromatischen Gewürze sprachen schnell ein breiteres Publikum an und führten zu einem Popularitätsschub im ganzen Land.

Indisch

 Apgujeong / Cheongdam / Garosu-gil
압구정 / 청담 / 가로수길

Ein indisches Restaurant geführt von einem indischen Chefkoch mit über 20 Jahren Erfahrung

칸티푸르
Kantipur

서울 강남구 선릉로152길 5, 지하 1층
Gangnam-gu Seolleung-ro 152-gil 5, B1

Tel : 0507-1354-4667

Tel Reservierung :	O	GEÖFT	Täglich 10:00-22:00
Mitnehmen :	O	Letzt Best :	21:30
Reserv erforderlich :	X	Ruhezeit :	—

Ambiente: Das Restaurant befindet sich im Untergeschoss auf der rechten Seite, wenn man das Gebäude betritt. Die direkt aus Indien stammende Einrichtung und das Interieur schaffen eine authentische indische Atmosphäre. Der weitläufige Bereich bietet viele Tische und hat auch private Räume.
Speisekarte: Es wird eine Vielzahl von traditionellen indischen Gerichten angeboten, darunter Currys, Biryani, Tanduri-Huhn und Lassi.
Merkmale: Seit 13 Jahren bietet das Restaurant authentische indische Küche in Korea an. Mit einem traditionellen Tandoor-Ofen werden die besten Grill- und Curry-Aromen zubereitet.
Tipp: Der Mittagskurs zeichnet sich durch ein gutes Preis-Leistungs-Verhältnis aus (an Wochenenden nicht verfügbar). Bei einer Reservierung über Naver erhält man unter Umständen ein Lassi oder grünen Salat gratis (das Angebot kann ohne Vorankündigung enden).
Hinweis: Da die Zubereitung sehr authentisch ist, könnte sie für manche ungewohnt sein.

Beliebte Menüoptionen

Chicken Tika Masala Curry 16.000
Tanduri Chicken 20.000
Lassi 5.500

Lunch Course - 15.000
Couple Set-Menü : 56.000

 **Hannam-dong / Itaewon**
한남동 / 이태원

Ein authentisch indisches Restaurant, bekannt für sein Wochenendbuffet

타지팰리스
Taji Palace

서울 용산구 우사단로 39
Yongsan-gu Usadan-ro 39

Tel : 02-790-5786

Tel Reservierung :	O	GEÖFT	Täglich 11:00-21:30
Mitnehmen :	O	Letzt Best :	X
Reserv erforderlich :	X	Ruhezeit :	—

Ambiente: Das Restaurant befindet sich im zweiten Stock eines Gebäudes, das mit traditionellen indischen Motiven in Gelb dekoriert ist. Der Innenbereich ist geräumig, mit Tischen für kleine und große Gruppen und einer beeindruckenden indischen Dekoration.
Speisekarte: Das Angebot umfasst eine Vielzahl von Gerichten, darunter Grundgerichte wie Curry und Naan, Thali, Kursmenüs und vegetarische Optionen.
Merkmale: Betrieben von einem indischen Besitzer und Personal, das eine große Auswahl an authentischer indischer Küche serviert. Bestellungen können über Tablets an den Tischen aufgegeben werden.
Tipp: Das Wochenend-/Feiertagsbuffet mit Tanduri-Huhn, verschiedenen Currys und Grillgerichten, Safranreis, Dal und Desserts überzeugt durch sein gutes Preis-Leistungs-Verhältnis.
Hinweis: Alkohol wird nicht ausgeschenkt. Die Gewürze sind ziemlich stark. An Wochenenden und Feiertagen kann auch à la carte bestellt werden.

Beliebte Menüoptionen

Tanduri Chicken 19.800
Butter Chicken Curry 14.000

Course 23.000
Buffet 22.900

Hongdae
홍대

 Jamsil
잠실

Ein kleines indisches Restaurant, berühmt für seine hochwertigen Gerichte zu erschwinglichen Preisen

Ein authentisches indisches Restaurant, bekannt für seine köstlichen Currys

더키친아시아 홍대점
The Kitchen Asia (Filiale Branch)

강가 롯데월드몰점
Gangga (Filiale Lotte World Mall)

서울 마포구 와우산로23길 35-6
Mapo-gu Wausan-ro 23-gil 35-6

서울 송파구 올림픽로 300 롯데월드몰 6층
Songpa-gu Olympic-ro 300, Lotte World Mall, 6F
gangakr.modoo.at   instagram.com/ganga.official

Tel : 0507-1359-3232

Tel Reservierung : O	**GEÖFT** Täglich 11:00-22:00
Mitnehmen : O	**Letzt Best :** 21:30
Reserv erforderlich : X	**Ruhezeit :** —

Tel : 02-3213-4635

Tel Reservierung : O	**GEÖFT** Täglich 10:30-22:00
Mitnehmen : O	**Letzt Best :** 21:00
Reserv erforderlich : X	**Ruhezeit :** —

Ambiente: Auch wenn die Adresse den ersten Stock angibt, muss man nur eine kleine Treppe hinaufsteigen. Die Räumlichkeiten sind gemütlich, wie ein kleines Café, ohne kitschig zu wirken.
Speisekarte: Man kann zwischen À-la-carte- und Set-Menüs wählen, wobei es auch Set-Menüs für Einzelgäste gibt. Das Mittagsmenü bietet eine gute Auswahl.
Merkmale: Das Restaurant serviert 100 % Halal-Essen.
Tipp: Sehr empfehlenswert ist das Curry, das vom nepalesischen Besitzer mit aus Nepal importierten Gewürzen zubereitet wird und einen intensiven, exotischen Geschmack hat. Man sollte es unbedingt mit einem Lassi probieren.
Hinweis: Trotz der günstigen Preise ist die Qualität ausgezeichnet.

Ambiente: Dieses Restaurant befindet sich in der Jamsil Lotte World Mall und besticht durch eine moderne Interpretation indischer Elemente, die sowohl innen als auch außen sauber und elegant präsentiert werden.
Speisekarte: Es achtet darauf, den typischen Aromen des Landes treu zu bleiben und gleichzeitig den koreanischen Geschmack zu treffen.
Merkmale: Unter der Leitung von Köchen aus Indien bietet das Restaurant erstklassige indische Küche. Das Bestellen per Tablet ist äußerst praktisch.
Tipp: Am besten nimmt man einen Fensterplatz mit Blick auf den Seokchon-See.
Hinweis: Das Restaurant bietet auch einen Mitnahmeservice an. Auch wenn die Preise nicht billig sind, so sind sie doch angesichts des angenehmen **Ambientes** und der Qualität der Speisen angemessen.

Beliebte Menüoptionen

Butter Chicken Curry 10.900
Tanduri Chicken Half/Whole 9.000/16.000
Mango Lassi 4.000

1-Personen-Set-Menü 9.900-14.900
2-Personen Set-Menü A 29.900 (Wochenende)
3-Personen-Set-Menü 51.000
4-Personen-Set-Menü 71.000

Beliebte Menüoptionen

Tanduri Chicken 26.500
Beef Vindaloo 24.500
Crispy Samosa 9.500

Spanisch

 Apgujeong / Cheongdam / Garosu-gil
압구정 / 청담 / 가로수길

Ein spanisches Restaurant, das den Fokus auf die natürlichen Aromen der Zutaten legt

트라가
Traga

서울 강남구 압구정로2길 18
Gangnam-gu Apgujeong-ro 2-gil 18
instagram.com/traga_garosugil

Tel : 0507-1352-3523
Tel Reservierung : O   GEÖFT Täglich 11:00-22:00
Mitnehmen : O   Letzt Best : 21:00
Reserv erforderlich : X Ruhezeit : 15:00-17:00

Ambiente: Die Außenfassade mit dem auffälligen roten Dach und dem gelben Schild symbolisiert Spanien. Das Innere ist geräumig mit vielen Tischen, die eine lockere Atmosphäre schaffen. Außerdem gibt es ein paar Tische auf der Terrasse.
Speisekarte: Es werden nicht nur Tagesmenüs, sondern auch eine Vielzahl von spanischen Gerichten angeboten.
Merkmale: Der Schwerpunkt der Zubereitung liegt auf der Maximierung des natürlichen Werts der Zutaten, wobei regionale Aromen besonders berücksichtigt werden.
Tipp: Man sollte die Paella und die Gambas probieren; das Menü ist gut zusammengestellt.
Hinweis: Über Naver können Reservierungen umgehend bestätigt werden. Die Sangria hat einen geringeren Alkoholgehalt. Im Restaurant gibt es keine Toilette.

Beliebte Menüoptionen

Traga Paella 30.000
Gambas Picante 17.000
Pulpo 32.000

Traga Set (2 Personen) 69.000

Seocho / Seorae Village
서초 / 서래마을

Spanische Tapas neu interpretiert mit frischen koreanischen Meeresfrüchten

꼬시나 에스파냐
Cocina España

서울 서초구 서래로5길 19, 2층
Seocho-gu Seorae-ro 5-gil 19, 2F
blog.naver.com/nana5725

Tel : 0507-1424-5561
Tel Reservierung : O   GEÖFT Täglich 12:00-22:00
Mitnehmen : X   Letzt Best : X
Reserv erforderlich : X   Ruhezeit : 14:30-17:00

Ambiente: Das Restaurant befindet sich im zweiten Stock und ist über eine Treppe erreichbar. Das Interieur ist nicht sehr geräumig, dafür aber gemütlich, mit Fenstern neben den Tischen, die den Blick nach draußen freigeben. Zahlreiche spanische Dekorationselemente verleihen dem Lokal ein exotisches Flair.
Speisekarte: Unter der Woche werden zur Mittagszeit keine Tapas-Gerichte serviert. Man kann nur zwischen den Mittagsgerichten wählen.
Merkmale: Sowohl das Äußere als auch das Innere und die Speisen des Restaurants lassen den Geschmack und die Atmosphäre Spaniens nahtlos einfließen. Darüber hinaus ist die Weinkarte sehr vielfältig und eignet sich ideal für die Begleitung von Tapas bei Mittag- oder Abendessen am Wochenende.
Tipp: Gewürzgurken und Jalapeños werden nicht automatisch serviert, daher empfiehlt es sich, sie zu bestellen. Bitte probiere unbedingt das Tintenfischgericht nach galicischer Art.
Hinweis: In der Regel sind die Portionen bei den Hauptgerichten eher klein, so dass man eventuell zusätzliche à la carte-Gerichte wie Ceviche bestellen muss.

Beliebte Menüoptionen

갈리시아 문어 Pulpo a la Galleg 27.000
해산물 빠에야 Paella de Marisco 29.000

Lunch A 39.000 Lunch B 50.000
Set-Menü (España) 99.000 / Person

Hannam-dong / Itaewon
한남동 / 이태원

 Hongdae
홍대

Eine Tapas-Bar mit original spanischer Küche und hervorragendem Sangria

Ein spanisches Restaurant, beliebt für seine köstlichen Gambas al Ajillo

타파스바
Tapas Bar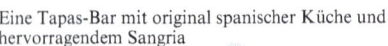

엘비스텍
El Bistec

서울 용산구 이태원로27가길 49
Yongsan-gu Itaewon-ro 27ga-gil 49
instagram.com/tapasbar15

서울 마포구 연남로1길 26
Mapo-gu Yeonnam-ro 1-gil 26
instagram.com/_el_bistec

Tel : 0507-1473-0799
Tel Reservierung : O **GEÖFT** Mo.-Do. 13:00-02:00
Mitnehmen : O WE. 12:00-03:00
Reserv erforderlich : X **Letzt Best** : —
 Ruhezeit : X

Tel : 0507-1373-1713 **GSCHL** Di.
Tel Reservierung : O **GEÖFT** Mo.-So. 11:30-22:00
Mitnehmen : O **Letzt Best** : 21:30
Reserv erforderlich : X **Ruhezeit** : 15:00-16:00

Ambiente: An einer Hauptstraße in der Nähe der Ausfahrt 1 des Bahnhofs Itaewon gelegen. Das Interieur ist so gestaltet, dass man sich wie in Spanien fühlt, wobei die geräumige Einrichtung Platz für viele Gäste bietet.
Speisekarte: Es werden klassische spanische Gerichte wie Gambas al ajillo, Paella, Honigkabeljau, Jamón und Lasagne angeboten. Außerdem gibt es fünf Sorten Sangria.
Merkmale: Die Atmosphäre des Restaurants wird durch eine ganztägig wechselnde Beleuchtung geschaffen, die sowohl den Geschmack als auch das Seh- und Hörvermögen befriedigt.
Tipp: Das Preis-Leistungs-Verhältnis ist gut, weshalb es empfehlenswert ist, eine Reihe von Tapas zu probieren. Neben Sangria ist auch spanisches Bier erhältlich.
Hinweis: Es kann etwas dauern, bis das Essen serviert wird, und die Stühle können bei längerem Sitzen unbequem werden.

Ambiente: Der gemütliche spanische Stil des Restaurants mit einer Vielzahl von Lichtern und Dekorationsgegenständen schafft eine charmante Atmosphäre. Aufgrund der gedämpften Beleuchtung und der grün gestalteten Inneneinrichtung ist es ein beliebter Ort für Verabredungen und Treffen. Zudem gibt es Terrassenplätze im Freien.
Speisekarte: Das Menü bietet eine Auswahl an spanischen Gerichten, darunter Gambas, Paella, Pasta und Wein.
Merkmale: Der als „Meister der Gambas" bekannte Chefkoch wurde bereits mehrfach in koreanischen Medien erwähnt. Im Vergleich zur traditionellen spanischen Küche bietet das Restaurant Gerichte, die für die breite Öffentlichkeit etwas zugänglicher sind.
Tipp: Nach der Bestellung von Gambas empfiehlt es sich, diese auf Baguettescheiben zu genießen. Da noch reichlich Knoblauch vorhanden ist, sollte man es mit einer Paella kombinieren.
Hinweis: Aufmerksames Personal. Haustierfreundlich. Die im Menü enthaltenen Gambas enthalten keinen Knoblauch.

Beliebte Menüoptionen

Gambas al Ajillo 11.900
Bacalao con Miel 15.900
Paella de Tomate 17 900
Sangria 7.900 - 35.000

Beliebte Menüoptionen

Gambas al Ajillo 15.500
Seafood Paella 28.000

Mediterran & Nahost

Hannam-dong / Itaewon
한남동 / 이태원

Von Botschaften des Nahen Ostens als Koreas bestes arabisches Restaurant anerkannt

페트라
Petra

서울 용산구 녹사평대로40길 33, 2층
Yongsan-gu Noksapyeong-daero 40-gil 33, 2F

Tel : 02-790-4433

Tel Reservierung :	X	GEÖFT	Täglich 11:30-22:00
Mitnehmen :	O	Letzt Best :	21:30
Reserv erforderlich :	X	Ruhezeit :	—

Ambiente: Das elegante und antike Interieur im Stil des Nahen Ostens wirkt großartig und kunstvoll. Durch die Musik wird die nahöstliche Atmosphäre noch verstärkt, und die beeindruckenden Vorhänge an den Fenstern tragen zum Charme bei. Das Lokal befindet sich im zweiten Stock und ist über eine Treppe erreichbar.
Speisekarte: Zusätzlich zu den weithin bekannten Gerichten wie Hummus und Falafel kann man auch verschiedene jordanische Gerichte probieren, die man in Korea vielleicht nicht kennt.
Merkmale: Es werden ausschließlich halal-zertifizierte Fleischsorten und frische Zutaten verwendet.
Tipp: Es empfiehlt sich, vor den Salaten und Hauptgerichten großzügige Vorspeisen zu genießen, um ein traditionelles Erlebnis zu haben. Für zwei Personen ist eine Kombination aus Hummus, Falafel, Taboly-Salat und Kebabs hervorragend geeignet.
Hinweis: Es gibt auch Menüoptionen für Vegetarier. Die Schärfe der Gewürze ist nicht übermäßig stark, so dass es auch für Anfänger angenehm ist. Da die Portionen nicht sehr groß sind, empfehlen wir, mehrere Gerichte zu bestellen. Brunch wird nur an Wochenenden von 11:30 bis 15:30 Uhr angeboten.

Beliebte Menüoptionen

Hummus 9.000
Taboly Salad 9.000
Chicken Kebap 19.000

Ein einzigartiges und kulinarisch ansprechendes arabisches Restaurant

아라베스크
Arabesque

서울 용산구 이태원로 227
Yongsan-gu Itaewon-ro 227
instagram.com/arabesque_itaewon

Tel : 02-790-6910

Tel Reservierung :	X	GEÖFT	Täglich 11:30-22:00
Mitnehmen :	O	Letzt Best :	21:30
Reserv erforderlich :	X	Ruhezeit :	—

Ambiente: Die Innenräume bieten eine exotische und unverwechselbare Atmosphäre im arabischen Stil. Das Lokal bietet einen großzügigen Bereich mit privaten Zimmern. Es befindet sich in der zweiten Etage, daher sollten Sie den Eingang finden.
Speisekarte: Obwohl es sich um ein arabisches Restaurant mit einer Vielzahl von nahöstlichen Gerichten handelt, werden auch indische Gerichte wie Curry und Naan angeboten. Vegane Optionen sind ebenfalls erhältlich.
Merkmale: Da das Restaurant von Menschen aus arabischen Ländern geführt wird und diese auch das Personal stellen, zieht es viele ausländische Gäste an, darunter auch Araber. Serviert werden authentische nahöstliche Gerichte, die nicht an den koreanischen Geschmack angepasst sind. Es ist ein Halal-zertifiziertes Restaurant.
Tipp: Das Gericht "Potato and Lamb" ist eine deftige Mahlzeit für zwei Personen. Das Fischcurry ist einzigartig.
Hinweis: Während des Ramadan ändern sich die Öffnungszeiten, und das Restaurant bietet ein Buffet an. Bitte vorab den Zeitplan prüfen.

Beliebte Menüoptionen

Fatosh 8.000
Shawerma Chicken 16.000
Lamb & Potato 24,00

Hannam-dong / Itaewon
한남동 / 이태원

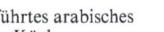

Ein von nahöstlichen Einheimischen geführtes arabisches Restaurant, spezialisiert auf authentische Küche

두바이레스토랑
Dubai Restaurant

서울 용산구 이태원로 192
Yongsan-gu Itaewon-ro 192

Tel : 02-798-9277	**GSCHL** Mo.
Tel Reservierung : O	**GEÖFT** Di.-So. 12:00-23:00
Mitnehmen : O	**Letzt Best :** 22:30
Reserv erforderlich : X	**Ruhezeit :** —

Ambiente: Die Räumlichkeiten sind geräumig und durch Glastüren unterteilt; es gibt einen Shisha-Bereich (Wasserpfeife). Fensterplätze sind mit großen, zu öffnenden Fenstern ausgestattet, die bei schönem Wetter ein Open-Air-Erlebnis ermöglichen. Das moderne Interieur verbindet nahöstliche Düfte mit einer klaren und modernen Ästhetik und hinterlässt einen starken Eindruck.
Speisekarte: Angeboten werden verschiedene Gerichte, darunter Currys, BBQ und Vorspeisen im arabischen Stil.
Merkmale: Zu den beliebten Gerichten gehören Sambosa, Kebabs und Shawarmas.
Tipp: Für Interessierte wird auch arabische Shisha angeboten.
Hinweis: Das Essen ist nah an den Aromen des Nahen Ostens, was etwas exotisch wirken kann.

Beliebte Menüoptionen

Sambosa 6.000
Hummus & Lamb 12.000
Chicken Shish Kebab 15.500

Traditionelle türkische Küche, kreiert von einem türkischen Chefkoch

케르반 레스토랑
Kervan Restaurant

서울 용산구 이태원로 192
Yongsan-gu Itaewon-ro 192
instagram.com/kervankorea

Tel : 0507-1412-4767	
Tel Reservierung : O	**GEÖFT** Täglich 11:00-06:00
Mitnehmen : O	**Letzt Best :** 23:15
Reserv erforderlich : X	**Ruhezeit :** —

Ambiente: Das nahe dem Ausgang 3 des Bahnhofs Itaewon gelegene Restaurant verfügt über einen transparenten Außenbereich und zwei Tische auf der Terrasse. Das Interieur, von den Bodenfliesen bis zu den Wänden, spiegelt wunderschön den lokalen türkischen Stil wider, wobei direkt aus der Türkei importierte Gegenstände eine authentische Atmosphäre schaffen. Die Räumlichkeiten sind recht geräumig.
Speisekarte: Hauptsächlich Lamm und Lammkoteletts, aber auch Grillgerichte nach türkischer Art werden angeboten.
Merkmale: Ein mediterranes Restaurant, das eine Vielzahl von türkischen Gerichten anbietet, darunter traditionelle Kebabs, Pide und Desserts. Das Brot wird vor Ort frisch gebacken.
Tipp: Kritiker empfehlen, das Kaymak zu probieren. Bei der Auswahl der Speisen helfen die Modelle, die vor dem Restaurant ausgestellt sind. Wer Kebab bestellt, erhält kostenlose Vorspeisen wie Brot und Suppe.
Hinweis: Das Personal setzt sich aus vielen ausländischen Kellnern zusammen. Die Preise sind etwas hoch. Spieße im Wrap-Stil sind ab 9 Uhr abends erhältlich.

Beliebte Menüoptionen

Chicken Stea (Lunch Set-Menü) 15.900
Chicken Shish Kebab (Set-Menü) 22.500
Mix Pidé (Set-Menü) 23.500

Kervan Special (2 - 4 Personen) 98.000-167.000

Westliches Essen

 Apgujeong / Cheongdam / Garosu-gil
압구정 / 청담 / 가로수길

Ein gehobenes modernes amerikanisch-europäisches Restaurant

센트레 청담
Centre Cheongdam

서울 강남구 도산대로49길 9
Gangnam-gu Dosan-daero 49-gil 9
instagram.com/centre.cheongdam

Tel : 0507-1372-0559	GSCHL Mo.
Tel Reservierung : O	GEÖFT Di.-So. 11:00-22:00
Mitnehmen : O	Letzt Best : 21:15
Reserv erforderlich : X	Ruhezeit : 16:00-17:00

Ambiente: Der schlichte und moderne Stil, der an eine Hotellobby erinnert, ist ideal für Freunde und Paare. Dank der großen Glasfenster hat man einen schönen Blick auf die Landschaft.
Speisekarte: Eine Vielzahl westlicher Gerichte und Café-Artikel mit beeindruckenden Neuinterpretationen traditioneller Gerichte im Fusionsstil.
Merkmale: Gemütliche und angenehme Atmosphäre, inspiriert von der Gartenküche.
Tipp: Die Gerichte im Fusion-Stil können eine köstliche Erfahrung sein. Außerdem ist es ein großartiger Ort für einen Cafébesuch, und das Apfel-Mango-Bingsu (Eisflocken) ist im Sommer besonders zu empfehlen.
Hinweis: An Wochenenden gibt es keine Pausenzeiten, so dass ein Besuch günstig ist. Bitte beachte, dass das Café gelegentlich wegen privater Veranstaltungen geschlossen ist, informiere dich also im Voraus. Da sich die **Speisekarte** häufig ändert, sollte man sich unbedingt über das aktuelle Angebot informieren. Am Freitag- und Samstagabend können die Klavieraufführungen privatere Unterhaltungen stören.

Beliebte Menüoptionen

Scrambled N Croissant 27.000
Waffle N More 28.000
Seafood Puttanesca Spaghettini 38.000

Ein schwimmendes Restaurant mit Panoramablick auf Seouls nächtliche Skyline und den Han-Fluss

오엔 ON

서울 강남구 압구정로11길 37-30
Gangnam-gu Apgujeong-ro 11-gil 37-30
onriver.co.kr

Tel : 0507-1400-1582	
Tel Reservierung : O	GEÖFT Täglich 11:00 - 05:00
Mitnehmen : O	Letzt Best : 3:00
Reserv erforderlich : X	Ruhezeit : —

Ambiente: Das in einem künstlich errichteten Haus auf dem Han-Fluss untergebrachte Restaurant erstreckt sich über drei Etagen. Der weitläufige Innenraum bietet einen romantischen Blick auf den Han-Fluss, was es zu einem beliebten Ort für Verabredungen macht.
Speisekarte: In der ersten Etage gibt es eine Bar und ein Restaurant, in der zweiten Etage ein Café und ein Restaurant, in dem trendige Gerichte in Form von Gängen serviert werden. Die **Speisekarte** bietet vorwiegend italienische Gerichte.
Merkmale: Genieße die herrliche Aussicht auf das Flussufer und die trendige Küche in Seoul. Das Restaurant ist seit über 20 Jahren in Betrieb.
Tipp. Auf der dritten Etage befindet sich ein Partysaal für private Veranstaltungen. Wer das Restaurant bei Sonnenuntergang besucht, kann die Aussicht sowohl bei Tag als auch bei Nacht genießen. Bitte beachte, dass sich die Fenster im Sommer aufheizen können, wenn du das Restaurant tagsüber besuchst.
Hinweis: Das Gebäude befindet sich im Jamwon-Gebiet am Han-Fluss. Vom Parkplatz aus ist es ein Stück zu Fuß, was bei schlechtem Wetter unangenehm sein kann. Normalerweise muss man ein bestimmtes Menü bestellen, um am Fenster zu sitzen, aber wenn es nicht so voll ist, kann man auch einen anderen Platz bekommen.

Beliebte Menüoptionen

Vongole Pasta 32.000
Seaafood Tomato Risotto 33.000

Couple Set (2 Personen) 149.000
T-Bone Set (2 Personen) 219.000

① Apgujeong / Cheongdam / Garosu-gil
압구정 / 청담 / 가로수길

Eine große Lounge-Bar, perfekt für Partys, voller Energie der Jugendlichen

피플더테라스
People The Terrace

서울 강남구 도산대로81길 13
Gangnam-gu Dosan-daero 81-gil 13
instagram.com/people.theterrace

Tel : 0507-1308-8113	**GSCHL** Mo.
Tel Reservierung : O	**GEÖFT** Di.-So. 18:00-02:00
Mitnehmen : X	**Letzt Best :** 0:40
Reserv erforderlich : O	**Ruhezeit :** —

Ambiente: Das Interieur ist inspiriert von einem europäischen Herrenhaus. Im Erdgeschoss befinden sich eine große Terrasse und ein Speisesaal. Die zweite Etage beherbergt Sitzgruppen und private Räume, während die dritte Etage eine Dachterrasse ist. Es hat den Charakter einer geräumigen Lounge-Bar. Die romantische Atmosphäre zieht vor allem ein junges Publikum an.
Speisekarte: Neben einer Vielzahl von Gerichten wie Pizza, Pasta, Brathähnchen und Steak wird auch eine große Auswahl an Cocktails und alkoholischen Getränken angeboten.
Merkmale: Ein urbaner Kulturraum, ideal für besondere Veranstaltungen oder Feiern.
Tipp: Gegen Aufpreis sind Geburtstagsdekorationen wie Luftballons, Tiaras und Schärpen erhältlich. Der Brathähnchen-Eimer ist sehr zu empfehlen.
Hinweis: Es gibt keine Pausenzeiten, aber die Öffnungszeiten sind von 18 Uhr bis 2 Uhr morgens, also sollte man entsprechend planen. Im Allgemeinen ist es ein Ort, an dem man sich schick macht, daher sollte man auf sein Outfit achten.

Beliebte Menüoptionen

Nasi Goreng 28.000
Fried Chicken Bucket 35.000
Uni Pasta 39.000
Chili con Carne & Truffle Fries 27.000

Ein Brunch-Lokal mit schöner Terrasse

퀸즈파크 청담점
Queen's Park
(Filiale Cheongdam)

서울 강남구 압구정로60길 22
Gangnam-gu Apgujeong-ro 60-gil 22

Tel : 02-542-4073	**GEÖFT** WT. 11:00-21:00
Tel Reservierung : O	WE. 10:00-21:00
Mitnehmen : O	**Letzt Best :** X
Reserv erforderlich : X	**Ruhezeit :** —

Ambiente: Das Restaurant zeichnet sich durch eine schön gestaltete Außenterrasse und ein Interieur im europäischen Stil aus. Große Fenster lassen viel Licht in den weitläufigen Raum, was ihn zu einem beliebten Ort für Verabredungen macht.
Speisekarte: Angeboten wird eine Vielzahl westlicher Gerichte wie Pasta, Kroketten, Caprese und Salate. Auch die Weinkarte ist umfangreich.
Merkmale: Nicht nur Brunch, sondern auch verschiedene Gerichte wie Pasta und Steak sowie eine Auswahl an Weinen. Das von einem großen Unternehmen betriebene Restaurant befindet sich schon seit langem am selben Ort.
Tipp: Die Menüs sind gut zusammengestellt und preisgünstig. Bei Wein-Aktionen gibt es gelegentlich gute Angebote.
Hinweis: In der Regel sind die Portionsgrößen im Verhältnis zum Preis eher klein.

Beliebte Menüoptionen

Queen's Waffle Brunch 25.000
Blueberry Pancake 27.000
Eggs Benedict 29.000

Lunch Set für 2 Personen 106.000
Steak Set für 2 Personen 130.000

Apgujeong / Cheongdam / Garosu-gil
압구정 / 청담 / 가로수길

Gesunde Salate, Pasta und eine Vielzahl veganer Gerichte

썬더버드
Sun The Bud

서울 강남구 압구정로60길 18
Gangnam-gu Apgujeong-ro 60-gil 18
sgdinehill.co.kr   instagram.com/sunthebud_official

Tel : 0507-1436-1377

Tel Reservierung : O	**GEÖFT** Täglich 11:00-21:00
Mitnehmen : O	**Letzt Best :** 20:30
Reserv erforderlich : X	**Ruhezeit :** —

Ambiente: Im geräumigen und freundlichen Innenraum gibt es eine offene Küche, in der man den Kochprozess beobachten kann.
Speisekarte: Salate und Nudeln mit Zutaten, die einen niedrigen glykämischen Index und wenig Kalorien anstreben.
Merkmale: Für jedes Gericht ist der Kaloriengehalt angegeben, was es für Ernährungsbewusste empfehlenswert macht, und für Vegetarier gibt es vegane Optionen.
Tipp: Für Bestellungen zum Mitnehmen gibt es einen ermäßigten Preis.
Hinweis: Das Wasser muss an der Selbstbedienungsbar geholt werden. Über einen QR-Code kann man vom Tisch aus bestellen, allerdings ist dafür eine koreanische Kreditkarte erforderlich.

Beliebte Menüoptionen

연어소바마끼 Yeoneo Soba Maki (Salmon Soba Maki) 20.000
클린 떡볶이 Clean Tteobokki (2 Personen) 25.000
참깨 크림 씨푸드 파스타 Seasame Cream Seafood Pasta 19.550

 Hannam-dong / Itaewon
한남동 / 이태원

Ein Ort, berühmt für sein stilvolles Ambiente und sein köstliches Brunch

오아시스 한남
Oasis Hannam

서울 용산구 이태원로45길 30
Yongsan-gu Itaewon-ro 45-gil 30
www.instagram.com/oasisbrunch

Tel : 02-790-8906

Tel Reservierung : X	**GEÖFT** So.-Do. 09:00-18:00
Mitnehmen : O	Fr.-Sa. 09:00-19:00
Reserv erforderlich : X	**Letzt Best :** WT. 17:00
	WE./Feiertagen 18:00
	Ruhezeit : —

Ambiente: Dieses in einer ruhigen Gasse gelegene Restaurant ist ein umgebautes Wohnhaus mit einem Wartebereich im Inneren. Die gemütliche Einrichtung mit warmen Farbtönen bietet eine wohlige Atmosphäre für entspannte Unterhaltungen. Zudem steht ein Raum im zweiten Stockwerk zur Verfügung.
Speisekarte: Das Angebot umfasst eine Auswahl an Gerichten und Café-Artikeln, wobei der Schwerpunkt auf dem Brunch liegt.
Merkmale: Man bezahlt im Voraus, und das Essen wird sofort nach der Bestellung serviert.
Tipp: Da das Restaurant Standardmenüs anbietet, empfiehlt es sich, entsprechend der Gruppengröße zu bestellen. Außerdem kann ein Besuch im Leeum und der Genuss der Café-**Speisekarte** eine gute Ergänzung zu deinem Besuch sein. Empfehlenswert sind die Pfannkuchen.
Hinweis: Das Café schließt um 18.00 Uhr, die letzte Bestellung wird um 17.00 Uhr entgegengenommen, also sollte man entsprechend planen.

Beliebte Menüoptionen

Chicken Avocado Sandwich 19.500
Egg Benedict 21.000
Banana Walnut Pancake 21.000

Hannam-dong / Itaewon
한남동 / 이태원

Ein trendiges Restaurant, bekannt für seine asiatische Fusion-Küche

DOTZ

서울 용산구 이태원로55나길 6
Yongsan-gu Itaewon-ro 55na-gil 6
instagram.com/dotz_hannam

Tel : 0507-1309-7445

Tel Reservierung : O	**GEÖFT** Mo.-Sa. 11:00-22:00
Mitnehmen : O	So. 11:00-19:00
Reserv erforderlich : X	**Letzt Best :** Mo.-Sa. 14:30/21:00
	So. 18:00
	Ruhezeit : 15:00-17:30

Ambiente: Das schlichte, aber moderne **Ambiente** des Restaurants mit künstlerischer Beleuchtung macht es zu einem beliebten Ort für Instagram-Fotos. Die geräumigen und komfortablen Innenräume sind dank der großen Fenster tagsüber mit Sonnenlicht durchflutet, während es abends gemütlicher und gedämpfter zugeht. Es ist ein beliebter Ort für Verabredungen.
Speisekarte: Auf der Karte stehen verschiedene Gerichte, die asiatische Gewürze und Zutaten mit Brunch-Specials, Salaten und Pasta kombinieren.
Merkmale: Es ist bekannt für seine kreativen Gerichte, die es sonst nirgendwo gibt. Häufig werden hier Pop-up-Events veranstaltet, um neue Gerichte vorzustellen.
Tipp: Wir empfehlen, lieber die Fusion-Gerichte zu probieren als die Standardgerichte.
Hinweis: Die auf Mala basierenden Gerichte sind sehr würzig. Die Portionen sind im Vergleich zum Preis relativ klein.

Beliebte Menüoptionen

다츠 김치 볶음밥 Kimchi Bokkeumbap (Fried Rice) 17.000
다츠 시그니처 카츠산도 Katsu Sando 18.000
마파 라구 소스 에구느들 Mapo Ragu Egg Noodle 21.000

 Jongno / Gwanghwamun / Insa-dong
종로 / 광화문 / 인사동

Eine Brunch- und Weinbar mit Gartenterrasse und beeindruckender zeitgenössischer Kunst

오드하우스
Odd House

서울 중구 정동길 33
Jung-gu Jeongdong-gil 33
instagram.com/odd_haus

Tel : 0507-1310-9845

Tel Reservierung : O	**GEÖFT** Täglich 11:00-22:00
Mitnehmen : X	**Letzt Best :** X
Reserv erforderlich : X	**Ruhezeit :** 15:00-17:00

Ambiente: Im Kontrast zur antiken Backsteinfassade ist das Innere ein stilvoll gestalteter Raum mit moderner Kunst und Objekten. Die schöne Gartenterrasse und die privaten Räume machen es zu einem perfekten Ort für Verabredungen.
Speisekarte: Angeboten werden Salate, Sandwiches, Brunch-Sets und Pasta, allerdings ist die Auswahl etwas begrenzt.
Merkmale: Köstliche Speisen werden täglich sorgfältig mit frischen Zutaten zubereitet, und es gibt eine große Auswahl an schmackhaften Weinen.
Tipp: Große Sonnenschirme an den Tischen im Freien spenden reichlich Schatten, so dass man keinen Sonnenbrand befürchten muss. Es ist auch ein großartiger Ort, um die Angebote im Café-Stil zu genießen.
Hinweis: Nach der letzten Bestellung zum Abendessen um 20:30 Uhr kann man aus der Abendkarte bestellen, die auch die passenden Weine anbietet.

Beliebte Menüoptionen

House Salad 18.000
Pastrami Sandwich 17.000
Brunch Special Set 28.000

Seongsu-dong
성수동

 Hongdae
홍대

Ein Brunch-Hotspot im Seouler Wald

메종 파이프그라운드
Maison Pipeground

Eine gemütliche Tapas-Weinbar entlang des Gyeongui Line Forest Trail

스위그뱅
Swig Vin

서울 성동구 왕십리로 83-21, 지하1층 B124호, B125호
Seongdong-gu Wangsimni-ro 83-21, B1 #B124, B125
instagram.com/maison_pipeground

Tel : 0507-1398-7624

Tel Reservierung : O	**GEÖFT** Täglich 10:00-21:00
Mitnehmen : O	**Letzt Best** : 20:00
Reserv erforderlich : X	**Ruhezeit** : —

Ambiente: Die Inneneinrichtung besticht durch eine gelungene Kombination aus kühlem Metall und warmen Holzelementen und ist großzügig angelegt. Das Äußere weist große Glasfenster auf, und jeder Tisch ist gut beleuchtet. Da es sich im Seoul Forest D Tower befindet, kann es schwierig sein, es zu finden, also frage bei Bedarf nach dem Weg. Die Kundschaft besteht hauptsächlich aus jungen Leuten.
Speisekarte: Eine Vielzahl von Gerichten, darunter Brunch, Pizza und einzigartige Menüpunkte.
Merkmale: Das Lokal eignet sich sowohl zum Brunch als auch zum Abendessen und bietet eine tolle Atmosphäre, um abends ein Glas Wein zu genießen.
Tipp: Die Mais-Pizza und der Hummus mit gebratenem Tofu-Sushi sind besondere Gerichte.
Hinweis: Auch wenn Kinder willkommen sind, können fest installierte Stühle und Tische bei Gruppen von mehr als sechs Personen zu Unannehmlichkeiten führen, da sie separat sitzen müssen. Laufkundschaft ist bei gutem Timing oftmals möglich.

Beliebte Menüoptionen

Spicy & Sweet Corn Pizza 25.000
Croissant Egg Benedict 19.000
Hummus and Fried-Tofu K-Sushi 17.000

서울 마포구 백범로16안길 21
Mapo-gu Baekbeom-ro 16an-gil 21
instagram.com/swig.vin

Tel : 0507-1366-4354

Tel Reservierung : O	**GEÖFT** Mo.-Fr. 15:00-24:00
Mitnehmen : O	Sa.-So. 12:00-24:00
Reserv erforderlich : X	**Letzt Best** : X
	Ruhezeit : —

Ambiente: Ein friedlicher Ort direkt am Gyeongui Line Forest Trail mit einer beeindruckenden, stilvollen und modernen Inneneinrichtung. Die von hellem Sonnenlicht durchfluteten Fensterplätze sind gemütlich, und die Sitzplätze auf der Terrasse sind geräumig. Die Musik-Playlist ist trendy.
Speisekarte: Bietet eine Vielzahl von Gerichten, die im Stil spanischer Tapas zubereitet werden, darunter Meeresfrüchte, Pasta und Fleischgerichte.
Merkmale: Im Frühjahr kann man auf der Terrasse einen Drink genießen, während man die Kirschblüten entlang des Gyeongui Line Forest Trail betrachtet.
Tipp: Abends wird es als Bistro-Bar betrieben, wobei jeder Gast ein Getränk oder eine Flasche Wein bestellen muss. Der Hauswein ist sehr gut.
Hinweis: Haustiere sind willkommen. Bier vom Fass ist ein bisschen teuer.

Beliebte Menüoptionen

Potato Pavé 11.000
Shakshuka 19.000
Pulpo 24.000

KOREANISCHER TEE / DESSERTS

Traditioneller koreanischer Tee gilt als gesundes Mittel zur Erwärmung von Körper und Geist. Hier sind einige der beliebtesten traditionellen koreanischen Teesorten und ihre einzigartigen Eigenschaften.

Ssanghwa-cha 쌍화차
Zur Herstellung werden Kräuter wie Zimt, Süßholz und Ingwer gekocht und mit Jujube, Pinienkernen und Honig verfeinert. Diesem Tee wird eine nährende Wirkung nachgesagt, wodurch er Ermüdungserscheinungen entgegenwirkt und neue Energie spendet.

Omija-cha 오미자차
Dieses Getränk wird aus der einzigartigen Omija-Beere mit fünf Geschmacksrichtungen gebraut und soll helfen, Müdigkeit zu lindern und den Durst zu löschen. In den Sommermonaten wird er oft kalt getrunken, um eine erfrischende Wirkung zu erzielen, und bietet mit seinem komplexen Geschmacksprofil ein köstliches Erlebnis.

Yuja-cha 유자차
Yuja, eine Zitrusfrucht, wird in warmem Wasser mit Honig aufgegossen und hat einen süßen, aromatischen Geschmack. Yuja ist für seinen hohen Vitamin-C-Gehalt bekannt und dient der Vorbeugung von Erkältungen und der Linderung von Müdigkeit, was ihn zu einer beliebten Wahl im Winter macht.

Daechu (Jujube)-cha 대추차
Dieser Tee wird aus getrockneten Jujube-Früchten gebraut, hat einen natürlich süßen Geschmack und soll den Körper erwärmen. Jujube wird in Korea oft als „natürliches Heilmittel" bezeichnet, und der Tee ist im Winter sehr beliebt.

Mogwa-cha 모과차
Er basiert auf der süßen Frucht der Quitte und soll die Verdauung fördern und Müdigkeit lindern. Darüber hinaus gilt er als gesundheitsfördernd für den Hals, was ihn zu einer wohltuenden Wahl macht, wenn man sich nicht wohl fühlt.

Yulmu-cha 율무차
Yulmu-cha wird zubereitet, indem man geröstetes Yulmu-Pulver (Hiobstränen) mit Wasser oder Milch vermischt. Es hat einen nussigen, weichen Geschmack. Man sagt ihm nach, dass er die Gesundheit der Haut unterstützt, und er ist ein köstliches, mildes Getränk, das oft auf Getreidebasis getrunken wird.

Sujeonggwa 수정과
Dieses Getränk wird durch Kochen von Ingwer und Zimt hergestellt und ist für seinen kühlen, einzigartigen Geschmack bekannt. Traditionell wird es während der Feiertage genossen und soll die Verdauung fördern und den Appetit anregen, was es zu einem beliebten Getränk nach einer Mahlzeit macht.

Sikhye 식혜
Dieses süße, fermentierte Reisgetränk wird als Nachspeise nach dem Essen genossen und soll die Verdauung anregen. Es wird häufig kalt serviert und ist an Feiertagen und in den wärmeren Jahreszeiten sehr beliebt.

Koreanische Desserts zeichnen sich durch eine Mischung aus Geschmack und Konsistenz aus, die auf natürlichen Zutaten wie Honig, Reis und Nüssen basiert. Im Folgenden stellen wir einige beliebte koreanische Desserts vor, die sich perfekt für einen ersten Besuch eignen.

Yakgwa 약과
Ein mit Honig gesüßtes, zähes Dessert aus Weizenmehlteig, der gebraten und in Honigsirup getränkt wird. Aufgrund seiner zähen Konsistenz und seines nussigen Geschmacks ist es eine beliebte Leckerei.

Dasik 다식
Dasik sind fein geformte Süßigkeiten aus pulverisierten Bohnen, Reis oder Kastanien, die mit Honig vermischt werden. Sie sehen raffiniert aus, sind leicht süß und passen hervorragend zum Tee.

Songpyeon 송편
Diese halbmondförmigen Reiskuchen sind mit Bohnen, Sesam oder roten Bohnen gefüllt und werden zu Chuseok (koreanisches Erntedankfest) gegessen. Sie sind weich und leicht kaubar und symbolisieren Wohlstand und Glück.

Yugwa 유과
Ein leichter, knuspriger Leckerbissen aus Klebreisteig, der frittiert und dann mit Honig und Reismehl bestrichen wird. Die knusprige Textur und die leichte Süße machen es zu einem beliebten Gericht bei Hochzeiten und Feiertagen.

Gangjeong 강정
Diese Reis- oder Nussbällchen sind mit Honig gebunden und besitzen eine knusprige, süße Konsistenz. Man isst sie häufig als Snack zu besonderen Anlässen.

Injeolmi 인절미
Ein knuspriger Reiskuchen, der mit Sojapulver umhüllt ist. Er zeichnet sich durch einen einzigartigen, nussigen Geschmack aus und ist wegen seiner sättigenden Konsistenz beliebt.

Bingsu 빙수
Dieses traditionelle Sommerdessert besteht aus fein rasiertem Eis, das mit verschiedenen Belägen versehen wird. Ob klassisches Bingsu mit roten Bohnen oder kreative, moderne Kombinationen - diese erfrischende Leckerei ist ein Muss in der koreanischen Sommerhitze.

Animal Lounge & Cafe

 Seongsu-dong
성수동

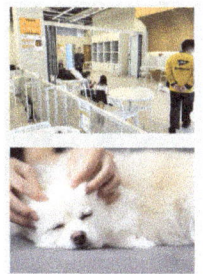

Ein Café, wo man Waschbären, Erdmännchen, Katzen und Hunde auf einmal sehen kann

Ein Café, das verschiedene Dienstleistungen für Hunde anbietet und wo man zusammenspielen kann

미어캣족장
Meerkat Jokjang

펌킨 펫하우스
Pumpkin Pet House

서울 광진구 동일로20길 72, 3층
Gwangjin-gu Dongil-ro 20-gil 72, 3F
instagram.com/meerkatchief

서울 성동구 상원1길 22
Seongdong-gu Sangwon 1-gil 22
pumpkincorp.com   instagram.com/pumpkin.pethouse

Tel : 0507-1430-0132

Tel Reservierung : X	**GEÖFT** WT. 13:00-21:30
Mitnehmen : X	WE. 12:00-21:30
Reserv erforderlich : X	**Letzt Best :** X
	Ruhezeit : —

Tel : 02-994-4000

Tel Reservierung : O	**GEÖFT** WT. 08:00-20:00
Mitnehmen : X	WE./Feiertagen 10:00-20:00
Reserv erforderlich : X	**Letzt Best :** X
	Ruhezeit : —

Ambiente: Ein weitläumiger Innenbereich, in dem verschiedene Tiere zusammen leben. An mehreren Tischen kann man sitzen und Getränke genießen.
Speisekarte: Der Eintrittspreis variiert zwischen Wochenenden und Wochentagen. Zusätzlich zum Eintrittspreis muss jede Person ein Getränk kaufen.
Merkmale: Hier leben mehrere Tiere, darunter Waschbären, Erdmännchen, Katzen und Hunde, zusammen.
Tipp: Leckerlis für die Tiere müssen nicht extra gekauft werden; das Personal stellt den Besuchern kleine Mengen zur Verfügung. Außerdem gibt es Schließfächer, in denen man seine Sachen und Hausschuhe aufbewahren kann. Es ist nicht nötig, teure Getränke zu kaufen.
Hinweis: Am Wochenende und an Feiertagen dürfen keine Kinder mitgebracht werden. Es sind nur Kinder ab dem mittleren Schulalter zugelassen (10- bis 13-Jährige können wochentags in Begleitung eines Erwachsenen hineingehen, wobei die Zahl der Kinder pro Erwachsenem auf 2 begrenzt ist). Zur Alterskontrolle muss ein Ausweis (Reisepass usw.) mitgebracht werden. Bitte verhalte dich beim Betreten so leise wie möglich, um die Tiere nicht zu erschrecken. Aus tierschutzrechtlichen Gründen dürfen die Waschbären nicht direkt gefüttert werden.

Ambiente: Das Café bietet ein sauberes Äußeres mit großen Fenstern, die viel natürliches Licht hereinlassen. Im geräumigen Innenraum können die Hunde frei laufen und spielen.
Speisekarte: Es gibt verschiedene Getränke und Desserts, die im Eintrittspreis enthalten sind.
Merkmale: Dieses hundefreundliche Café erlaubt es einem, seinen eigenen Hund mitzubringen, und hat auch eigene Hunde, mit denen man interagieren kann.
Tipp: In diesem Café wird eine Vielzahl von Dienstleistungen angeboten, wie z. B. Tagesbetreuung, Hotel, Hundepflege und tägliche Unterbringung, was es zu einem idealen Ort macht, wenn Sie diese Dienstleistungen benötigen.
Hinweis: Zur Sicherheit von Kindern und Hunden ist der Zutritt nur für Personen ab 13 Jahren gestattet. Es sind nur kleine Hunde unter 10 kg erlaubt.

Beliebte Menüoptionen

Eintrittspreis
WT. 10.000 + Drink / WE. 11.000 + Drink

Beliebte Menüoptionen

(Eintrittspreis inbegriffen)
아메리카노 Americano 8.000
카페 라떼 Cafe Latte 8.300
카페 모카 Cafe Mocha 8.500

Hongdae
홍대

Ein Café, wo man sich mit putzigen Tieren entspannen kann

페럿월드
Ferret World

서울 마포구 홍익로 15 3층
Mapo-gu Hongik-ro 15, 3F
instagram.com/ferret_world01

Tel : 0507-1405-4672

Tel Reservierung : X	**GEÖFT** WT. 13:00-21:00
Mitnehmen : X	WE. 13:00-22:00
Reserv erforderlich : X	**Letzt Best :** X
	Ruhezeit : —

Ambiente: In diesem einzigartigen Café kann man in einer großzügigen Umgebung nicht nur eine Vielzahl von Tieren sehen, sondern auch aus nächster Nähe mit ihnen interagieren.
Speisekarte: Das Menü umfasst Kaffeeoptionen wie Americano, Café Latte und Vanilla Latte sowie andere Getränke als Kaffee.
Merkmale: Hier kann man eine Reihe von Tierfreunden treffen, darunter Waschbären, Erdmännchen, Kinkajous, Frettchen, Schlangen, Eidechsen, Hunde, Katzen und Alpakas.
Tipp: Der Eintritt kostet 15.000 KRW pro Person, zusätzliche Getränke sind erhältlich.
Hinweis: Haustiere sind nicht erlaubt. Bei Allergien oder Geruchsempfindlichkeit ist Vorsicht geboten.

Beliebte Menüoptionen

Americano 3.000
Vanilla Latte 4.000
Grapefruit Ade 5.000

Ein bezauberndes Katzendorf mit etwa 50 süßen Katzen

루프캣미
Roof Cat Me

서울 마포구 양화로 140, 지하 2층
Mapo-gu Yanghwa-ro 140, B2F
roofcatme.com   instagram.com/roof_cat_me

Tel : 0507-1405-1678   **GSCHL** 1. und 3. Mo. jeden

Tel Reservierung : X	Monats
Mitnehmen : X	**GEÖFT** Mo.-So. 12:00-22:00
Reserv erforderlich : X	**Letzt Best :** X
	Ruhezeit : —

Ambiente: Die Räumlichkeiten befinden sich im Untergeschoss eines hotelähnlichen Gebäudes, das wie ein kleines europäisches Dorf aussieht. Es handelt sich um einen großen Bereich, in dem Katzen herumtollen. Am Eingang checken die Besucher ein und bezahlen an einem Schalter. In der Umkleidekabine können persönliche Gegenstände aufbewahrt werden. In einem Bastelbereich kann man mit Figurenpuppen und Fotopunkten seine eigenen Souvenirs herstellen.
Speisekarte: An der Getränkebar gibt es eine Auswahl an kostenlosen, unbegrenzten Getränken, darunter Kaffee und Fruchtgetränke.
Merkmale: Dies ist ein Ort, an dem Katzen und Menschen interagieren und koexistieren und der eine wohltuende Abwechslung vom Stadtleben bietet.
Tipp: Zu bestimmten Zeiten werden die Katzen gefüttert: 13:30 Uhr und 18:30 Uhr. Wer bei der Fütterung dabei sein möchte, sollte zu diesen Zeiten kommen.
Hinweis: Es gibt zwei Arten von Armbändern: eines zur Aufbewahrung persönlicher Gegenstände und eines zum Kauf von Snacks. Mit den gelben Armbändern können Snacks für die Katzen gekauft werden. Pro Person darf nur ein Snack gekauft werden, um die Gesundheit der Katzen zu gewährleisten. Snacks sollten nur an Katzen gegeben werden, die ein Halstuch um den Hals tragen. Andere Katzen dürfen nicht gefüttert werden. Besuchszeit: 3 Stunden an Wochentagen, 2 Stunden an Wochenenden.

Beliebte Menüoptionen

Eintrittspreis
WT. 18.000 / WE. 20.000

Cafe & Dessert

 Apgujeong / Cheongdam / Garosu-gil
압구정 / 청담 / 가로수길

Ein Brunch-Café in einem renovierten Haus mit Vintage-Atmosphäre

카페413 프로젝트
Cafe413 Project

서울 강남구 논현로97길 19-11
Gangnam-gu Nonhyeon-ro 97-gil 19-11
instagram.com/cafe413project

Tel : 070-7798-0544	GSCHL Mo.
Tel Reservierung : X	GEÖFT Di.-Sa. 10:30-22:00
Mitnehmen : O	So. 10:30-21:00
Reserv erforderlich : X	Letzt Best : X
	Ruhezeit : —

Ambiente: Das Café wurde in einem renovierten Wohnhaus eingerichtet und verfügt über eine erste und eine zweite Etage mit Tischen auf jeder Etage. In der zweiten Etage gibt es private Räume, und die klassische Inneneinrichtung besteht aus freiliegenden Ziegelwänden. Außerdem gibt es eine Außenterrasse, auf der man seinen Kaffee genießen kann.
Speisekarte: Bietet eine Vielzahl von Kaffeeoptionen sowie eine Auswahl an Brunchgerichten und Desserts.
Merkmale: Ein frei zugängliches Brunch-Café, das eine entspannte Atmosphäre bietet, die an ein europäisches Haus erinnert.
Tipp: Die Szenerie wechselt zwischen Tag und Abend, so dass man bei einem Besuch kurz vor Sonnenuntergang beides erleben kann.
Hinweis: Das Café liegt in einer hügeligen Gasse, so dass der Weg dorthin etwas beschwerlich sein kann. Bestellungen können nur in der ersten Etage aufgegeben werden. Die Stufen zur zweiten Etage sind etwas steil, daher sollte man sie vorsichtig benutzen. Utensilien, Teller und Wasser müssen an der Selbstbedienungstheke abgeholt werden. Während die Getränke im ersten Stock abgeholt werden müssen, werden die Speisen an den Tisch gebracht.

Beliebte Menüoptionen

Caffe Latte 5.800
Carrot Cake 8.000
Avocado Orange Bowl 18.800

Ein stilvolles Brunch-/Cafélokal in einem Backsteingebäude

꽁티드툴레아
Conte de Tulear

서울 강남구 도산대로49길 39
Gangnam-gu Dosan-daero 49-gil 39
contedetulear.com   instagram.com/contedetulear

Tel : 0507-1325-8490	
Tel Reservierung : X	GEÖFT Mo.-Sa. 11:00-24:00
Mitnehmen : O	So. 11:00-23:00
Reserv erforderlich : X	Letzt Best : X
	Ruhezeit : 17:00-18:00
	Dessert & Nur Getränke

Ambiente: Der mit roten Ziegeln errichtete Eingang bietet einen exotischen Touch. Im geräumigen Innenraum gibt es sowohl Innen- als auch Außensitzplätze, die eine antike und gemütliche Atmosphäre mit einem hippen Interieur schaffen. Es ist ein beliebter Ort für junge Paare bei Verabredungen.
Speisekarte: Zusätzlich zum Kaffee gibt es ein vielfältiges Angebot an Speisen und Desserts, darunter Salate, Pasta und Waffeln.
Merkmale: Bei diesem Lokal handelt es sich um einen kulturellen Ort, an dem Brunch und Wein serviert werden, basierend auf einer Marke, die sich auf Duftprodukte spezialisiert hat. Es ist schon seit langem in Betrieb.
Tipp: Die Gerichte lassen sich gut mit Wein kombinieren, so dass es sich empfiehlt, sie zusammen zu genießen. Der Brunch wird von 11:00 bis 16:00 Uhr angeboten. Wer sich für Sitzplätze im Innenbereich entscheidet, kommt möglicherweise schneller hinein. Von 17:00 bis 24:00 Uhr wird das Restaurant als klassische Weinbar betrieben. Zwischen 17 und 18 Uhr ist Pause, aber Desserts und Getränke können bestellt werden.
Hinweis: Da am Wochenende oft Wartezeiten entstehen, empfiehlt sich ein Besuch unter der Woche. Für Brunch-Bestellungen ist ein Minimum eines Menüpunkts pro Person erforderlich. Bei hohem Andrang kann es zu einer zeitlichen Begrenzung deines Besuchs kommen.

Beliebte Menüoptionen

Avocado Toast 14.000
Lemon Anchovy Oil Pasta 18.000
Kimchi Fried Rice 19.500

Apgujeong / Cheongdam / Garosu-gil
압구정 / 청담 / 가로수길

 Seocho / Seorae Village
서초 / 서래마을

Ein beliebtes europäisch inspiriertes Brunch-Café im Garten

Ein Café, berühmt für seine gebackenen französischen Desserts und Kuchen

달마시안
Dalmatian

카페드리옹 서래본점
Cafe de Lyon (Hauptfiliale Seorae)

서울 강남구 압구정로42길 42
Gangnam-gu Apgujeong-ro 42-gil 42
instagram.com/dalmatian_dosan

서울 서초구 서래로7길 18
Seocho-gu Seorae-ro 7-gil 18

Tel : 0507-1491-0926
Tel Reservierung : O
Mitnehmen : X
Reserv erforderlich : X

GEÖFT Täglich 09:00-23:00
Letzt Best : 22:00
Ruhezeit : —

Tel : 0507-1353-0835
Tel Reservierung : O
Mitnehmen : O
Reserv erforderlich : X

GEÖFT Täglich 09:00-23:00
Letzt Best : 22:50
Ruhezeit : —

Ambiente: Das aus einem Haus umgebaute Café hat einen geräumigen Innenraum mit Sitzplätzen im Freien. Durch die offenen Räume wird eine natürliche Atmosphäre geschaffen, während überall Kunstwerke mit dalmatinischen Motiven ausgestellt sind. Das **Ambiente** ist jung und hip und erstreckt sich über zwei Etagen.
Speisekarte: Als Brunch-Café bietet es eine Vielzahl von westlichen Gerichten wie Toast, Eier Benedict und Pasta. Bestellungen können über ein Tablet aufgegeben werden.
Merkmale: Das Café ist bekannt für seinen europäisch inspirierten Garten und sein Brunch-Angebot. Viele Gäste bringen ihre Tiere mit, da es sich um ein haustierfreundliches Lokal handelt.
Tipp: Der „Blumen-Brunnen" mit den auf dem Wasser schwimmenden Blütenblättern ist ein beliebter Foto-Magnet. Tagsüber ist es ein beliebtes Café, und abends wird es zu einer beliebten Dinner-Bar.
Hinweis: Auch an Wochentagen gibt es oft Wartezeiten. Sowohl die Terrasse als auch der erste Stock sind häufig voll besetzt. Die Mitnahme von Haustieren in einem Haustierkorb oder einer -tasche ist in den Innenräumen erlaubt.

Ambiente: Von außen wirkt das Café sauber und modern. Im Inneren ist es zwar nicht sehr geräumig, aber es hat einen schmalen Gang mit einer langen Küche und einigen Tischen. Außerdem gibt es einen Terrassenbereich im Inneren. Die helle Beleuchtung schafft eine lebendige Atmosphäre.
Speisekarte: Neben Kaffee, Tee und Säften bietet das Café eine große Auswahl an französischen Desserts und Kuchen.
Merkmale: Es ist ein beliebter Ort für französische Desserts in der Gegend von Seorae Village und hat aufgrund seiner Beliebtheit sogar weitere Standorte eröffnet.
Tipp: Probiere den Elsässer Käsekuchen, der mit französischem Käse zubereitet wird.
Hinweis: Das unverwechselbare Vanilla Mille-Feuille ist in der Regel schnell ausverkauft, daher empfiehlt es sich, frühzeitig zu kommen.

Beliebte Menüoptionen

Beliebte Menüoptionen

Mille-feuille Vanille 7.200
Alsace Cheesecake 7.200
Chocolat Chantilly 7.200
Espresso 4.800
Vanilla Latte 5.800

Crunch French Toast 21.000
Eggs Benedict 22.500
Dalmatian Monte Cristo 25.500

Seocho / Seorae Village
서초 / 서래마을

Ein Café mit mysteriöser Einrichtung und einzigartigen Exponaten, das auf Getreide basierende Getränke und Desserts anbietet

카페 이로
Cafe Eero

서울 서초구 반포대로30길 32, 지하1층, 1층
Seocho-gu Banpo-daero 30-gil 32, B1F, 1F
instagram.com/eero.seoul

Tel : 02-6447-1080
Tel Reservierung : X
Mitnehmen : O
Reserv erforderlich : X
GEÖFT WT. 08:30-21:00
WE./Feiertagen 11:00-21:30
Letzt Best : X
Ruhezeit : —

Ambiente: Im Außenbereich befinden sich beeindruckende Kunstwerke, während der Innenbereich mit seinen hohen Decken und großen Fenstern ideal ist, um das Wetter zu genießen. Markant ist die moderne Möblierung des großzügigen Bereichs. Das Untergeschoss mit seinen verträumten Kunstinstallationen ist ein ruhiger Ort, um einen Drink zu genießen und zu träumen.
Speisekarte: Angeboten werden Desserts und Getränke auf Getreidebasis, die traditionelle koreanische Geschmacksrichtungen und Texturen hervorheben.
Merkmale: Thematisch ist das Café einem Tempel nachempfunden, der Haechi, einem koreanischen Fabelwesen, gewidmet ist. Es verbindet traditionelles koreanisches Design mit einer modernen Note und schafft so eine geheimnisvolle und ruhige Atmosphäre.
Tipp: Angesichts der Vielfalt der angebotenen Desserts lohnt es sich, mehrere zu probieren. Bestellungen werden zwar im ersten Stock entgegengenommen, doch der beliebteste Ort ist das Untergeschoss (mit dem Aufzug zu erreichen), das man auf jeden Fall besuchen sollte.
Hinweis: Im Untergeschoss kann es aufgrund der Wasserinstallation, die von der Decke herabfließt, etwas feucht sein. Auch die Toiletten befinden sich auf dieser Ebene.

Beliebte Menüoptionen

해치 크림 라떼 Haechi Creame Latte 6.800
누룽지 커피 Nurungji (Scorched Rice) Coffee 5.500
해치의 신수림 Haechi Mousse Cake 9.800

Hausgemachte Boulangerie & Spezialitäten-Café, ein beliebtes Lokal unter den in Korea lebenden Franzosen

르빵아쎄르
Le Pain Asser

서울 서초구 서래로 17
Seocho-gu Seorae-ro 17

Tel : 0507-1365-3423
Tel Reservierung : X
Mitnehmen : O
Reserv erforderlich : X
GEÖFT Täglich 08:00-22:00
Letzt Best : 21:30
Ruhezeit : —

Ambiente: Die Atmosphäre des Cafés ist angenehm und komfortabel. Je weiter man ins Innere gelangt, desto mehr Sitzgelegenheiten findet man. Die Terrasse ist perfekt, um bei schönem Wetter zu sitzen und das rege Treiben zu beobachten.
Speisekarte: Das Menü umfasst eine große Auswahl an französischem Gebäck sowie Kaffee, Tee und frisch gepresste natürliche Säfte.
Merkmale: Alle Backwaren sind frei von chemischen Zusätzen wie Backtriebmitteln. Sämtliches Brot und Gebäck wird täglich frisch in der Küche aus französischem Mehl hergestellt, und es wird kein gefrorener Teig verwendet.
Tipp: An der Selbstbedienungstheke mit Miniofen kann man sein Brot aufwärmen. Wir empfehlen dir, dein Gebäck mit einer Bio-Kaffee- oder Teespezialität zu kombinieren.
Hinweis: Es gibt drei verschiedene Arten von Kaffeebohnen zur Auswahl. Wenn man abends kommt, kann die Auswahl an Gebäck eingeschränkt sein.

Beliebte Menüoptionen

Espresso 5.000
Fresh Strawberry Latte 9.000
Pain au Chocolat aux Amandes 4.900
Double Chocolate Croissant 4.800
Flan au Vanilla 4.300

Seocho / Seorae Village
서초 / 서래마을

Original französische Desserts in einem Salon-Stil
MAILLET

서울 서초구 사평대로22길 14
Seocho-gu Sapyeong-daero 22-gil 14
instagram.com/maillet_patisseriefrancaise

Tel : 02-749-1411

Tel Reservierung : X	GEÖFT Täglich 11:00-21:30
Mitnehmen : O	Letzt Best : X
Reserv erforderlich : X	Ruhezeit : —

Ambiente: Dieses in einer Gasse gelegene Café hat ein luxuriöses und modernes Äußeres. Das Interieur ist geräumig, mit Sitzgelegenheiten, die für ein komfortables Erlebnis sorgen. Es gibt genügend Tische, und der Raum lädt zu Gesprächen ein, ohne dass man gestört wird. Die Ausstattung im Stil eines europäischen Salons mit Mint- und Rosatönen und Marmorakzenten ist stilvoll und anspruchsvoll.
Speisekarte: Zum Angebot des Cafés gehört eine Auswahl an authentischen französischen Desserts wie Torten, Brandteiggebäck, Macarons und vieles mehr sowie Kaffee, Tee und andere Getränke.
Merkmale: Das Café wird von einem Konditoren Ehepaar geführt, das gemeinsam eine Ausbildung an einer französischen Kochschule absolviert hat.
Tipp: Absolut empfehlenswert ist das Mille-feuille, das mit sichtbaren Vanilleschoten gesprenkelt ist. In der Nähe des Eingangs kann man auch Geschenksets kaufen.
Hinweis: Jeder Tisch muss mindestens ein Dessert zusammen mit einem Getränk bestellen. An Wochenenden ist die Benutzung von Laptops verboten, aber während der Mittagszeit unter der Woche ist das Café im Allgemeinen ruhig.

Beliebte Menüoptionen

Eclair Vanille Caramel 8.700
Tarte vraiment Vanille 9.900
Mille-feuille Vanille 9.500
Macaron 3.300
Espresso 6.000

Ein trendiges und vielseitiges Café mit viel Platz
먼셀커피
Munsell Coffee

서울 서초구 서래로6길 15
Seocho-gu Seorae-ro 6-gil 15

Tel : 02-533-7236

Tel Reservierung : X	GEÖFT Täglich 10:30-22:00
Mitnehmen : O	Letzt Best : X
Reserv erforderlich : X	Ruhezeit : —

Ambiente: Sobald man die schwere schwarze Tür öffnet, betritt man einen weiträumigen Bereich. Auf der einen Seite ist er in modernen Schwarz- und Grautönen gehalten, während die andere Seite kreativ mit Pflanzen gestaltet ist, was ihm das Gefühl eines Walddorfes verleiht. Das Untergeschoss ist ruhig und hat die Atmosphäre eines Studiencafés mit vielen Tischen. Trendige Musik untermalt das Ambiente.
Speisekarte: Das Café bietet eine Auswahl an Kaffee und Tee, Gebäck und Bier.
Merkmale: Alle Backwaren und Desserts werden im Haus frisch zubereitet.
Tipp: Selbst wenn der erste Stock voll ist, gibt es im Untergeschoss meist noch genügend Sitzgelegenheiten. Außerdem gibt es dort zahlreiche Steckdosen.
Hinweis: Die Getränkekarte kann saisonbedingt variieren.

Beliebte Menüoptionen

Cold Brew 6.500
Latte 7.000
Crème Brûlée Espresso 7.500

Seocho / Seorae Village
서초 / 서래마을

Ein ruhiges Café in der Stadt, gefüllt mit Pflanzen, das einen erholsamen Rückzugsort bietet

티플랜트
Tea Plant

서울 서초구 동광로39길 46, 4층
Seocho-gu Donggwang-ro 39-gil 46, 4F
instagram.com/teaplant.seorae

Tel : 0507-1483-8887

Tel Reservierung : O	**GEÖFT** Täglich 11:00-23:00
Mitnehmen : O	**Letzt Best :** 22:30
Reserv erforderlich : X	**Ruhezeit :** —

Ambiente: Das Restaurant befindet sich in der 4. Etage des Gebäudes und ist mit dem Aufzug erreichbar. Das Innere hat europäischen Charme, mit einem geräumigen Bereich, der von Pflanzen umgeben ist und das Gefühl vermittelt, in einem Wald zu sein. Große Fenster auf allen Seiten sorgen für viel natürliches Licht. Die Aufteilung des Lokals ist gut organisiert, es gibt viele Tische, auch für Gruppen, und in einem separaten Nebengebäude stehen private Räume für größere Veranstaltungen zur Verfügung.
Speisekarte: Kaffee- und Teesorten, verschiedene Weine sowie diverse Desserts, Speisen und Snacks.
Merkmale: Ein einzigartiger Raum, der wie ein kleiner Garten anmutet und eine wohltuende Flucht aus dem hektischen Stadtleben bietet.
Tipp: Zum Dessert kann man einen Kaffee oder Wein genießen, aber auch ein Abendessen ist sehr zu empfehlen. Ein Besuch an einem sonnigen Tag steigert das Erlebnis.
Hinweis: Haustiere sind willkommen (private Zimmer im Nebengebäude werden empfohlen). Im Preis für das Nachmittagstee-Set sind keine Getränke enthalten. Kaffee und Tee bis 21:30 Uhr, Wein bis 23:00 Uhr.

Beliebte Menüoptionen

Basil Tomato Bagel Sandwich 17.000
Vegan Steak 39.000
Afternoon Tea Set (2-Tablett/3-Tablett) 27.000/32.000 (pro Person)

Hannam-dong / Itaewon
한남동 / 이태원

Ein besonderer Ort, um Essen und Einkaufen zu genießen

보마켓 경리단점
Bo Market (Filiale Gyeongridan)

서울 용산구 녹사평대로 286
Yongsan-gu Noksapyeong-daero 286
bomarket.co.kr   instagram.com/bomarket

Tel : 02-792-3380

Tel Reservierung : X	**GEÖFT** Täglich 10:00-20:00
Mitnehmen : O	**Letzt Best :** 18:30
Reserv erforderlich : X	**Ruhezeit :** —

Ambiente: Auf der Terrasse gibt es Sitzgelegenheiten, die eine Picknick-Atmosphäre schaffen. Es werden verschiedene Lifestyle-Artikel zum Verkauf angeboten, so dass es Spaß macht, beim Essen zu stöbern.
Speisekarte: Hauptsächlich gesunde Gerichte wie Poke, Salate und Nudeln.
Merkmale: Ein einzigartiger Ort, an dem man einen charmanten, ausgefallenen Laden und gleichzeitig gesundes Essen genießen kann.
Tipp: Das Tteokbokki ist ein beliebter Menüpunkt, den du unbedingt probieren solltest.
Hinweis: Haustiere und Kinder sind willkommen. Reservierungen sind nicht möglich.

Beliebte Menüoptionen

Today's Soup 7.500
English Breakfast 13.500
Salmon Poke 14.900

Hannam-dong / Itaewon
한남동 / 이태원

Hier kann man traditionelle türkische Desserts, Kaffee und schwarzen Tee genießen

케르반베이커리&카페
Kervan Bakery & Cafe

서울 용산구 이태원로 208
Yongsan-gu Itaewon-ro 208

Tel : 0507-1387-5585
Tel Reservierung : X
Mitnehmen : O
Reserv erforderlich : X

GEÖFT Fr.,Sa. 10:00-05:00
So.-Do. 10:00-22:00
Letzt Best : X
Ruhezeit : —

Ambiente: Äußerlich sieht man ein Backsteingebäude mit einem kleinen Terrassenbereich. Die Inneneinrichtung besticht durch ihre exotische türkische Dekoration und verschiedene Ornamente. Das Café ist nicht sehr geräumig und zieht vor allem ausländische Besucher an.
Speisekarte: Angeboten werden authentische türkische Desserts, Kaffee und schwarzer Tee.
Merkmale: Mit traditionellen türkischen Desserts und Kaffee wird ein Erlebnis geboten, das an eine Reise in die Türkei erinnert.
Tipp: An Freitagen und Samstagen ist es bis zum frühen Morgen geöffnet und eignet sich daher gut für Besuche am späten Abend. In unmittelbarer Nähe befindet sich eine islamische Moschee, so dass man einen Besuch entsprechend planen kann. Probiere die süßen Desserts mit türkischem Kaffee oder schwarzem Tee und stöbere in den traditionellen türkischen Artikeln, die zum Verkauf angeboten werden.
Hinweis: Da das Café in einer hügeligen Gasse liegt, kann der Weg dorthin etwas beschwerlich sein.

Beliebte Menüoptionen

Baklava 2.500
Turkish Delight 6.000
Kaymak Muhallebi 6.000
Turkish Coffee 5.800
Turkish Tea 4.300

Eine trendige Bäckerei, spezialisiert auf Premium-Desserts

패션파이브 Passion 5

용산구 이태원로 272
Yongsan-gu Itaewon-ro 272
instagram.com/passion5_kr

Tel : 0507-1416-9505
Tel Reservierung : X
Mitnehmen : O
Reserv erforderlich : X

GEÖFT Täglich 07:30 - 22:00
Gelato Cafe 11:00 - 20:00
Letzt Best : —
Ruhezeit : —

Ambiente: Das in einem gläsernen Gebäude an der Hauptstraße von Itaewon gelegene Lokal bietet im Untergeschoss mit seinem Terrassenkonzept Speisen und Getränke an. Der erste Stock beherbergt einen Bäckerei-Showroom mit ein paar Tischen, an denen man sitzen und Desserts genießen kann. Das Interieur, das an eine Bäckereifabrik erinnert, ist beeindruckend. Obwohl die erste Etage geräumig ist, gibt es nicht viele Sitzgelegenheiten.
Speisekarte: Zusätzlich zu einer großen Auswahl an Backwaren, Salaten und Sandwiches, die eine Mahlzeit ersetzen können, bietet der Laden einzigartige und luxuriöse Desserts. Dazu gehören die Crepes und das Gelato, die vor Ort zubereitet werden. Sie sind zwar nicht ganz billig, aber ihre Optik ist beeindruckend.
Merkmale: Dieser Premium-Dessertladen gehört zur SPC-Gruppe, die auch Paris Baguette und Paris Croissant betreibt. In den Räumlichkeiten findet man eine vielfältige Auswahl an Desserts, die nicht nur optisch überzeugen, sondern auch Spaß bei der Auswahl machen.
Tipp: In der ersten Etage gibt es einen ausgewiesenen Bereich, in dem man die typischen Crêpes und das Gelato bestellen und frisch zubereitet genießen kann. Wer diese bestellt, kann sich leichter einen Sitzplatz sichern.
Hinweis: Auch wenn man im ersten Stock Desserts bestellen und diese im Untergeschoss genießen kann, muss jede Person mindestens ein Getränk bestellen. Da es nicht genügend Sitzplätze gibt, entscheiden sich viele Gäste für die Mitnahme.

Beliebte Menüoptionen

Verschiedene Backwaren ab 2.300
Bagel Cream Cheese Egg Plate 27.000
Gelato Parfait Peach 37.000

③ Hannam-dong / Itaewon
한남동 / 이태원

Ein außergewöhnliches Café, das 365 Tage im Jahr Kaffee und Desserts anbietet, während man den Regen beobachtet

레인리포트
Rain Report

서울 용산구 소월로40길 85, 1, 2층
Yongsan-gu Sowol-ro 40-gil 85, 1F, 2F
instagram.com/rainreport_official

Tel : 0507-1360-4302
Tel Reservierung : X **GEÖFT** Täglich 11:00-21:30
Mitnehmen : O **Letzt Best** : 21:00
Reserv erforderlich : X **Ruhezeit** : —

Ambiente: Ein Gebäude, eingebettet in einen kleinen Bambuswald. Die Inneneinrichtung ist modern und sauber mit schwarzen Tönen, mit einem geräumigen zweistöckigen Layout. Die Außenterrasse bietet eine angenehme Atmosphäre. In der ersten Etage gibt es Stehtische und Sitzgelegenheiten mit Blick auf den künstlichen Regen, während die zweite Etage eine Lounge und private Räume beherbergt.
Speisekarte: Verschiedene Desserts, Kaffee und eine große Auswahl an kreativen Getränken.
Merkmale: Basierend auf den jährlichen Wetterbeobachtungen wählt das Café jedes Jahr die am besten schmeckenden Kaffeebohnen aus und wendet je nach den Eigenschaften der Bohnen des jeweiligen Jahres unterschiedliche Röstmethoden an.
Tipp: Probiere den „Signature Sampler", der eine Auswahl der typischen Desserts auf einem Teller bietet.
Hinweis: Da es auf einem Hügel liegt, kann der Weg nach oben etwas beschwerlich sein. Wir empfehlen, vom Eingang der Gyeongridan aus den örtlichen Bus zu nehmen. Die Toilette für Herren befindet sich im ersten Stock, die Toilette für Damen im zweiten Stock.

Beliebte Menüoptionen

Signature Sampler 22.000
Strawberry Cheese Soufflé 16.000
Black Cloud 13.000

Eine gemütliche Ess-Bar auf der Anhöhe von Gyeongridan-gil

uphill namsan

서울 용산구 회나무로42길 36, 2층
Yongsan-gu Hoenamu-ro 42-gil 36, 2F
instagram.com/uphill.namsan

Tel : 0507-1481-2001
Tel Reservierung : O **GEÖFT** Täglich 15:00-23:00
Mitnehmen : O **Letzt Best** : 22:00
Reserv erforderlich : X **Ruhezeit** : —

Ambiente: Die minimalistische und moderne Einrichtung schafft eine stilvolle Atmosphäre. Es werden zwei Arten von Zimmern angeboten: Privat- und Gästezimmer. Auch wenn der Hauptspeisebereich nicht sehr groß ist, so gibt es doch mehrere Tische und einen Bar-Sitzbereich. Wer am Fenster sitzt, hat einen schönen Blick auf Namsan.
Speisekarte: Es gibt verschiedene westliche Gerichte wie Steak, Pasta, Salat und einzigartige Dessertmenüs.
Merkmale: Der Raum dient sowohl als Speisebar als auch als Restaurant.
Tipp: Man sollte das Café-Menü probieren oder sich für ein Glas Wein zu kleinen Gerichten oder Desserts entscheiden.
Hinweis: Für Plätze an der Bar ist eine Reservierung per Telefon oder Instagram-DM erforderlich. Bitte beachte, dass man einen Hügel hinaufgehen und Treppen steigen muss, um das Lokal zu erreichen, was eine gewisse Herausforderung sein kann.

Beliebte Menüoptionen

Coleslaw & Mini Hotdogs 17.000
Basil Pesto Pasta 27.000
Ice Cream & Popcorn 12.000

⑤ Jongno / Gwanghwamun / Insa-dong
종로 / 광화문 / 인사동

Eine der besten Orte in Korea für Einspänner

아키비스트
Archivist

서울 종로구 효자로13길 52
Jongno-gu Hyoja-ro 13-gil 52
instagram.com/archivistcoffee

Tel : 0507-1333-1518
Tel Reservierung : X
Mitnehmen : O
Reserv erforderlich : X
GEÖFT Täglich 11:00-21:00
Letzt Best : 20:30
Ruhezeit : —

Ambiente: Das Café befindet sich in einer Gasse in der Nähe des Gyeongbokgung, etwas abseits des Zentrums. Die Räumlichkeiten des Cafés sind nicht sehr groß, aber warm und gemütlich.
Speisekarte: Angeboten werden verschiedene Kaffeesorten wie Americano, Cafe Latte und Einspänner sowie eine Auswahl an Gebäck.
Merkmale: Ist bekannt für seine leckeren Einspänner. Das Preisniveau der Getränke ist angemessen.
Tipp: Achte auf die ausgestellten realistischen Lebensmittelmodelle, die dir bei deiner Bestellung helfen. Auf Kaffeebestellungen zum Mitnehmen gibt es 10 % Rabatt. Den Blaubeerkuchen sollte man unbedingt probieren.
Hinweis: Die Tische stehen eng beieinander und in dem geschlossenen Raum kann es ziemlich laut werden. Selbst an Wochentagen ist es oft sehr voll.

Beliebte Menüoptionen

Espresso 4.000
Einspänner 6.000
Blueberry Danish 7.800

Ein charmantes Bäckerei-Café, wie aus einem Zeichentrickfilm

도토리가든
Dotori Garden

서울 종로구 계동길 19-8
Jongno-gu Gyedong-gil 19-8
instagram.com/dotori__seoul

Tel : 0507-1476-1176
Tel Reservierung : X
Mitnehmen : O
Reserv erforderlich : X
GEÖFT Täglich 08:00-23:00
Letzt Best : X
Ruhezeit : —

Ambiente: Mit seiner charmanten Außengestaltung und der niedlichen Inneneinrichtung, die an den Studio Ghibli-Film „Mein Nachbar Totoro" erinnert, bietet dieses Café eine gemütliche, waldähnliche Atmosphäre mit einem großen, schönen Garten. Das Interieur erstreckt sich bis in den zweiten Stock mit zusätzlichen Sitzgelegenheiten.
Speisekarte: Eine große Auswahl an Brunch-Gerichten aus der Bäckerei, gesunder griechischer Joghurt und eine Auswahl an veganen Gerichten.
Merkmale: Das Café bietet ein märchenhaftes **Ambiente** mit bequemen Sitzgelegenheiten und sorgfältig zusammengestellten Gerichten, die ein besonderes Erlebnis für die Besucher darstellen.
Tipp: Ideal für alle, die eine niedliche Einrichtung und skurrile Details lieben. Probiere die eichelförmigen Madeleines und die Getränke mit Honigwaben.
Hinweis: Familienfreundlich mit einem Kinderbereich und haustierfreundlichen Bereichen. Man sollte sich auf eine lange Wartezeit einstellen.

Beliebte Menüoptionen

Strawberry Yogurt Drink 8.500
Honeycomb Black Seasame Latte 9.500
Real Honey (Greek Yogurt) 14.500
Pretzel Brunch 16.000

⑤ Jongno / Gwanghwamun / Insa-dong
종로 / 광화문 / 인사동

Ein großes Bäckerei-Café, bekannt für seinen köstlichen Milchtee

카페 할로우
Cafe Hollow

서울 종로구 계동길 33-2, 1, 2층
Jongno-gu Gyedong-gil 33-2, 1F, 2F
instagram.com/hollow_cafe

Tel : 0507-1379-7174

Tel Reservierung : X	**GEÖFT** Täglich 08:00-21:00
Mitnehmen : O	**Letzt Best :** 20:30
Reserv erforderlich : X	**Ruhezeit :** —

Ambiente: Geräumige und komfortable Räumlichkeiten mit einer Vielzahl von Sitzgelegenheiten, darunter eine Dachterrasse und eine Terrasse. Beeindruckend ist die schlichte, minimalistische Einrichtung, und es gibt Sitzmöglichkeiten für Gruppen.
Speisekarte: Zusätzlich zu den verschiedenen Getränkemöglichkeiten gibt es eine große Auswahl an Backwaren. Die vielfältige Dessertauswahl, insbesondere die Backwaren mit einzigartigen Toppings, macht die Auswahl zum Vergnügen.
Merkmale: Die hauseigenen Konditoren arbeiten jeden Morgen hart, um sicherzustellen, dass täglich frisches und warmes Brot erhältlich ist.
Tipp: Es wird ein Sandwich- und Kaffeeset angeboten, das eine leichte Mahlzeit oder eine gute Option für Menschen mit kleinerem Appetit sein kann.
Hinweis: Die Öffnungszeiten des Cafés beginnen um 8 Uhr morgens und ziehen sowohl Touristen als auch Büroangestellte aus der Umgebung an, aber es ist schnell belegt. Die Sitzplätze im Freien können durch Zigarettenrauch beeinträchtigt werden.

Beliebte Menüoptionen

Verschiedene Backwaren ab 2.900
Americano 5.500
Jeju Hallabong Sparkling 8.000

Ein von einem berühmten Architekten entworfenes Kulturzentrum in der Nähe des Bahnhofs Gyeongbokgung

온그라운드
onground

서울 종로구 자하문로10길 23
Jongno-gu Jahamun-ro 10-gil 23

Tel : 02-720-8260

Tel Reservierung : X	**GEÖFT** Täglich 11:00-23:00
Mitnehmen : O	**Letzt Best :** X
Reserv erforderlich : X	**Ruhezeit :** —

Ambiente: Die offene Fassade des Cafés mit ihren großen Fenstern ermöglicht die Interaktion mit den Passanten. Im Innern ist der Raum viel größer, als er von außen erscheint, und ist in verschiedene Themenbereiche unterteilt. Im Untergeschoss befindet sich eine LP-Bar, während die oberen Etagen als Galerien dienen, in denen beeindruckende zeitgenössische Kunstwerke ausgestellt werden.
Speisekarte: Angeboten werden eine Vielzahl von Getränken, darunter Pflaumen-Ade, Americano, Latte und Wein, sowie Mini-Kuchen und andere Desserts.
Merkmale: Der vom berühmten Architekten Cho Byung-soo entworfene und betriebene Raum ist mehr als nur ein Café - er ist ein kultureller Komplex, in dem Kunst und Musik zusammenkommen.
Tipp: Wir empfehlen einen Besuch an einem sonnigen Tag. Sollte die erste Etage überfüllt sein, empfiehlt es sich, die zweite Etage und andere Innenbereiche nach freien Sitzplätzen zu durchsuchen.
Hinweis: Die LP-Bar im Untergeschoss ist abends ab 17 Uhr geöffnet.

Beliebte Menüoptionen

아메리카노 Americano 6.000
라떼 Latte 7.000
자두 에이드 Red Plum Ade 8.000
유기농 크림 타르트 Organic Cream Tarte 8.000

Jongno / Gwanghwamun / Insa-dong
종로 / 광화문 / 인사동

 Seongsu-dong
성수동

Ein einzigartiges Café, berühmt für sein „Pups"-Brot

또옹카페
Ddong Cafe

서울 종로구 인사동길 44 쌈지길 4층 1호
Jongno-gu Insadong-gil 44 Ssamji Gil 4F #1

Tel : 02-722-1088
Tel Reservierung : X   GEÖFT Täglich 10:30 - 21:00
Mitnehmen : X   Letzt Best : X
Reserv erforderlich : X   Ruhezeit : —

Ambiente: Das auf dem Dach von Samziegil gelegene Café besticht durch sein unverwechselbares Äußeres, das mit einzigartigen Figuren geschmückt ist. Im Innenbereich sind verschiedene Accessoires mit Kacka-Motiven zu sehen, die schon beim Betreten eine humorvolle Atmosphäre schaffen.
Speisekarte: Außer traditionellem Kaffee, Tee und Desserts bietet das Café eine Reihe ungewöhnlicher Speisen wie Kackbrot und Kack-Hotteok an. Im vorderen Teil des Ladens werden auch Pups-Brot und Tong-Waffeln zum Mitnehmen verkauft.
Merkmale: Bekannt für seine skurrilen Brotnamen, ist dieser Laden perfekt, um die Neugierde zu wecken, und ist seit langem ein Pflichtbesuch in Insadong.
Tipp: Wenn du eine ttong-Waffel bestellst, wird sie auf einem toilettenförmigen Teller serviert. Außerdem bietet das Café eine Vielzahl skurriler Souvenirs und ist damit ein idealer Ort für einzigartige Geschenke.
Hinweis: Dies ist ein großartiger Ort für eine interessante und neuartige Erfahrung. Es ist auch für einen Besuch mit Kindern zu empfehlen.

Beliebte Menüoptionen

똥빵 Poop Bread 1.500
똥아호떡 Poop Hotteok 2.000
또옹와플 Poop Wwaffle 15.000

Ein Ort, wo Menschen und ihre Haustiere sich gemeinsam entspannen und erholen können

어라운드데이
Around Day

서울 성동구 서울숲2길 24-1
Seongdong-gu Seoulsup 2-gil 24-1
instagram.com/around.day

Tel : 0507-1431-8310
Tel Reservierung : X   GEÖFT Täglich 11:30-21:00
Mitnehmen : O   Letzt Best : X
Reserv erforderlich : X   Ruhezeit : —

Ambiente: Ein trendiges Café, das aus einem Haus umgebaut wurde, mit einem Cafébereich im 1. und 2. Stock, einer Terrasse und einer Dachterrasse auf der 3. Die Räumlichkeiten sind in mehrere Bereiche unterteilt, von denen jeder eine andere Atmosphäre hat.
Speisekarte: Kaffee, verschiedene Getränke, French Toast, glutenfreie Kuchen und Terrinen.
Merkmale: Alle Innen- und Außenplätze sind haustierfreundlich, und es gibt eine Reihe von **Speisekarten** für Haustiere.
Tipp: Sämtliche Kuchen und Terrinen sind gluten- und zuckerfrei, so dass man sie ohne schlechtes Gewissen genießen kann. Besonders beliebt ist der French Toast.
Hinweis: Haustiere sind nur im ersten Stock erlaubt. Bestellungen müssen im ersten Stockwerk aufgegeben werden.

Beliebte Menüoptionen

Espresso 5.500
French Toast 8.000
Matcha Terrine 7.000

Haustier-Menü:
Chicken Meat Ball 4.800
Pet Ice Cream 2.800

Seongsu-dong
성수동

Ein Dessert-Café im europäischen Stil, spezialisiert auf gedrehte Krapfen

봉땅 서울숲점
Bontemps (Filiale Seoul Forest)

서울 성동구 서울숲6길 16-1
Seongdong-gu Seoulsup 6-gil 16-1
bontemps-seoul.com   instagram.com/bontemps.seoul

Tel : 0507-1464-7769

Tel Reservierung : X	**GEÖFT** Täglich 11:50-22:00
Mitnehmen : O	**Letzt Best :** 21:50
Reserv erforderlich : X	**Ruhezeit :** —

Ambiente: Der Außenbereich ist im europäischen Stil gehalten und verfügt über eine große Terrasse mit breiten Bänken. Im Inneren sorgen angesagte Illustrationen und Accessoires für eine attraktive Atmosphäre, die durch Musik ergänzt wird. Der Raum ist zwar nicht riesig, aber es gibt genügend Sitzgelegenheiten.
Speisekarte: Es werden gedrehte Krapfen mit verschiedenen Belägen angeboten, dazu Kaffee, Tee und sogar Bier.
Merkmale: Es wird natürliche Hefe anstelle von normalem Klebreis verwendet, wodurch die Frische der Produkte durch tägliches Herstellen und Entsorgen gewährleistet wird.
Tipp: Wir empfehlen, die natürlich fermentierten Krapfen innerhalb von drei Tagen zu verzehren. Es sind Verpackungen für vier oder sechs Krapfen erhältlich.
Hinweis: Der Mais-Drehkrapfen ist sehr beliebt und oft ausverkauft. Die Toiletten befinden sich im Freien und erfordern ein Passwort. Haustiere sind erlaubt.

Beliebte Menüoptionen

Salted Caramel 3.900
Pistachio 4.800
Corn Cream 4.800

Ein super trendiges Café mit künstlerischen und kreativen Desserts und Getränken

누데이크 성수
Nudake Seongsu

서울 성동구 성수이로7길 26
Seongdong-gu Seongsui-ro 7-gil 26
www.nudake.com   www.instagram.com/nu_dake

Tel : 0507-1313-4408

Tel Reservierung : X	**GEÖFT** Täglich 11:00-21:00
Mitnehmen : O	**Letzt Best :** 20:45
Reserv erforderlich : X	**Ruhezeit :** —

Ambiente: Das Restaurant befindet sich im kreativen Zentrum von Seongsu und bietet ein minimalistisches, künstlerisches Design, das perfekt zu den avantgardistischen Desserts passt. Es gibt verschiedene Sitzgelegenheiten mit gut angeordneten Tischen, die sowohl Komfort als auch Stil bieten, was es zu einem großartigen Ort für Gruppen und Einzelbesucher macht. Der Mix aus intimen Ecken und offenen, galerieähnlichen Räumen lädt die Kunden ein, sich zu entspannen und ihre Desserts in einer ruhigen, visuell ansprechenden Umgebung zu genießen.
Speisekarte: Bekannt dafür, die Grenzen traditioneller Desserts zu überschreiten, serviert Nudake visuell auffällige und innovative Backwaren, Kuchen und Desserts. Diese außergewöhnlichen Kreationen sprechen all diejenigen an, die einen anderen, künstlerischeren Ansatz für Süßigkeiten suchen.
Merkmale: Als ein Ableger von Gentle Monster ist es darauf ausgelegt, einen bleibenden Eindruck zu hinterlassen, und bietet ein innovatives Dessertlebnis, das in Seoul einzigartig ist.
Tipp: Besuche das Nudake, wenn du in der Stimmung bist, etwas wirklich Neues zu probieren, oder einfach nur, um die kreativen Desserts nicht nur wegen ihres Geschmacks, sondern auch wegen ihrer Optik zu schätzen.
Hinweis: Vor allem an Wochenenden und Feiertagen sollte man sich auf lange Wartezeiten einstellen, da das Café sowohl bei Einheimischen als auch bei Touristen beliebt ist.

Beliebte Menüoptionen

Verschiedene Desserts ab 8.500
Americano 5.500
Peak Green Tea Latte 8.000

⑦ Seongsu-dong 성수동

Ein farbenfroher, schrulliger Dessertladen mit dem Motto Papageien

서울앵무새
Seoul Aengmusae

서울 성동구 서울숲9길 3, B1 ~ 2층
Seongdong-gu Seoulsup 9-gil 3, B1 to 2F
instagram.com/seoul_angmusae

Tel : 0507-1393-2042

Tel Reservierung : X	**GEÖFT** Täglich 08:00-23:00
Mitnehmen : O	**Letzt Best :** X
Reserv erforderlich : X	**Ruhezeit :** —

Ambiente: Die Räumlichkeiten des Cafés erstrecken sich über mehrere Etagen, einschließlich eines Untergeschosses, das mit bunten Postern dekoriert ist und eine verspielte, fotofreundliche Atmosphäre vermittelt. Im ersten Stock befindet sich der Hauptbestellbereich, während im Untergeschoss und im helleren, geräumigeren zweiten Stock Sitzgelegenheiten vorhanden sind.
Speisekarte: Das Menü bietet einzigartige Kaffeevariationen und auffällige Desserts, die sich alle um Papageien drehen. Auch hausgemachte Suppen und Brunchgerichte werden angeboten.
Merkmale: Einzigartige Desserts und Getränke in einem lebhaften, papageienähnlichen **Ambiente**, in dem auch Haustiere willkommen sind.
Tipp: Bei der Bestellung von Backwaren sollte man um Marker bitten, damit man sein Tablett mit Zeichnungen individuell gestalten kann. Die Madeleines sind wie Papageieneier geformt.
Hinweis: Bestellungen werden im ersten Stock aufgegeben, die Backwaren dort abgeholt und die Getränke im Untergeschoss geholt. Aufgrund der dicht gedrängten Tische kann es im Café etwas eng und laut werden, und die Desserts sind sehr süß. Pro Person muss mindestens ein Getränk bestellt werden.

Beliebte Menüoptionen

Seoul Latte 7.500
Angmusae Vanilla Madeleine 5.800
Lotus Cinnamon Roll 6.000

Ein trendiges, bei jungen Leuten beliebtes Café im Stil einer Galerie

쎈느
Scene

서울 성동구 연무장5길 20
Seongdong-gu Yeonmujang 5-gil 20
sceneseoul.com   instagram.com/sceneseoul_official

Tel : 0507-1493-2127

Tel Reservierung : X	**GEÖFT** Täglich 10:00-22:00
Mitnehmen : O	**Letzt Best :** 21:30
Reserv erforderlich : X	**Ruhezeit :** —

Ambiente: Ein weitläufiges Café mit Sichtbeton und einer eleganten, galerieähnlichen Atmosphäre mit weißen Tönen. Trendige, gut verteilte Tische füllen den Raum, und große Fenster sorgen für frische Luft. Zudem gibt es eine große Außenterrasse mit reichlich Sitzgelegenheiten.
Speisekarte: Angeboten werden verschiedene Kaffeesorten, Tee, Fruchtsäfte, Bier vom Fass und eine Auswahl an Desserts und Gebäck.
Merkmale: Hier kann man köstliche Getränke und Desserts genießen und gleichzeitig die neuesten Trends in Korea erleben.
Tipp: Sicher dir einen Platz, bevor du bestellst. Im zweiten Stock befindet sich ein Concept Store, der einen Besuch wert ist.
Hinweis: Gelegentlich schließt das Café für Pop-up-Veranstaltungen, daher sollte man sich vor dem Besuch auf der Website informieren. Es ist oft ziemlich überfüllt.

Beliebte Menüoptionen

Americano 5.000
Scene Spänner 7.500
Ice Cream Latte 8.500
Orange Butter Scone 4.500

Hongdae
홍대

Ein geräumiges und charmantes Dessert-Café, renommiert für sein authentisches Kaymak

미크플로 홍대점
Miikflo (Filiale Hongdae)

서울 마포구 양화로 141 롯데호텔 L7홍대 지하1층
Mapo-gu Yanghwa-ro 141, Lotte Hotel L7 Hongdae, B1F

Tel : 010-9908-0887

Tel Reservierung : X	**GEÖFT** : Täglich 10:30-21:30
Mitnehmen : O	**Letzt Best :** 21:00
Reserv erforderlich : X	**Ruhezeit :** —

Ambiente: Das im Untergeschoss eines Hotels gelegene Café verfügt über ein geräumiges Interieur mit einer pastellfarbenen, skurrilen und niedlichen Dekoration, die an ein Märchenbuch erinnert. Es ist besonders bei jüngeren Menschen beliebt.
Speisekarte: Sowohl traditionelles Kaymak als auch Fusion-Desserts wie Kaymak-Mochi, Pudding und Smoothies. Kaffee, Tee und Limonaden sind ebenfalls erhältlich.
Merkmale: Es ist bekannt für sein Kaymak, das ausschließlich aus der Türkei importiert wird, um einen authentischen Geschmack zu gewährleisten. Das Café vereint sowohl Qualität als auch Einzigartigkeit in seinem Angebot.
Tipp: Bestellungen werden über einen Schalter aufgegeben. Während der Sommermonate wird auch Bingsu (rasiertes Eis) mit der Möglichkeit, Pudding hinzuzufügen, verkauft. Im Innenbereich des Cafés gibt es eine Toilette. Man kann es entweder durch den Eingang des L7-Hotels oder durch den Line Friends-Laden betreten, die beide ins Untergeschoss führen.
Hinweis: Pro Person ist mindestens ein Artikel erforderlich. Wer sich länger als zwei Stunden aufhält, muss zusätzliche Bestellungen aufgeben.

Beliebte Menüoptionen

Kaymak (60g) 8.000
Kaymak Mochi 3.500
Blueberry Kaymak Yogurt Smoothie 6.500
Kaymak Latte 6.500

Ein Dessert-Spezialgeschäft, berühmt für süße arabische Süßigkeiten

모센즈스위트 홍대본점
Mohssen's Sweets
(Hauptfiliale Hongdae)

서울 마포구 와우산로15길 40, 1층 102호
Mapo-gu Wausan-ro 15-gil 40, 1F, Unit 102
instagram.com/mohssen.s_sweets

Tel : 0507-1339-7354

Tel Reservierung : X	**GEÖFT** Täglich 12:00-22:00
Mitnehmen : O	**Letzt Best :** X
Reserv erforderlich : X	**Ruhezeit :** —

Ambiente: Ein leuchtend gelbes Schild weist auf diesen Ort hin. Auch wenn es im ersten Stock liegt, ist es über eine Treppe zu erreichen. Die Räumlichkeiten sind nicht groß, aber die saubere, exotische Einrichtung ist ansprechend. Es gibt zwei Tische für vier Personen und mehrere Zweipersonenplätze.
Speisekarte: Verschiedene orientalische Desserts, darunter Kunafa und Kaymak, sind erhältlich.
Merkmale: Das Geschäft stellt berühmte nahöstliche Desserts wie Kunafa und Kaymak nach Rezepten und Techniken her, die Mohssen, der in Kuwait ein Café betrieb, gelernt hat.
Tipp: Man sollte unbedingt die typischen Kunafa und Kaymak probieren.
Hinweis: Mitnahme ist möglich. Die Desserts sind ziemlich süß.

Beliebte Menüoptionen

Kunafa 7.000
Kaymak 9.000

Hongdae
홍대

Ein hübsches Dessert-Café mit köstlichem Pudding
목화씨라운지
Mokhwaci Lounge

서울 마포구 성미산로29길 23
Mapo-gu Seongmisan-ro 29-gil 23
instagram.com/mhc_lounge

Tel : 02-332-5576
Tel Reservierung : X	**GEÖFT** WT. 13:00-21:00
Mitnehmen : X	WE. 12:00-21:30
Reserv erforderlich : X	**Letzt Best :** X
	Ruhezeit : —

Ein Ort für alle Sinne mit Fusion-Gerichten und Desserts im japanischen Stil
수택
Sutek

서울 마포구 양화로7길 4-13
Mapo-gu Yanghwa-ro 7-gil 4-13
instagram.com/sutek_love

Tel : 0507-1447-7666
Tel Reservierung : X	**GEÖFT** Täglich 11:30-21:00
Mitnehmen : X	**Letzt Best :** 20:00
Reserv erforderlich : X	**Ruhezeit :** WT. 15:00-17:00 (Nur Cafe-Menü)

Ambiente: Dieses zweistöckige Gebäude mit seiner Fassade im europäischen Stil ist ein beliebter Ort für Fotografen auf der Außenterrasse. Die Inneneinrichtung wirkt wie ein altes, gemütliches Haus mit Holztönen, die eine ruhige und warme Atmosphäre schaffen. Die Sitzgelegenheiten sind gut verteilt, so dass man sich bequem unterhalten kann. Im zweiten Stock gibt es zusätzliche Tische und Sitzgelegenheiten.
Speisekarte: Es gibt Kaffee, koffeinfreie Getränke und Desserts. Ein besonderes Merkmal des Cafés ist die Verwendung von schönem und einzigartigem Geschirr. Die Präsentation der Speisen ist beeindruckend.
Merkmale: Berühmt für seinen hausgemachten Pudding und das gemütliche **Ambiente**.
Tipp: Wir empfehlen, den Pudding zu bestellen und ihn mit einem Kaffee zu genießen. An Wochentagen ist das Café weniger besucht.
Hinweis: Die Preise sind relativ hoch. Es gilt die Regel: ein Getränk pro Person. Die Tische sind klein, und die Verwendung von Tablets, PCs und Laptops ist nicht gestattet.

Ambiente: Ein uriger und antiker Raum, der an ein japanisches Nachbarschaftscafé erinnert. Die Inneneinrichtung, die hauptsächlich aus Holz besteht, bietet eine warmherzige Atmosphäre. Verschiedene Dekorationen im japanischen Stil tragen zum Charme bei. Der Raum ist nicht sehr groß.
Speisekarte: Es werden spezielle Desserts wie Parfaits, Pudding und Melonensoda angeboten.
Merkmale: Das Café ist berühmt für seine bunten Getränke und Speisen.
Tipp: Zusätzlich zu den Desserts und Getränken bietet das Café auch Speisen an, was es zu einem guten Ort für eine Mahlzeit macht. Besonders gut sind die Parfaits und Puddings. In den Essenspausen werden Café-Menüs angeboten.
Hinweis: Da die Bedienung manchmal dauert, wird ein Besuch an Wochentagen empfohlen. Für Gruppen ab 3 bis 4 Personen ist der Zutritt nur möglich, wenn Sofaplätze frei sind. Haustiere sind willkommen.

Beliebte Menüoptionen

Americano 5.500
Custarad Pudding 6.500
Basque Cheese Cake 7.000

Beliebte Menüoptionen

Banana Brûlée Pudding 8.000
Fruit Parfait 13.000
Melon Soda 6.500

Hongdae
홍대

Ein Café, bekannt für seinen mit Sorgfalt gebrühten und zubereiteten Kaffee

테일러커피 연남점
Tailor Coffee (Filiale Yeonnam)

서울 마포구 성미산로 189
Mapo-gu Seongmisan-ro 189
tailorcoffee.com

Tel : 02-326-0355
Tel Reservierung : X
Mitnehmen : O
Reserv erforderlich : X
GEÖFT Täglich 10:00-22:00
Letzt Best : X
Ruhezeit : —

Ambiente: Modernes Äußeres. Der große Gemeinschaftstisch in der Mitte des Cafés eignet sich hervorragend für Gruppengespräche. Der Raum ist gut gepflegt und sauber.
Speisekarte: Es wird eine große Auswahl an Kaffee angeboten, wobei jede Tasse sorgfältig gebrüht und zubereitet wird.
Merkmale: Das Café offeriert eine vielfältige Auswahl an Kaffeesorten, die auch eingefleischte Kaffeeliebhaber anzieht, die alle Sorten probieren möchten.
Tipp: Empfehlenswert ist entweder der Filterkaffee oder der Milchkaffee mit Sahne. Der Kürbiskuchen ist köstlich.
Hinweis: Im Sommer kann es auf den Fensterplätzen sehr heiß werden. Wer es nicht mag, mit Fremden am Gemeinschaftstisch zu sitzen, ist hier vielleicht nicht gut aufgehoben. Das Café ist in der Regel recht gut besucht. Nicht ideal für ruhige Gespräche.

Beliebte Menüoptionen

Espresso 4.500
Cream Mocha 6.500
Bluesy 6.500
Pumpkin Pie 8.500

Ein mit YG-Entertainment-Motiven dekoriertes Fan-Café

더세임카페
the SameE

서울 마포구 희우정로1길 6-3, 1층 2층
Mapo-gu Huiujeong-ro 1-gil 6-3, 1F, 2F

Tel : 02-336-0536
Tel Reservierung : X
Mitnehmen : O
Reserv erforderlich : X
GEÖFT Täglich 10:00-21:00
Letzt Best : 20:00
Ruhezeit : —

Ambiente: Das Interieur ist in klarem Weiß gehalten, mit Postern von YG-Künstlern geschmückt und mit verschiedenen Merchandise-Artikeln und Erinnerungsstücken der Künstler gefüllt. Durch ein großes Fenster hat man von der Vorderseite aus einen Blick auf das Hauptquartier von YG Entertainment, und es gibt ausreichend Sitzgelegenheiten an der Bar. Im zweiten Stock gibt es einen geräumigen Sofabereich mit einer Medienwand und eine Terrasse.
Speisekarte: Neben Kaffee gibt es auch eine Vielzahl von Desserts.
Merkmale: Ein Café für YG-Entertainment-Fans mit günstigen Preisen, das vor allem von internationalen K-Pop-Fans besucht wird.
Tipp: Für Fans der YG-Künstler lohnt sich ein Besuch auf jeden Fall.
Hinweis: Gelegentlich finden Veranstaltungen statt, die zu größeren Menschenansammlungen führen können.

Beliebte Menüoptionen

아메리카노 Americano 4.300
흑임자 라떼 Black Sesame Latte 5.000
아이스크림 크로플 Ice Cream Croiffle 5.400

9 Yeouido
여의도

Ein Bücher-Café mit Blick auf den Han-Fluss

강변서재
Gang Byeon Seo Jae

서울 영등포구 의사당대로 1 (국회 사랑재 옆 건물) 2층
Yeongdeungpo-gu Uisadang-daero 1
(next to National Assembly Sarangjae), 2F

Tel : 02-6788-3331	**GSCHL** Feiertagen
Tel Reservierung : X	**GEÖFT** WT. 08:00-19:00
Mitnehmen : O	WE. 11:00-19:00
Reserv erforderlich : X	**Letzt Best :** X
	Ruhezeit : —

Ambiente: Es liegt im zweiten Stock eines separaten Gebäudes rechts von der Nationalversammlung und ist mit dem Aufzug erreichbar. Das Außengelände in der Umgebung ist weitläufig und wunderschön gepflegt, und es gibt Spazierwege. Auf der zweiten Etage befindet sich eine Dachterrasse, von der aus man einen freien Blick auf den Han-Fluss hat.
Speisekarte: Außer Tee und Kaffee wird eine Vielzahl von Backwaren angeboten. Die Backwaren können selbst geschnitten und verpackt werden.
Merkmale: Hier kann man sich entspannen und den Blick auf den Han-Fluss von einem schön gestalteten Gebäude aus genießen.
Tipp: Da die Backwaren nur einmal am Morgen gebacken werden, empfiehlt es sich, morgens zu kommen, bevor sie ausverkauft sind.
Hinweis: Auch wenn das Café ein Buchcafé-Konzept hat, kann es aufgrund der vielen Menschen und der lauten Musik schwierig sein, sich auf das Lesen zu konzentrieren. Wir empfehlen, das Café an Wochentagen und nicht am Wochenende zu besuchen, und denke daran, dass es auf der Dachterrasse im zweiten Stock im Hochsommer sehr heiß werden kann, weil es keine Sonnenschirme gibt.

Beliebte Menüoptionen

Espresso 3.000
Chamomile 4.500
Peppermint 4.500

Ein Wiener Kaffee (Einspänner) Spezialitäten-Café mit schönen Grünpflanzen

서울커피
Seoul Coffee

서울 영등포구 국제금융로 86, 101호
Yeongdeungpo-gu Gukjegeumyung-ro 86, Unit 101
instagram.com/seoulcoffee_yeouido

Tel : 02-785-3669	**GSCHL** Seollal,Chuseok
Tel Reservierung : X	**GEÖFT** WT. 08:23:00
Mitnehmen : O	WE./Feiertagen 09:00-22:00
Reserv erforderlich : X	**Letzt Best :** WT. 22:30
	WE./Feiertagen 21:30
	Ruhezeit : —

Ambiente: Das im Erdgeschoss gelegene Café bietet eine große und angenehme Außenterrasse, die von Bäumen umgeben ist. Im Inneren gibt es verschiedene Tisch- und Sofagarnituren, die eine große Anzahl von Personen aufnehmen können, und die Einrichtung ist in ruhigen Brauntönen gehalten.
Speisekarte: Angeboten werden Wiener Kaffee (Einspänner), Milchtee, Smoothies und Dessertoptionen wie Scones.
Merkmale: Bei Anwohnern und Arbeitern in Yeouido als beliebter Ort für Wiener Kaffee bekannt.
Tipp: Die Öffnungszeiten des Cafés sind von früh morgens bis spät abends, was einen Besuch sehr angenehm macht. Besonders empfehlenswert ist es, den Wiener Kaffee mit Scones zu kombinieren. Für Veganer gibt es als Ersatz Sojamilch.
Hinweis: Die Tische stehen relativ dicht beieinander, was für ruhige Gespräche nicht unbedingt ideal ist.

Beliebte Menüoptionen

서울비엔나 Seoul Vienna 5.500
서울밀크티 Seoul Milk Tea 5.000

Traditionell koreanisches Teehaus

1 Apgujeong / Cheongdam / Garosu-gil
압구정 / 청담 / 가로수길

Ein ruhiges traditionell koreanisches Teehaus im Bongeunsa-Tempel

연회다원
Yeon Hoe Dawon

서울 강남구 봉은사로 531
Gangnam-gu Bongeunsa-ro 531

Tel : 02-3218-4970

Tel Reservierung : X	**GEÖFT** Täglich 08:30-21:00
Mitnehmen : O	**Letzt Best :** X
Reserv erforderlich : X	**Ruhezeit :** —

Ambiente: Das im Bongeunsa-Tempel gelegene Teehaus bietet eine warme Atmosphäre mit viel natürlichem Licht. Es gibt Sitzmöglichkeiten im Freien, und die offenen Fenster bieten einen direkten Blick auf das COEX, das ein beliebter Ort ist. Der Innenraum ist geräumig und bietet viele Sitzgelegenheiten.
Speisekarte: Das Angebot umfasst traditionelle koreanische Teesorten wie Jujube-Tee und Ssanghwa-Tee sowie traditionelle Süßspeisen wie Hangwa und Yanggaeng.
Merkmale: Hier kann man eine Mischung aus Tradition und Moderne erleben, indem man traditionellen Tee in einem Hanok-Stil mit Blick auf die Stadt genießt.
Tipp: Im Frühjahr sollte man es besuchen, wenn die roten Pflaumenblüten in voller Blüte stehen. Das Teehaus liegt auch in der Nähe des COEX.
Hinweis: In der Regel ist die Umgebung etwas lauter. Einige Tees werden in Einweg-Pappbechern serviert. Kaffee ist nicht erhältlich.

Beliebte Menüoptionen

대추차 Daechu Cha (Jujube-Tee) 7.000
수정과 Sujeonggwa (Zimtpunsch) 5.000
식혜 Sikhye (Reispunsch) 5.000

---

5 Jongno / Gwanghwamun / Insa-dong
종로 / 광화문 / 인사동

Ein Mini-Museum und Teehaus, wo man traditionellen koreanischen Tee und Exponate zum Thema Tee erleben kann

아름다운 차 박물관
Areumdaun Cha Bakmulgwan

서울 종로구 인사동길 19-11
Jongno-gu Insadong-gil 19-11

Tel : 02-735-6678

Tel Reservierung : X	**GEÖFT** Täglich 11:30-20:00
Mitnehmen : O	**Letzt Best :** X
Reserv erforderlich : X	**Ruhezeit :** —

Ambiente: Äußerlich erinnert es an ein traditionelles Hanok, aber innen ist es modern und geräumig. Auffallend ist das schöne und saubere Design, und es gibt eine große überdachte Terrasse, auf der man den Raum unabhängig vom Wetter genießen kann. Die Atmosphäre ist ruhig und besinnlich.
Speisekarte: Dem Namen des Teemuseums entsprechend gibt es eine große Auswahl an Tees und Süßspeisen.
Merkmale: In einer kleinen Museumsecke in der Mitte des Ladens sind viele Teesorten und Gemälde ausgestellt, und man kann die verschiedenen Aromen riechen.
Tipp: Der Eintritt ist frei. Es lohnt sich, den Laden zu besuchen, auch wenn man keinen Tee trinkt. Das Personal brüht den ersten Tee für dich an deinem Platz auf.
Hinweis: Die Stühle können recht hart sein, so dass es auf Dauer unangenehm ist. Das Preisniveau ist eher hoch, und einige der angebotenen Teesorten sind nicht beschrieben und können nicht bestellt werden.

Beliebte Menüoptionen

벚꽃차 꽃차 Kkot Cha (Blumentee) Ab 8.000
한국차 Hanguk Cha (Koreanischer Tee) Ab 8.000
떡 Tteok (Reiskuchen) Ab 5.0008.000

⑤ Jongno / Gwanghwamun / Insa-dong
종로 / 광화문 / 인사동

Eine Teestube, wo man Tee mit bereitgestellten Utensilien zubereiten und genießen kann

차차티클럽
Cha Cha Tea Club

서울 종로구 종로46가길 13
Jongno-gu Jong-ro 46ga-gil 13
cha-cha.kr   instagram.com/chacha_willbegood

Tel : 070-4239-0713
Tel Reservierung : O   **GEÖFT** Di.-So. 13:00-22:00
Mitnehmen : X   **Letzt Best :** 21:30
Reserv erforderlich : X   **Ruhezeit :** —

Ambiente: Im Unterschied zum modernen Eingang ist das Innere des Teehauses ein wunderschön umgestalteter Hanok, der die Essenz eines Teehauses voll und ganz einfängt. Besonders beeindruckend wirkt die Neuinterpretation des Hanoks mit verschiedenen Dekorationsgegenständen. Obwohl der Raum nicht groß ist, sind die Sitzgelegenheiten großzügig angeordnet.
Speisekarte: Neben den traditionellen Teesorten bietet die Speisekarte auch kreative Fusion-Getränke und Desserts.
Merkmale: Der hauseigene Tee-Sommelier bietet freundliche Beratung, was das Teetrinken noch angenehmer macht.
Tipp: Man kann seinen Tee bis zu dreimal mit heißem Wasser auffüllen. Wir empfehlen, für zwei Personen einen Tee zu bestellen und mehrere Desserts zu probieren. Tagsüber ist das Teehaus von natürlichem Licht durchflutet, abends verwandelt es sich in eine gemütliche Atmosphäre mit gedämpftem Licht.
Hinweis: Die Teestube befindet sich in einer sehr engen Gasse, so dass man sie am besten mit Naver Maps findet.

Beliebte Menüoptionen

Verschiedene Teesorten ab 9.000
바닐라빈 통카 말차 Vanille Bohne Tonka Matcha 7.500
찰떡브라우니 Chal Tteok (Klebereis-Kuchen) Brownie 8.000
흑임자 치즈 케이크 Heukimja (Schwarzer Sesam) Cheese Cake 7.000

Ein ruhiges Hanok-Teehaus mit malerischer Aussicht

차 마시는 뜰
Cha Masineun Tteul

서울 종로구 북촌로11나길 26
Jongno-gu Bukchon-ro 11na-gil 26

Tel : 0507-1304-7029
Tel Reservierung : X   **GEÖFT** Täglich 10:00-20:00
Mitnehmen : X   **Letzt Best :** 19:10
Reserv erforderlich : X   **Ruhezeit :** —

Ambiente: Das am Hang von Samcheong-dong gelegene Teehaus befindet sich in einem renovierten Hanok und bietet eine ruhige Atmosphäre. Die Inneneinrichtung hat die Form eines „ㄱ" mit einem zentralen Innenhof und großen Fenstern, die ein Gefühl von Offenheit vermitteln. Es gibt auch Sitzmöglichkeiten im Freien.
Speisekarte: Diverse Tees und Kräutergetränke, darunter Ssanghwa-Tang, Jujube-Tee und grüner Tee, sowie traditionelle Desserts.
Merkmale: Die Lage auf einem Hügel bietet eine hervorragende Aussicht und einen tiefen Sinn für traditionellen koreanischen Charme.
Tipp: Probiere auch die selteneren Teesorten aus und lass dir den wunderschön präsentierten Blumen-Eistee nicht entgehen.
Hinweis: Der Großteil der Sitzgelegenheiten befindet sich auf dem Boden, was unangenehm sein kann, wenn man es nicht gewohnt ist.

Beliebte Menüoptionen

더치커피 Dutch Coffee 7.000
꽃얼음차 Kkot Eoreum Chaa (Ice Flowers Tea) 8.000
한과 Hangwa (Koreanische traditionelle süße Kekse) 4.000

⑤ Jongno / Gwanghwamun / Insa-dong
종로 / 광화문 / 인사동

Ein traditionelles Hanok-Café mit herrlichem Blick auf den Deoksugung-Palastteich

사랑
Sarang

서울 중구 세종대로 99
Jung-gu Sejong-daero 99

Tel : 02-771-9951	**GSCHL** Mo.
Tel Reservierung : X	**GEÖFT** Di.-So. 09:00-21:00
Mitnehmen : O	**Letzt Best :** X
Reserv erforderlich : X	**Ruhezeit :** —

Ambiente: Unmittelbar nach dem Betreten des Palastes auf der rechten Seite gelegen, bietet dieses Café einen Blick auf die Steinmauern und den Teich. Es strahlt traditionellen koreanischen Charme aus und dient sowohl als Café als auch als kleiner Souvenirladen. Man sitzt meist am Fenster, aber es gibt auch ein paar Stühle im Freien.
Speisekarte: Kaffee, traditionelle koreanische Tees, verschiedene Getränke und Desserts.
Merkmale: Innerhalb des Deoksugung-Palastes gelegen, vermittelt das Café ein einzigartiges Erlebnis inmitten der königlichen Atmosphäre.
Tipp: Am schönsten ist es im Frühling, wenn die Kirschblüten blühen. Da es sich in unmittelbarer Nähe des Palasteingangs/-ausgangs befindet, empfiehlt sich ein Besuch nach der Besichtigung des Palastes.
Hinweis: Es wird ein Eintrittspreis von 1.000 KRW verlangt. An heißen Tagen muss man mit längeren Wartezeiten rechnen.

Beliebte Menüoptionen

Americano 4.000
Sikhye (Reispunsch) 4.500
Rice Muffin 3.500

Ein traditionelles koreanisches Teehaus mit Innenhof in Insadong

한옥찻집
Hanok Chat Jip

서울 종로구 인사동14길 12
Jongno-gu Insadong 14-gil 12
instagram.com/hak.cafe_insadong

Tel : 0507-1330-0538	
Tel Reservierung : X	**GEÖFT** Täglich 12:00-21:50
Mitnehmen : O	**Letzt Best :** 21:00
Reserv erforderlich : X	**Ruhezeit :** —

Ambiente: Ein weitläufiger Bereich mit Hanok-Inneneinrichtung. Hier gibt es sowohl traditionelle Ondol-Räume mit Bodenbestuhlung als auch normale Tische. An schönen Tagen stehen auch einige Terrassenplätze im Garten zur Verfügung. In jedem Raum herrscht eine einzigartige Atmosphäre, und es gibt viele dekorative Gegenstände zu bewundern.
Speisekarte: Neben verschiedenen Kaffeesorten werden auch traditionelle Tees und Süßspeisen angeboten.
Merkmale: Probiere die intensiven Aromen traditioneller Tees und Kaffees, die über einen langen Zeitraum mit Sorgfalt gebrüht wurden, zusammen mit traditionellen koreanischen Desserts in einer Hanok-Atmosphäre.
Tipp: Wir empfehlen, traditionellen Tee mit traditionellen koreanischen Desserts zu kombinieren.
Hinweis: Das Pat Bingsu (Eis aus roten Bohnen) wird mit minimalem Zucker zubereitet, so dass es weniger künstlich gesüßt ist und sich daher fade anfühlen kann. Jeder Gast muss mindestens einen Menüpunkt bestellen, und Pat Bingsu zählt als einer davon. Bei hohem Andrang kann der Aufenthalt auf zwei Stunden begrenzt sein.

Beliebte Menüoptionen

아메리카노 Americano 6.000
모과차 Mogwa Cha (Quitte) 7.000
밀크 팥빙수 Milk Pat Bingsu
(Milch-Rote-Bohnen-Eisflocken) 12.000

⑤ Jongno / Gwanghwamun / Insa-dong
종로 / 광화문 / 인사동

Ein wunderschönes Teehaus und Dessert-Café, geführt von einem Spezialitätenunternehmen für grünen Tee

오설록티하우스 북촌점
Osulloc Tea House (Filiale Bukchon)

서울 종로구 북촌로 45
Jongno-gu Bukchon-ro 45
osulloc.com/kr/ko/store-introduction/312

Tel : 070-4121-2019

Tel Reservierung : X	**GEÖFT** Mo.-Do. 11:00-20:00
Mitnehmen : O	Fr.-So. 10:00-21:00
Reserv erforderlich : X	**Letzt Best :** Mo.-Do. 19:30
	Fr.-So. 20:30
	Ruhezeit : —

Ambiente: Ein großer Veranstaltungsort mit üppigen Grünpflanzen, der einem großen Haus mit verschiedenen Themen auf jeder Etage ähnelt. Auf drei Etagen befinden sich ein Laden im Erdgeschoss, ein Café im zweiten Stock und eine Bar im dritten Stock, die jeweils über ein eigenes Interieur verfügen.
Speisekarte: Angeboten wird eine Vielzahl von OSULLOC-Tees, Teegetränken und Dessertsets. Im dritten Stock gibt es alkoholfreie Cocktails rund um den OSULLOC-Tee.
Merkmale: Ein kultureller Ort, der einen teezentrierten Lebensstil fördert, der über das reine Teetrinken hinausgeht.
Tipp: Die Grüntee-Waffelplatte, inspiriert von traditionellen koreanischen Dachziegeln, ist wegen ihres knusprigen Äußeren und ihres weichen Kerns sehr zu empfehlen.
Hinweis: Für die Teekurse am Standort Bukchon ist eine Reservierung über Naver Place erforderlich. Das Café ist bei Touristen sehr beliebt und kann daher zu Wartezeiten führen.

Beliebte Menüoptionen

Sejak Green Tea 9.500
Green Tea O Fredo 7.500
Green Tea Waffle Plate 15.000
Green Tea Roll Cake 6.000

Das erste Hanok-Café in Jongno mit 100-jähriger Tradition

뜰안
Tteul An

서울 종로구 수표로28길 17-35
Jongno-gu Supyo-ro 28-gil 17-35
tteuran.modoo.at   instagram.com/cafe_innergarden

Tel : 0507-1401-7420	**GSCHL** Instagram überprüfen
Tel Reservierung : X	**GEÖFT** Täglich 12:00-22:00
Mitnehmen : O	Feiertagen 10:00-20:00
Reserv erforderlich : X	**Letzt Best :** 21:00
	Ruhezeit : —

Ambiente: In den engen Gassen von Ikseon-dong gelegen, ist dieses traditionelle Hanok-Café voll mit Pflanzen. Es hat einen kleinen Garten im Freien und bietet trotz des begrenzten Innenraums zahlreiche Tische und Sitzgelegenheiten am Boden.
Speisekarte: Neben Tee aus 100% einheimischen Zutaten werden verschiedene Desserts wie süßer roter Bohnenbrei, traditionelle koreanische Süßigkeiten und Shaved Ice (nur im Sommer) angeboten.
Merkmale: Die gemütliche Atmosphäre in diesem 100 Jahre alten Hanok-Café in Jongno lädt zum Entspannen ein.
Tipp: Der täglich 10 Stunden lang gebrühte Kräutertee ist sehr zu empfehlen.
Hinweis: Es wird nur kalt gebrühter Kaffee angeboten, was für Kaffeeliebhaber eine gewisse Einschränkung bedeuten kann.

Beliebte Menüoptionen

콜드브루 Cold Brew 6.000
수정과 Sujeonggwa (Zimtpunsch) 7.000
모듬떡 Diverse Reiskuchen 8.000

Koreanische Dessert

❻ Samcheong-dong
삼청동

Ein friedliches Hanok-Teehaus, ein Ort, der zur Ruhe einlädt

수연상방
Suyeon Sangbang

서울 성북구 성북로26길 8
Seongbuk-gu Seongbuk-ro 26-gil 8
instagram.com/sooyeonsanbang

Tel : 02-764-1736	**GSCHL** Mo.,Di.
Tel Reservierung : X	**GEÖFT** Mi.-Fr. 11:30-21:50
Mitnehmen : O	Sa. 11:30-21:50
Reserv erforderlich : X	So. 11:30-19:40
	Letzt Best : Mi.-Fr. 17:00
	Sa. 21:00
	So. 18:50
	Ruhezeit : —

Ambiente: Dieses charmante Teehaus liegt in einem üppigen Garten und verfügt über eine kleine, gemütliche Einrichtung mit nur sechs Teetischen, die sich auf einen Salon, den Hauptraum und eine Veranda verteilen.
Speisekarte: Eine Vielzahl von Tees und Desserts rund um das Thema Kürbis, wie z. B. Kürbis-Shaved-Ice und Kürbisbrei, werden auf traditionellen koreanischen Tellern serviert. Die Bestellungen werden über ein Tablet aufgegeben.
Merkmale: Das im ehemaligen Haus eines berühmten Autors der klassischen koreanischen Literatur untergebrachte Teehaus bietet einen ruhigen Rückzugsort und lädt die Besucher in das traditionelle koreanische **Ambiente** eintauchen.
Tipp: Wer eine tolle Aussicht genießen möchte, sollte sich in den äußeren Teil der Stube setzen. Der Raum liegt leicht erhöht und ist mit Glastüren statt mit Papptüren ausgestattet. Von hier aus hat man einen Blick auf den Berg Bukaksan über die Gartenmauer hinweg.
Hinweis: Es muss mit Wartezeiten gerechnet werden, die in Stoßzeiten auf zwei Stunden begrenzt sein können. Eine Mindestbestellung eines Artikels pro Person ist erforderlich. Vorsicht vor Insekten, die sich im Sommer im Sitzbereich im Freien aufhalten.

Beliebte Menüoptionen

대추차 Daechu Cha (Jujube-Tee) 15.000
쌍화차 Ssanghwa Cha (Heilkräutertee) 13.500
단호박 빙수 Süßes Kürbis-Bingsu (Eisflocken) 15.500

❹ Myeongdong
명동

Ein Café mit unzähligen Bingsu- und Dessertsorten

설빙 명동점
Seolbing (Filiale Myeongdong)

서울 중구 명동3길 27, 2, 3층
Jung-gu Myeongdong 3-gil 27, 2F, 3F
sulbing.com

Tel : 02-774-7994	
Tel Reservierung : X	**GEÖFT** Täglich 10:30-23:00
Mitnehmen : O	**Letzt Best** : 22:30
Reserv erforderlich : X	**Ruhezeit** : —

Ambiente: Die Räumlichkeiten des Cafés erstrecken sich über das 2. und 3. Stockwerk und bieten eine geräumige und komfortable Umgebung. Es ist eher bei Ausländern als bei Einheimischen beliebt.
Speisekarte: Besonders hervorzuheben ist die unglaublich große Auswahl an Bingsu, neben einer Vielzahl von Desserts und sogar Tteokbokki. Es werden regelmäßig neue Produkte angeboten.
Merkmale: Als führendes koreanisches Bingsu-Franchise-Unternehmen bietet es kreative und einzigartige Bingsu und Desserts.
Tipp: Das Bingsu mit Früchten der Saison ist sehr zu empfehlen.
Hinweis: Bestellungen werden an einem Schalter aufgegeben. Auf dem Kassenbon ist eine Nummer vermerkt. Deshalb sollte man auf die digitale Anzeige im 2. und 3. Wenn deine Nummer aufgerufen wird, holst du deine Bestellung im 2. Stock ab.

Beliebte Menüoptionen

인절미설빙 Injeolmi (mit Bohnenpulver überzogener Reiskuchen) Schneeflocken 8.900
요거통메론설빙 Joghurt-Melone Schneeflocken 14.900
킹망고설빙 König Mango Schneeflocken 14.900

Jongno / Gwanghwamun / Insa-dong
종로 / 광화문 / 인사동

 Samcheong-dong
삼청동

Ein koreanisches Dessert-Café eines berühmten koreanischen Reiskuchenmeisters

담장옆에국화꽃 안녕인사동점
Damccot (Filiale Annyeong Insadong)

서울 종로구 인사동길 49, 2층
Jongno-gu Insadong-gil 49, 2F
blog.naver.com/damkkot   instagram.com/ccot_insa

Tel: 0507-1437-2979

Tel Reservierung:	X	**GEÖFT**	Täglich 11:00-21:00
Mitnehmen:	O	**Letzt Best**:	20:30
Reserv erforderlich:	X	**Ruhezeit**:	—

Ambiente: Das im zweiten Stock eines Gebäudes an der Hauptstraße von Insadong gelegene Lokal zeichnet sich durch ein sauberes, modernes Äußeres und ein charmantes, antikes Interieur aus. Durch die großen Fenster fällt viel natürliches Licht ein und schafft eine helle Atmosphäre. Verschiedene Sitzgelegenheiten stehen zur Verfügung, darunter ein Stehtisch, ein großer Tisch für mehr als zehn Personen und Sitzplätze im Freien.
Speisekarte: Angeboten werden traditionelle koreanische Desserts mit einer modernen Note, darunter einzigartige Gerichte wie geröstete Reiskuchen, geröstete Yakgwa (Honigkekse) und rotes Bohnengelee.
Merkmale: Es ist ideal für besondere Anlässe oder gehobene Dessertausflüge in Insadong und Samcheongdong. Zudem ist es ein großartiger Ort für ganz besondere Verabredungen mit vielen Fotomöglichkeiten.
Tipp: Empfehlenswert sind der Rote-Bohnen-Brei, das Rote-Bohnen-Rasiereis (die Eisbar ist sehr zu empfehlen) und der Ingwertee, die alle aus heimischen Zutaten und nach eigenen Rezepten hergestellt werden. Außerdem werden verschiedene Geschenksets angeboten, die sich auch als Souvenirs eignen.
Hinweis: Pro Person muss ein Artikel aus dem Menü bestellt werden. Das Lokal kann recht laut sein. Bestellungen können über einen QR-Code am Tisch oder direkt an der Theke aufgegeben werden.

Beliebte Menüoptionen

과일 팥양갱 Fruit Sweet Red Bean Jelly 5.000
레몬약과 Lemon Cream Cheese Yakgwa 6.800
팥바팥빙수 Red Bean Ice Cream Sherbet 15.800 (+3.500 für Eiscreme-Bar)

Ein von Spiegeln umgebenes einzigartiges Dessert-Café in einem traditionellen Hanok

거울한옥 미러룸
Geoul Hanok Mirror Room

서울 종로구 삼청로2길 40
Jongno-gu Samcheong-ro 2-gil 40
instagram.com/cafe.mirrorroom

Tel: 02-6085-3900

Tel Reservierung:	X	**GEÖFT**	Täglich 11:30-22:00
Mitnehmen:	O	**Letzt Best**:	X
Reserv erforderlich:	X	**Ruhezeit**:	—

Ambiente: Bei diesem Café handelt es sich um eine moderne Renovierung eines traditionellen koreanischen Hauses (Hanok). Die Einrichtung ist mit Tischen und Hockern aus Eichenholz ausgestattet, und obwohl der Raum etwas schmal ist, lassen Spiegel ihn größer erscheinen. Auf der Terrasse gibt es einen Sonnenschirm an der Decke, der für mehr Komfort sorgt, und eine raumhohe Verglasung, die den Blick auf das Innere des Cafés freigibt.
Speisekarte: Eine Vielzahl von Getränken, darunter Kaffee, Tee, Smoothies und Fruchtsäfte, sowie eine Reihe von Desserts.
Merkmale: Dieses Café interpretiert das Geburtshaus des berühmten koreanischen Künstlers Jang Seung-eop auf moderne Weise und bietet ein bedeutendes kulturelles Erlebnis.
Tipp: Aufgrund des hohen Besucheraufkommens an den Wochenenden empfiehlt sich ein Besuch an Wochentagen. Die Toiletten befinden sich auf der Außenterrasse und sind gut gepflegt. Besonders gut sind die Früchtetees aus frischen Zutaten.
Hinweis: Die Stühle haben keine Rückenlehne, was für manche Gäste unbequem sein kann.

Beliebte Menüoptionen

Café Americano 5.500
Homemade Real Apple Tea 9.000
Fresh Mango Ice Blended Smoothie 9.000

Jamsil
잠실

Verschmelzung traditioneller koreanischer Desserts und moderner Süßigkeiten

마이서울바이츠
My Seoul Bites

서울 송파구 석촌호수로 258
Songpa-gu Seokchonhosu-ro 258
instagram.com/my_seoul_bites

Tel : 010-2401-6684

Tel Reservierung : O	**GEÖFT** Täglich 10:30-23:00
Mitnehmen : O	**Letzt Best :** 22:30
Reserv erforderlich : X	**Ruhezeit :** —

Ambiente: Das Restaurant befindet sich im ersten Stock an der Hauptstraße in der Nähe des Seokchon-Sees und ist durch große Fenster in Sonnenlicht getaucht. Fliederfarbene und elfenbeinfarbene Kissen sorgen für eine gemütliche Atmosphäre, denn Flieder ist das Hauptfarbthema von My Seoul Bites. Das Interieur kombiniert eine koreanisch inspirierte Decke mit verträumten Wänden, und die lilafarbenen, elefantenförmigen Türgriffe verleihen dem Lokal einen einzigartigen Touch.

Speisekarte: Das Menü bietet zwar in erster Linie westliche Desserts, doch werden koreanische Zutaten auf kreative Weise verarbeitet. Die „dagwasang 다과상 (Teeplatte)" enthält einzigartige Fusionsdesserts wie Gochujang-Schokolade und bietet ein unvergessliches Erlebnis.

Tipp: Bei einem Besuch im Frühling kann man die Kirschblüten entlang der Straßen bewundern. Versäume nicht die traditionelle koreanische Nachspeise „garaetteok gui 가래떡구이 (in der Pfanne gebratener Reiskuchen)".

Hinweis: Auch wenn der Seokchon-See in der Nähe liegt, ist der Blick von diesem Raum im ersten Stock auf die Hauptstraße und den Lotte-Turm beschränkt.

Beliebte Menüoptionen

다과상 Dagwasang (Nachmittagstee-Platte für 2 Personen) 34.000
구운 가래떡 & 조청 Guwoon Garae Tteok & Jocheong (Gebratener Reiskuchen) 7.500
쿠키바 1조각 (약과/누텔라) Yakwa / Nutella-Keksriegel 4.000

Bildnachweis

3대삼계장인 비비빅초이 blog.naver.com/chltkdgns119 CC BY 2.0 KR BBQ치킨 빌리지 송리단길점 Fandom Media DOTZ 웅진 blog.naver.com/thdwodms233 CC BY-ND 2.0 KR 세히 blog.naver.com/jhs2330074 CC BY-SA 2.0 KR H5PT Fandom Media JS 가든 압구정점 모모찡 blog.naver.com/momozzang31 CC BY-ND 2.0 KR MAILLET 앨리스 blog.naver.com/qkrwldms501 CC BY-ND 2.0 KR uphill namsan Fandom Media 감촌 Fandom Media 갓포아키 삼성점 술새우 blog.naver.com/reserve_storage CC BY-ND 2.0 KR 강가 롯데월드몰점 Fandom Media 강변서재 Fandom Media 거울한옥 미르룸 코울리 blog.naver.com/swui CC BY 2.0 KR 영자하 blog.naver.com/travelagain_yzakka CC BY-ND 2.0 KR 게방식당 Fandom Media 경복궁 블랙 여의도IFC점 올로링 blog.naver.com/hoyhoy901 CC BY-ND 2.0 KR 고려삼계탕 에세미 blog.naver.com/pulggum1996 CC BY-ND 2.0 KR 구들 뜸바뜸바 blog.naver.com/hn0072 CC BY-ND 2.0 KR 금수복국 압구정점 Fandom Media 깐부치킨 압구정역점 코니슬림 blog.naver.com/connie_slim CC BY-ND 2.0 KR 깡통만두 경아리 blog.naver.com/ordinary__day__ CC BY-ND 2.0 KR 꼬시나 에스파냐 Fandom Media 꼼모아 Fandom Media 꽁티드툴레아 숭늉말랑이 blog.naver.com/snewmallang CC BY-SA 2.0 KR 종 blog.naver.com/greemae1 CC BY-ND 2.0 KR 꽃밥에피다 밤비벌꿀 blog.naver.com/honeybamb CC BY-ND 2.0 KR 꾸잉 앤디 blog.naver.com/andy317 CC BY-SA 2.0 KR 꿀밥상 Mayton blog.naver.com/maytonlife CC BY-SA 2.0 KR 남산터 청담본점 혜긍 blog.naver.com/geungii CC BY-ND 2.0 KR 나방in안국 Fandom Media 누데이코 성수 에세미 blog.naver.com/pulggum1996 CC BY-SA 2.0 KR 사부작길 blog.naver.com/jjwshin CC BY-ND 2.0 KR 다반 Fandom Media blog.naver.com/totomamatoto1 CC BY-ND 2.0 KR 달마시안 야인 blog.naver.com/artisticspeaker CC BY-ND 2.0 KR 닭으로가 압구정 본점 읍니 blog.naver.com/dbqls993 CC BY-SA 2.0 KR 담장옆에국화꽃 안녕인사동점 토요길 blog.naver.com/duckyoo CC BY-ND 2.0 KR 울라헤진 blog.naver.com/zzzzzzzhtotz CC BY-ND 2.0 KR 대려도 Fandom Media 대학죽집 Fandom Media 더백테라스 수정다운 blog.naver.com/s99275 CC BY-ND 2.0 KR power blogger blog.naver.com/8wkwnfma CC BY-SA 2.0 KR 더블플레이치킨 홍대점 챙챙 blog.naver.com/och9_9 CC BY-ND 2.0 KR 더셀power Fandom Media blog.naver.com/dlthwjd1224/ CC BY-ND 2.0 KR 더키친아시아 홍대점 제니 blog.naver.com/page01 CC BY-SA 2.0 KR 도토리가든 챙챙 blog.naver.com/och9_9 CC BY-ND 2.0 KR 동화고옥 Fandom Media 물고기506 뚜갱 blog.naver.com/smilekarein CC BY 2.0 KR 두바이레스토랑 Fandom Media 물물치킨 여의도공원점 Fandom Media 또옹카페 Fandom Media 붙균 dainoi blog.naver.com/daji1 CC BY-ND 2.0 KR 마루장인 blog.naver.com/goldbell0 CC BY-ND 2.0 KR 라 크루다 Fandom Media 라망시크레 재연 blog.naver.com/happynchic CC BY 2.0 KR 라쿠키나 지속가능미래인 blog.naver.com/bigmac0236 CC BY 2.0 KR 레인리포트 대추씨 blog.naver.com/gogoju-_ CC BY-ND 2.0 KR 롬멘 또쩌미 blog.naver.com/dlthwjd1224 CC BY-ND 2.0 KR 루프팟미 Fandom Media 르뱅아쎄르 유리언니 blog.naver.com/namyuni1004 CC BY-SA 2.0 KR 리플사이공 압구정점 제이제이 blog.naver.com/jyeon0921 CC BY 2.0 KR 마라중독 Fandom Media 마이서울바이츠 재연 blog.naver.com/happynchic CC BY 2.0 KR 마이클바이해비치 사부작길 blog.naver.com/gracely08 CC BY-ND 2.0 KR 마지 Fandom Media 마하차이 성수본점 연희 blog.naver.com/colourfully CC BY-ND 2.0 KR 만족오향족발 밤비벌꿀 blog.naver.com/honeybamb CC BY-ND 2.0 KR 맛쟁이떡볶이 본점 레이첼 blog.naver.com/swih CC BY-ND 2.0 KR 먼셀카피 ddoi blog.naver.com/abc528abc CC BY-SA 2.0 KR 메종 파이프그라운드 SoGood blog.naver.com/01-12month CC BY-SA 2.0 KR 멘츠루 신사점 동이대장 blog.naver.com/grazie629 CC BY-ND 2.0 KR 명동충무김밥 먹지사 blog.naver.com/mukjisa CC BY-ND 2.0 KR 명동함흥면옥 본점 SoGood blog.naver.com/01-12month CC BY-SA 2.0 KR 모던놀랑 센트럴시티점 안리나나 blog.naver.com/alli_nana CC BY 2.0 KR 모엔즈스튜핀 홍대본점 데이트 blog.naver.com/lyj9478 CC BY-SA 2.0 KR 모터시티 이태원점 Fandom Media 목면신방 남산타워점 Fandom Media 목화씨라운지 여어어엉 blog.naver.com/p614a CC BY-SA 2.0 KR 몽중헌 청담점 Fandom Media 무단 압구정본점 아름다울 blog.naver.com/ye0nshin CC BY 2.0 KR 묵전 Fandom Media 미아사이공 포롱 blog.naver.com/hahazz01 CC BY 2.0 KR 미어꾹족장 Fandom Media 미크롤로 홍대점 지니 blog.naver.com/jimin4008 CC BY-SA 2.0 KR 바토스 이태원점 남산부부 blog.naver.com/namsan_couple CC BY-ND 2.0 KR 박식곳 Fandom Media 발우공양 통보양 blog.naver.com/prmy CC BY-ND 2.0 KR 방쭉언니 Fandom Media 백년토종삼계탕 국장가든 Fandom Media 백제삼계탕 이랑이랑 blog.naver.com/eueuy CC BY 2.0 KR 베테랑 롯데장실점 마루장인 blog.naver.com/goldbell0 CC BY-ND 2.0 KR 벽제갈비 경리단점 ALLY blog.naver.com/allykim2 CC BY-SA 2.0 KR 솔럭스 sollux blog.naver.com/sol_lux CC BY-SA 2.0 KR 보슬보슬 압구정본점 리다F노 blog.naver.com/hdsrh2002 CC BY 2.0 KR 본가진미 간장게장 동배미 blog.naver.com/dhraldls CC BY-ND 2.0 KR 본죽&비빔밥 cafe 경복궁역점 Fandom Media 본죽&비빔밥cafe 명동 2호점 Fandom Media 볼피노 blog.naver.com/bmwlp CC BY-ND 2.0 KR 봉땅 서울숲점 Fandom Media 봉일가 강남구청역 Minchelin blog.naver.com/sibegg CC BY-SA 2.0 KR 부다스벨리 생활체육인 홍시 blog.naver.com/wisdom11030 CC BY-ND 2.0 KR 부베트 Fandom Media 부자지자 Fandom Media 북촌막국수 Fandom Media 브루클린 더 버거조인트 쭈 blog.naver.com/br4365 CC BY-SA 2.0 KR 비밥 Fandom Media 비비리 Fandom Media 비채나 Fandom Media 빌라드스파이시 파미에스테이션점 Fandom Media 사랑 Fandom Media 사발 Fandom Media 산들해 송파점 Fandom Media 산촌 Fandom Media 살라댕뱅뱅뱌어 메이커 KIM blog.naver.com/infinity0219 CC BY-SA 2.0 KR 쉬림피빕밥 양갱1004 blog.naver.com/soso8893 CC BY-SA 2.0 KR 시래기담은 blog.naver.com/hyein051_ CC BY-ND 2.0 KR 삼원가든 Fandom Media 새싹비빔밥전문점 Fandom Media 서래미역 Fandom Media 색책자간장게장 Fandom Media 서산꽃게 Fandom Media 서울로인 서울숲점 올로링 blog.naver.com/hoyhoy901 CC BY-ND 2.0 KR 서울영우바 영자하 blog.naver.com/travelagain_yzakka CC BY-ND 2.0 KR 서울커피 Fandom Media 서초면옥 본점 Fandom Media 설빙 명동점 Fandom Media 성수족발 무감성 blog.naver.com/mjh505 CC BY-ND 2.0 KR 센트레 청담 Fandom Media 소룡 써리 blog.naver.com/surry CC BY-SA 2.0 KR 솔내 ssull_ CC BY-SA 2.0 KR 소녀새 Fandom Media 소와나 솜솜이 blog.naver.com/ielf CC BY-SA 2.0 KR yuhappy blog.naver.com/kayoungfly CC BY-SA 2.0 KR 소이연남 남쪽쩝벅찬 blog.naver.com/hhhx2 CC BY 2.0 KR anna blog.naver.com/ohhyeonsu CC BY-ND 2.0 KR 수연상방 야인 log.naver.com/artisticspeaker CC BY-SA 2.0 KR 수운 Fandom Media 수택 Fandom Media 수티문 올로링 blog.naver.com/hoyhoy901 CC BY-ND 2.0 KR 슈가스컬 센트럴시티점 앤디 blog.naver.com/andy317 CC BY-SA 2.0 KR 스미스가좋아하는한 오쇼 구강 유경철 blog.naver.com/pkm297xo CC BY-SA 2.0 KR 스시미소 국회의사당점 뮤뮤앙 blog.naver.com/tnrud5562 CC BY-ND 2.0 KR 스시코우지 뚠찌 blog.naver.com/w757466 CC BY-ND 2.0 KR 스위그뺑 Fandom Media 스파카나폴리 맨즈헤어디렉터 blog.naver.com/1992ready CC BY-ND 2.0 KR 소통과 공감 유경철 blog.naver.com/pkm297xo CC BY-SA 2.0 KR 슬림비빔밥 방배본점 양갱1004 blog.naver.com/soso8893 CC BY-SA 2.0 KR 시래기담은 Fandom Media 시민식당 본점 앙앙 blog.naver.com/yeslord84 CC BY-SA 2.0 KR 썬더버드 민사장 blog.naver.com/leesohyeon77 CC BY 2.0 KR 쎄오 하소연 blog.naver.com/ha_soyeon CC BY-ND 2.0 KR 쎈트 트레블제이 blog.naver.com/travel_jay CC BY-SA 2.0 KR 아라베스크 Fandom Media 아름다운 차 박물관 문화포털 blog.naver.com/kcis_ CC BY 2.0 KR 아키비스트 Fandom Media 양반대 주말농부 blog.naver.com/dschoi4080 CC BY 2.0 KR 어라운드데이 와와비 blog.naver.com/bmwlp CC BY-ND 2.0 KR 에빗 Fandom Media 엘키스텍 안수지 blog.naver.com/suziesuzie CC BY-SA 2.0 KR 엘카르티나스 익선점 이슈 blog.naver.com/yj5543 CC BY-SA 2.0 KR 역전회관 에피큐어 blog.naver.com/flying0480 CC BY-SA 2.0 KR 연회다원 Fandom Media 오드하우스 Fandom Media 오레노라멘 본점 독닌 blog.naver.com/9300420 CC BY-ND 2.0 KR 오발탄 충무로점 베르키온 blog.naver.com/h950803 CC BY 2.0 KR 오설룩 티하우스 북촌점 영밀 blog.naver.com/fndljj123 CC BY-SA 2.0 KR 오스테리아 리오 Fandom Media 오아시스 한남 가다 blog.naver.com/lada1719 CC BY-SA 2.0 KR 오엔 바이진스 blog.naver.com/byjinss CC BY 2.0 KR 오장동 함흥냉면 새옴 blog.naver.com/younjae4007 CC BY-SA 2.0 KR 옥동식 문라이트84 blog.naver.com/moonlife84 CC BY-SA 2.0 KR 온그라운드 Fandom Media 왕비집 명동중앙점 마로갱 blog.naver.com/jklikl07 CC BY 2.0 KR 우래옥 글짓고 밥짓는 백옹자 blog.naver.com/emptyh CC BY 2.0 KR 안수지 blog.naver.com/suziesuzie CC BY-SA 2.0 KR 엘렌 blog.naver.com/elaine_ez CC BY-ND 2.0 KR 우참판 서래본점 Fandom Media 윤 Fandom Media 율밀대 평양냉면 모모찡 blog.naver.com/momozzang31 CC BY-SA 2.0 KR 먹짱연쏘 blog.naver.com/kyu0391 CC BY-ND 2.0 KR 의정부부대찌개 Fandom Media 이문설렁탕 데뉴님 blog.naver.com/zzinny CC BY-SA 2.0 KR 이솔라 레스토랑 연 blog.naver.com/ssovely8 CC BY-SA 2.0 KR 익스웰 넥커피 blog.naver.com/everewder83 CC BY-ND 2.0 KR 인랑 훠궈 단미 blog.naver.com/i95kitty BY-ND 2.0 KR 인사도담 Fandom Media 인사동 Fandom Media 일키아쇼 Fandom Media 자코비버거 남산부부 blog.naver.com/namsan_couple CC BY-SA 2.0 KR 잔치회관 Fandom Media 장수삼계탕 구릴뻐 blog.naver.com/donggoo1214 CC BY-SA 2.0 KR 장인닭갈비 홍대점 궁정가능 blog.naver.com/ohohoho_my CC BY-ND 2.0 KR 장지녕 간장게장 퍼뉴 blog.naver.com/purenewnew CC BY-ND 2.0 KR 전지전능 Minchelin blog.naver.com/sibegg CC BY-SA 2.0 KR 정식당 Fandom Media 제테미버거 데조 blog.naver.com/dailycho- CC BY 2.0 KR 제트디브이디 Fandom Media 조선의 마지막왕의 수정 blog.naver.com/jeongss101 CC BY-SA 2.0 KR 조선초 가한미 마포점 앤디 blog.naver.com/andy317 CC BY-SA 2.0 KR 종로삼계탕 Fandom Media 주위별장 D타워점 지 니 blog.naver.com/songjeon813 CC BY-SA 2.0 KR 진전복삼계탕 본점 토요길 blog.naver.com/duckyoo CC BY-SA 2.0 KR 진품 우육면관 광화문 모닥불 blog.naver.com/momukkjii CC BY-SA 2.0 KR 이횐tv blog.naver.com/chefmind9/ CC BY-ND 2.0 KR 차 마시는 뜰 구릴뻐 blog.naver.com/donggoo1214 CC BY-SA 2.0 KR 차알 파미에스테이션점 리뷰어땡 blog.naver.com/sunjinro CC BY-SA 2.0 KR 차이797 을 지로점 이랑이랑 blog.naver.com/eueuy CC BY 2.0 KR 차차티클럽 하선하 blog.naver.com/shinyk153 CC BY-ND 2.0 KR 체부동잔치집 Fandom Media 초승달 단미 blog.naver.com/i95kitty CC BY-ND 2.0 KR 취이벌 국시 Fandom Media 칠성웅닭 Fandom Media 카페 Fandom Media 카페413 프로젝트 새옹 blog.naver.com/birdy2181 CC BY-ND 2.0 KR 카페드리옹 서래본점 Fandom Media 카티프루 바니캉 blog.naver.com/ppuccu86 CC BY-ND 2.0 KR 카르반 레스토랑 앤디 blog.naver.com/andy317 CC BY-SA 2.0 KR 케르반베이커리&카페 동동 blog.naver.com/yunjungcute CC BY-SA 2.0 KR 코레아노스키친 방배동안경 blog.naver.com/chorok_o-o CC BY-SA 2.0 KR 퀸즈파크 청담점 삼페인샤워 blog.naver.com/champagneshower CC BY-SA 2.0 KR 큰기와집 이랑이랑 blog.naver.com/eueuy CC BY 2.0 KR 클랩피자 청담 " 이니어니 blog.naver.com/hyein051_ CC BY-SA 2.0 KR 먹댕 blog.naver.com/9899_ CC BY-SA 2.0 KR 타지멜리스 Fandom Media 타파스바 떼순 blog.naver.com/psw2290 CC BY-SA 2.0 KR 테일러커피 연남점 베르키온 blog.naver.com/h950803 CC BY 2.0 KR 토속촌 삼계탕 식혜만드는 남자 blog.naver.com/kjh2kjh0724 CC BY-SA 2.0 KR 통통김밥 회현점 항상 스마일 blog.naver.com/jinsimon33 CC BY-ND 2.0 KR 트라가 바루밀 blog.naver.com/b_rumi CC BY-ND 2.0 KR 특별한오복수산 Fandom Media 티블렌트 Fandom Media 파낫 민들레 blog.naver.com/dkwlxm77 CC BY-ND 2.0 KR 파씨오네 이랑이랑 blog.naver.com/leecan65 CC BY-SA 2.0 KR 팔레드신 Scarlett blog.naver.com/hoisoi1054 CC BY-ND 2.0 KR 재연 blog.naver.com/happynchic CC BY-ND 2.0 KR 팔판동꼬마김밥 엔 토스트 Fandom Media 패션 5 Fandom Media 펌킨 펫하우스 Fandom Media 페퍼월드 토마토 blog.naver.com/totomamatoto1 CC BY-ND 2.0 KR 페어링를 홀린 blog.naver.com/whgdms2008 CC BY-ND 2.0 KR 페트라 Fandom Media 포레스트 청담 솜솜이 blog.naver.com/ielf CC BY 2.0 KR 푸주옥 Fandom Media 풀리너마이트 홍대 제니 blog.naver.com/page01 CC BY-ND 2.0 KR 프로간장게장 신사본점 ssoso https://blog.naver.com/ily282 CC BY-SA 2.0 KR 피제리아라고 ddoi blog.naver.com/abc528abc CC BY-SA 2.0 KR 피플더테라스 사랑꾼아줌마 blog.naver.com/fromlove409 CC BY-ND 2.0 KR 하나로회관 SunKi blog.naver.com/zzang5788 CC BY-ND 2.0 KR 하동관 아쉬 blog.naver.com/summy15 CC BY-ND 2.0 KR 한남면옥 Fandom Media 한뿌리축 이촌본점 찌망 blog.naver.com/jjimomstory CC BY-ND 2.0 KR 한옥찻집 그림샘방문미술 blog.naver.com/ththdud5795 CC BY 2.0 KR 할로우 Fandom Media 할머니의 레시피 라다 blog.naver.com/lada1719 CC BY-SA 2.0 KR 모뭏 blog.naver.com/momo1713 CC BY 2.0 KR 할머니주어탕 잠실점 Fandom Media 합초칸장게장 주말농부 blog.naver.com/dschoi4080 CC BY 2.0 KR 해방촌답 앤디 blog.naver.com/andy317 CC BY-SA 2.0 KR 호무랑 (청담) Fandom Media 화해당 여의도점 Fandom Media 횡생가칼국수 안수지 blog.naver.com/suziesuzie CC BY-SA 2.0 KR

www.ingramcontent.com/pod-product-compliance
Lightning Source LLC
LaVergne TN
LVHW021958060526
838201LV00048B/1621